Recht & Steuern
Vermieten & Verwalten
Bauen & Renovieren
Technik & Energie

Rechtsanwalt Dr. Hans Reinold Horst

Nachbarstreit im Wohnungseigentum

1. Auflage

Haus & Grund®
Eigentum. Schutz. Gemeinschaft.
Verlag und Service GmbH
Deutschland

Impressum

Herausgegeben von Haus & Grund Deutschland
Zentralverband der Deutschen Haus-, Wohnungs- und Grundeigentümer e. V.
Mohrenstraße 33, 10117 Berlin
Telefon: (030) 2 02 16-0, Telefax: (030) 2 02 16-555
Internet: www.hausundgrund.de

Erschienen bei Haus & Grund Deutschland – Verlag und Service GmbH
Mohrenstraße 33, 10117 Berlin
1. Auflage
September 2014
ISBN 978-3-939787-69-3

Alle Rechte vorbehalten:
© Haus & Grund Deutschland – Verlag und Service GmbH, Berlin
Titelbild: Thinkstock

Der urheberrechtliche Schutz bezieht sich auf den gesamten Text und die gesamte Gestaltung, einschließlich Titel, Umschlag, Bildern, Grafiken, Tabellen, Registern, Formularen und Verzeichnissen; er gilt auch für die Systematik von Gliederung und Aufbau.

Haftungsausschluss:
Diese Veröffentlichung wurde mit bestmöglicher Sorgfalt erstellt.
Sie kann aber nicht das Spruchmaterial aller deutschen Gerichte berücksichtigen. Folglich ist je nach den Einzelfallumständen mit abweichenden Gerichtsentscheidungen zu rechnen. Hinzu kommen technische Neu- bzw. Weiterentwicklungen.
Herausgeber, Verlag und Autoren übernehmen keinerlei Gewährleistung für eventuell vorhandene Unvollständigkeiten, ungenaue Angaben oder Fehler sowie hinsichtlich einer Änderung von Gesetzen, Rechtsprechung, Vorschriften, technischen Normen und Regeln; weiter auch keine Gewährleistung dafür, dass der mit dem Erwerb oder der Verwendung dieser Veröffentlichung bezweckte Erfolg tatsächlich eintritt.
Die Verwendung dieser Veröffentlichung oder einzelner Teile davon geschieht ausschließlich auf eigene Verantwortung des Erwerbers oder Verwenders.
Dieser vorstehende Haftungsausschluss gilt nur für Sach- und Vermögensschäden, er gilt nicht, soweit die vorgenannten Mängel bzw. Risiken auf Vorsatz oder grobe Fahrlässigkeit des Herausgebers, Verlages oder der Autoren zurückzuführen sind.

Ergänzungen:
Diese Veröffentlichung darf jederzeit durch Neuauflage oder Einlegeblätter geändert oder ergänzt werden, ohne dass hieraus irgendwelche Ansprüche hergeleitet werden können.

Inhalt

Vorbemerkungen

Ausgewählt an Fallbeispielen soll das grundsätzliche Nachbarschaftsverhältnis in rechtlicher Hinsicht innerhalb der Wohnungseigentümergemeinschaft und dieser Gemeinschaft nach außen zu Dritten und Grundstücksnachbarn veranschaulicht werden. Daran sollen sich Einzelfallbetrachtungen häufiger und aktuell entschiedener nachbarrechtlicher Streitfragen anschließen, dies speziell für den Bereich WEG.

I. Anspruchsschema

Nachbarrechte des einzelnen Wohnungs- oder Teileigentümers haben ihre Grundlage im Sondereigentum im Sinne von §§ 1, 3 und 5 WEG. Einerseits unterlegte der Gesetzgeber des WEG diesem Begriff das Volleigentum bürgerlichen Rechts (§ 903 BGB)[1], andererseits sind Inhalt und Schranken dieses Eigentums überlagert durch die Bestimmungen des WEG und durch die interne Verfassung der Wohnungseigentümergemeinschaft, die sich aus Vereinbarungen, Beschlüssen und durch eine schuldrechtliche Sonderverbindung ihrer Mitglieder untereinander kennzeichnet[2]. Ergänzend tritt die allgemeine Treuepflicht in der Wohnungseigentümergemeinschaft hinzu,[3] die sich aus dem besonderen räumlichen und rechtlichen Näheverhältnis der einzelnen Mitglieder der Gemeinschaft erklärt und die aus § 242 BGB abgeleitet wird. Auch hieraus können sich besondere Rechtsfolgen ergeben, die die Regeln des allgemeinen Nachbarrechts überlagern. Aus diesem Grundansatz lassen sich folgende Kriterien zur Anwendbarkeit allgemeinen Nachbarrechts auf WEG-Verhältnisse ableiten, die als Prüfungsschema zur Lösung nachbarrechtlicher Fälle zu durchlaufen sind:

- Gibt es spezielle gesetzliche Regelungen aus dem WEG, die für die zu lösende nachbarrechtliche Frage einschlägig sind?

---

1   So ausdrücklich: Dr. Brönner, MdB in der 115. Sitzung des Deutschen Bundestages am 31.01.1951 als Berichterstatter des federführenden Ausschusses für Wiederaufbau und Wohnungswesen im Rahmen der 2. und 3. Lesung für ein Wohnungseigentumsgesetz, Stenographische Protokolle, 1/4383 (4384 u. 4387).
2   Grziwotz, Wohnungseigentum und Nachbarrecht, MietRB 2014, S. 122 ff. (122).
3   Grziwotz, Wohnungseigentum und Nachbarrecht, MietRB 2014, S. 122 ff. (122 und 123) m. w. N.

- Hat die WEG innerhalb ihrer Teilungserklärung, ihrer Gemeinschaftsordnung oder sonstiger Vereinbarungen die zu lösende nachbarrechtliche Frage behandelt (§ 15 Abs. 1 WEG)?
- Ist eine Gebrauchsregelung durch Beschluss getroffen (§ 15 Abs. 2 WEG)?

Zeigt sich nach diesen Überlegungen eine Regelungslücke, dann ist zu untersuchen, ob das für die Nachbarn real geteilter Grundstücke geltende Recht auf die WEG anwendbar ist.

Das kann zweifelhaft sein in Bezug auf besondere Schutz- und Fürsorgepflichten sowie Rücksichtnahmepflichten, die sich aus einem zwischen den einzelnen Wohnungseigentümern in der Gemeinschaft bestehenden schuldrechtlichen Sonderverhältnis aus § 241 Abs. 2 BGB ergeben,[4]

- das bei Wohnungseigentümergemeinschaften anders als bei Nachbarn rechtlich verschiedener Grundstücke bestehende räumliche Näheverhältnis, dem in den allgemeinen Nachbarrechtsvorschriften des Bundesrechts oder des Landesrechts nicht oder nicht ausreichend Rechnung getragen wird.[5]
- Hat die von der Rechtsprechung[6] entwickelte und von der WEG-Reform kodifizierte Teilrechtsfähigkeit der Wohnungseigentümergemeinschaft Einfluss auf die Aktiv- und Passivlegitimation des einzelnen Wohnungseigentümers? Ist die WEG, gesetzlich vertreten durch ihren Verwalter, statt des einzelnen Mitgliedes oder neben ihm Trägerin nachbarrechtlicher Rechte und Pflichten geworden? Kann die WEG individuelle Ansprüche an sich ziehen?
- Hat die WEG-Reform Auswirkungen auf nachbarrechtliche Anspruchsinhalte?

Dieser Prüfungskatalog ist für jeden nachbarrechtlich geprägten Einzelfall innerhalb von WEG-Verhältnissen zu durchlaufen. Dabei ist es ohne Belang, ob es sich um eine nachbarrechtliche Auseinandersetzung innerhalb der Wohnungseigentümergemeinschaft selbst oder im Außenverhältnis zu dritten Grundstücksnachbarn handelt.

---

4   Dazu BGH, Urteil vom 28.09.2007 – V ZR 276/06, NJW 2007, S. 3636 (3637), BGH, Urteil vom 10.11.2006 – V ZR 62/06, WuM 2007, S. 33 ff., jeweils m. w. N.; BayObLG, Beschluss vom 26.05.2004 – 2 Z BR 63/04, ZMR 2004, S. 841 (842).

5   Dazu BGH, Urteil vom 28.09.2007 – V ZR 276/06, NJW 2007, S. 3636 (3637 m. w. N.) = MietRB 2007, S. 315; BGH, Beschluss vom 19.12.1991 – V ZB 27/90, NJW 1992, 978 = WuM 1992, S. 159 = MDR 1992, S. 484 = BGHZ Bd. 116, S. 392 ff.; BayObLG, Beschluss vom 11.02.1999 – 2 Z BR 167/98, NZM 1999, S. 848 f. und insbesondere die Entscheidungen zum abgelehnten Notwegerecht nach § 917 BGB: BayObLG, Beschluss vom 20.10.2004 – 2 Z BR 53/04, ZMR 2005, S. 889.

6   BGH, Beschluss vom 02.06.2005 – V ZB 32/05, NJW 2005, S. 2061.

II. Vorrangige Geltung speziellen WEG-Rechts mit nachbarrechtlichem Bezug

Für das Wohnungseigentumsrecht ist vor der entsprechenden Anwendung allgemeiner nachbarrechtlicher Vorschriften stets das Vorliegen vorrangiger ausdrücklicher oder konkludenter Vereinbarungen in der Teilungserklärung zu prüfen.[7] Angesprochen sind damit vor allem die von der WEG autonom im Rahmen der bestehenden gesetzlichen Möglichkeiten gesetzten Gebrauchsregelungen in Bezug auf das gemeinschaftliche Eigentum, in Bezug auf Sondernutzungsrechte und in Bezug auf das Sondereigentum, aus denen Gebote und Verbote folgen können. Bestehen solche durch Vereinbarung oder auch – wo zulässig – durch Beschluss gesetzte Gebrauchsregelungen nicht, dann ist auf die gesetzlichen Gebrauchsregelungen in §§ 13 – 15 WEG und auf die daraus folgenden Ansprüche des einzelnen Wohnungseigentümers gegen die Gemeinschaft oder gegen benachbarte Einzelmitglieder selbst zurück zu greifen. Daneben tritt der Anspruch jedes Einzelnen auf eine ordnungsgemäße Verwaltung der WEG aus § 21 Abs. 4, Abs. 5 Nr. 1, 2 und 6 sowie aus § 27 Abs. 1 Nr. 2 WEG. Der Anspruch richtet sich gegen die Gemeinschaft sowie auch gegen den Verwalter. Sein Inhalt besteht darin, Beschlüsse vorzubereiten (Verwalter) bzw. zu fassen (WEG), die eine ordnungsgemäße Verwaltung der WEG insbesondere in Instandhaltungsfragen und Instandsetzungsfragen sowie in Gebrauchsregelungen gewährleisten. Zu unterscheiden sind daher Ansprüche auf eine ordnungsgemäße Beschlussvorbereitung und Beschlussfassung in den angesprochenen Fragen sowie Ansprüche auf eine direkte Verhaltensweise innerhalb der Wohnungseigentümergemeinschaft bzw. direkt auf einen bestimmten Umgang mit den geschaffenen Einrichtungen.

Bestehen solche spezialgesetzlichen Regelungen nicht, dann können sich Anspruchsbeziehungen zwischen den Mitgliedern einer Wohnungseigentümergemeinschaft auch aus einer zwischen ihnen bestehenden schuldrechtlichen Sonderverbindung ergeben, aus der Treue- und Rücksichtnahmepflichten (§ 241 Abs. 2 BGB) folgen können.[8]

Beispiel: Kläger und Beklagte sind Mitglieder einer Wohnungseigentümergemeinschaft. Gegenstand der Klage sind Kosten der Wohnungssanierung sowie Aufwendun-

---

7 Zutreffend: Hogenschurz, Anmerkung zu BGH, Urteil vom 28.09.2007 – V ZR 276/06, in: MietRB 2007, S. 315.
8 BGH, Urteil vom 28.09.2007 – V ZR 276/06, NJW 2007, S. 3636 (3637), BGH, Urteil vom 10.11.2006 – V ZR 62/06, WuM 2007, S. 33 ff., jeweils m. w. N.; BayObLG, Beschluss vom 26.05.2004 – 2 Z BR 63/04, ZMR 2004, S. 841 (842).

gen, die der Klägerin aufgrund eines von der Wohnung der Beklagten ausgehenden Wasserschadens für die vorgerichtliche Schadensfeststellung und für ihre anderweitige Unterkunft entstanden sind.

Der Klage liegt folgender Sachverhalt zugrunde: Aus der Waschmaschine der haftpflichtversicherten Beklagten lief Wasser aus und drang in die Wohnung der Klägerin ein. Trocknungsmaßnahmen wurden erst um einen Monat verzögert ergriffen. Der Gebäudeversicherer glich die Kosten für die Trocknungsgeräte aus und genehmigte den Kostenvoranschlag für Malerarbeiten. Die Klägerin behauptet, die Trocknungsmaßnahmen hätten den eingetretenen Schaden nicht vollständig beseitigt. In Folge der Durchfeuchtungen sei es zu Schimmelbefall gekommen, der eine weitere Nutzung der Wohnung unzumutbar gemacht habe.[9]

Der BGH wies die Klage ab. Dabei stützte er sich auf § 242 BGB. Bereits für das Verhältnis zwischen Mieter und Vermieter hatte der BGH im Vorfeld entschieden, dass ein geschädigter Vermieter verpflichtet ist, den schädigenden Mieter nicht auf Schadensausgleich in Anspruch zu nehmen, wenn ein Versicherungsfall vorliegt, ein Regress des Gebäudeversicherers gegen den Mieter ausgeschlossen ist und der Vermieter nicht ausnahmsweise ein besonderes Interesse an einem Schadensausgleich durch den Mieter hat. Verletzt der Vermieter diese Pflicht, so steht dem Mieter ein Schadenersatzanspruch aus positiver Forderungsverletzung (§§ 280 Abs. 1, 241 Abs. 2 BGB) zu, den er dem Anspruch des Geschädigten nach § 242 BGB entgegenhalten kann.[10] Für das Verhältnis der Mitglieder einer Wohnungseigentümergemeinschaft zueinander gilt nichts anders.

Denn anders als unter Grundstücksnachbarn besteht zwischen den Mitgliedern einer Wohnungseigentümergemeinschaft eine schuldrechtliche Sonderverbindung. Haben die Wohnungseigentümer eine Vereinbarung nach § 10 Abs. 1 Satz 1 WEG getroffen, sind sie rechtsgeschäftlich und im Übrigen durch das unter allen Wohnungseigentümern bestehende gesetzliche Schuldverhältnis verbunden. Das aus diesem gesetzlichen Schuldverhältnis Treue- und Rücksichtnahmepflichten (§ 241 Abs. 2 BGB) folgen können, ist anerkannt. Folgerichtig hat ein Wohnungseigentümer im Rahmen dieser Sonderverbindung für das Verschulden von Hilfspersonen nach § 278 BGB einzustehen, während das nachbarliche Gemeinschaftsverhältnis für die Anwendung dieser Zurechnungsnorm keine ausreichende Grundlage bietet.

---

9   Beispiel, gebildet nach BGH, Urteil vom 10.11.2006 – V ZR 62/06, WuM 2007, S. 33.
10   BGH, Urteil vom 03.11.2004 – VIII ZR 28/04, NZM 2005, S. 100 (101); dazu Prölss, ZMR 2001, S. 157 (159).

Ob und inwieweit aus dem zwischen Wohnungseigentümern bestehenden Schuldverhältnis über § 14 WEG hinaus Pflichten zur gegenseitigen Rücksichtnahme herzuleiten seien, könne – so der BGH – allerdings nur unter Berücksichtigung der Umstände des Einzelfalls und der Interessenlage der Wohnungseigentümer bestimmt werden.[11] Im entschiedenen Fall verwarf der BGH mit dieser Begründung den geltend gemachten Schadensersatzanspruch.

---

11   BGH, Urteil vom 10.11.2006 – V ZR 62/06, WuM 2007, S. 33 (33 mit zahlreichen weiteren Nachweisen zu Rechtsprechung und Literatur).

III. Gebrauchsregelungen durch Einräumungsvertrag

Vereinbarungen (§ 15 Abs. 1 WEG) zum Gebrauch des Sondereigentums, des Miteigentums und des gemeinschaftlichen Eigentums können bereits im Einräumungsvertrag gem. § 3 WEG enthalten sein.[12]

IV. Gebrauchsregelungen durch Teilungserklärung

Häufig finden sich Gebrauchsregelungen auch in der Teilungserklärung gem. § 8 WEG.[13]

V. Gebrauchsregelungen durch Gemeinschaftsordnung

Bei der Gemeinschaftsordnung handelt es sich um eine Vereinbarung i. S. von § 10 Abs. 2 Satz 2 WEG, in der typischerweise auch Gebrauchsregelungen für das Gemeinschafts- und das Sondereigentum enthalten sind.[14]

---

12   Bielefeld, S. 117.
13   BGH, Urteil vom 16.11.2012 – V ZR 246/11, NZM 2013, 153; hinweisend: Bielefeld, a. a. O.
14   BGH, Urteil vom 16.11.2012 – V ZR 246/11, NZM 2013, 153; Bielefeld, a. a. O.

VI. Gebrauchsregelungen durch die Hausordnung

Eine gesetzliche Definition der sog. „Hausordnung" fehlt im Wohnungseigentumsgesetz.

§ 21 Abs. 5 Nr. 1 WEG bestimmt im Zusammenhang mit § 21 Abs. 3 und 4 WEG lediglich, dass die Aufstellung einer Hausordnung durch Mehrheitsbeschluss der Wohnungseigentümer zu den Maßnahmen ordnungsmäßiger Verwaltung des Gemeinschaftseigentums gehört, auf deren Durchführung der einzelne Wohnungseigentümer einen rechtlichen Anspruch hat.

§ 27 Abs. 1 Nr. 1 WEG regelt, ebenfalls ohne den Begriff der Hausordnung näher zu definieren, dass der Verwalter u. a. für die Durchsetzung der Hausordnung zu sorgen habe (hierzu nachfolgend näheres).

Daher muss für die Frage, auf welcher rechtlichen Grundlage die Hausordnung der Wohnungseigentümergemeinschaft zustande kommt und insbesondere, welche Regelungsinhalte sie zulässigerweise behandeln darf, auf die allgemeinen Bestimmungen des WEG zurückgegriffen werden.

Dabei ist zu berücksichtigen, dass, anders als die Erwähnung in § 21 WEG und § 27 WEG suggeriert, die Aufstellung einer Hausordnung nicht nur die Verwaltung des gemeinschaftlichen Eigentums betrifft, sondern auch den jeweiligen Sondereigentümer in der Nutzung seines Sondereigentums und der ihm etwa eingeräumten Sondernutzungsrechte tangiert, da sinnvollerweise nicht nur die Benutzung des Gemeinschaftseigentums, sondern eben auch die Benutzung des jeweiligen Sondereigentums geregelt wird.

Hieraus ergeben sich vielfältige Detailprobleme, da hinsichtlich der Eingriffsintensität jeder einzelnen Regelung zwischen dem Interesse der Wohnungseigentümergemeinschaft an einem störungsfreien Zusammenleben aller Bewohner der Anlage und dem rechtlich geschützten Interesse des einzelnen Eigentümers an einer selbstbestimmten Nutzung des Sonder- und Gemeinschaftseigentums abzuwägen ist.

1. Rechtliche Grundlagen

Die Hausordnung stellt mit Blick auf die Bestimmungen der §§ 13, 14 und 15 WEG, welche die gegenseitigen Rechte und Pflichten der Wohnungseigentümer bei der Nutzung des Sonder- und Gemeinschaftseigentums betreffen, eine sogenannte Gebrauchs- und Benutzungsregelung dar[15].

---

15 Jennißen/Weise, WEG, § 15 Rn. 18.

Wie vorstehend bereits angesprochen, bewegen sich die in der Hausordnung zu treffenden Gebrauchs- und Benutzungsregelungen im Spannungsfeld zwischen den Rechten des einzelnen Eigentümers und den sich aus der Gemeinschaft ergebenden Rücksichtnahmepflichten.

a) Rechte des Wohnungseigentümers

§ 13 WEG bestimmt, dass der einzelne Wohnungseigentümer sein Sondereigentum grundsätzlich nach freiem Belieben benutzen darf und er einen Anspruch auf freie Nutzung des gemeinschaftlichen Eigentums hat.

b) Einschränkung der Rechte des Wohnungseigentümers

§ 13 Abs. 1 WEG schränkt die grundsätzliche Nutzungsfreiheit des einzelnen Wohnungseigentümers dahingehend ein, dass diese unter dem Vorbehalt der gesetzlichen oder rechtsgeschäftlichen Ansprüche Dritter steht, also dort ihre Grenze findet, wo die Rechte des anderen Wohnungseigentümers beginnen.

§ 14 Nr. 1 und 2 WEG konkretisieren dies dahingehend, dass durch den vom einzelnen ausgeübten Gebrauch des Sonder- und Gemeinschaftseigentums keinem anderen Wohnungseigentümer ein Nachteil erwachsen darf, der über die Beeinträchtigungen hinausgeht, die bei einem geordneten Zusammenleben unvermeidlich sind.

c) Regelungskompetenz der Eigentümergemeinschaft

Um den oben beschriebenen Widerspruch aufzulösen, bestimmt § 15 WEG, dass der Wohnungseigentümergemeinschaft die Regelungskompetenz hinsichtlich der konkreten Ausgestaltung der Gebrauchs- und Nutzungsfragen zusteht.

aa) Vereinbarte Gebrauchs- und Nutzungsregelungen
Gem. § 15 Abs. 1 WEG kann bereits in der Gemeinschaftsordnung der Wohnungseigentümergemeinschaft gem. § 10 Abs. 2 Satz 2, Abs. 3 WEG durch Vereinbarung der Gebrauch und die Nutzung des Sonder- und Gemeinschaftseigentums geregelt werden.

Auch die Hausordnung stellt eine Vereinbarung i. S. von § 10 Abs. 2 Satz 2 WEG dar. Sie kann aber durch Mehrheitsbeschluss der Wohnungseigentümerversammlung im Rahmen ordnungsgemäßer Verwaltung geändert werden (§ 21

Abs. 5 Nr. 1 WEG).[16] Dies soll auch dann gelten, wenn sie formeller Bestandteil der Teilungserklärung oder der Gemeinschaftsordnung ist.[17] Schließlich bedingt die Befugnis des Verwalters, eine Hausordnung aufstellen zu dürfen, kein anderes Ergebnis.[18]

Derartige Vereinbarungen gelten ohne besonderen weiteren Rechtsakt auch für Rechtsnachfolger und gehen etwaigen Beschlüssen der Wohnungseigentümer vor.

Vor einer Beschlussfassung über Hausordnungsfragen ist daher zu prüfen, ob vereinbarte Regelungen bereits bestehen.

Nur wenn die Hausordnung aus schwerwiegenden Gründen als unbillig erscheint, kann jeder Wohnungseigentümer ihre Änderung verlangen. Anspruchsgrundlage ist § 10 Abs. 2 Satz 3 BGB, wenn sich die Hausordnung als Vereinbarung darstellt. Kam sie als Mehrheitsbeschluss zustande, dann kann sich ein Änderungsanspruch aus § 15 Abs. 3 WEG ergeben. Weiter kann jeder Wohnungseigentümer im Rahmen seines Anspruchs auf ordnungsgemäße Verwaltung die Aufstellung einer Hausordnung gerichtlich verlangen, wenn eine Hausordnung fehlt oder durch Mehrheitsbeschluss in der Wohnungseigentümerversammlung nicht zustande kommt (§ 21 Abs. 5 WEG).[19]

Das Recht des Wohnungseigentümers auf ordnungsgemäße Verwaltung kann nicht nur die Aufstellung einer Hausordnung zum Inhalt haben, sondern kann auch zu einer Änderung oder Ergänzung durch richterlichen Eingriff führen. Anspruchsgrundlage ist § 21 Abs. 4 WEG.[20] Ein richterlicher Eingriff in Regelungen der Wohnungseigentümer, insbesondere deren Abänderung oder Ersetzung durch eine andere Regelung, kommt jedoch nur in Betracht, wenn außergewöhnliche Umstände ein Festhalten an einem Beschluss oder einer Vereinbarung als grob unbillig und damit als gegen Treu und Glauben verstoßend erscheinen lassen.[21] Ergänzungen durch zusätzliche Gebrauchs- oder Verwaltungsregelungen unterliegen dagegen weniger strengen Voraussetzungen. Doch wird auch eine ergänzende gerichtliche Regelung nur dann in Betracht kommen, wenn sie als für das Zusammenleben der Wohnungseigentümer unverzichtbar oder dringend geboten erscheint, wenn also gewichtige Gründe für sie sprechen und im Rahmen des dem Gericht gem. §§ 21 Abs. 8, 43 WEG ein-

16   So: Bielefeld, Der Wohnungseigentümer, S. 300 f.
17   BayObLG, Beschluss vom 09.06.1975 – 2 Z 25/75, zitiert bei: Bielefeld, S. 301.
18   Bielefeld, S. 301.
19   Bielefeld, S. 302.
20   So ausdrücklich: BayObLG, Beschl. v. 25.03.1999 – 2 Z BR 105/98, ZMR 1999, S. 494 (494).
21   OLG Frankfurt/Main, Beschluss vom 20.03.2006 – 20 W 430/04, NJW-RR 2007, S. 377 m. w. N.

geräumten Entscheidungsermessens nur eine Entscheidung als richtig erscheint.[22]

Danach kommt zum Beispiel eine gerichtliche Ergänzung für die Gebrauchsregelungen in Gemeinschaftsräumen nicht in Betracht, wenn die Gemeinschaft schon eine Hausordnung mit Verhaltensregeln für solche Räume hat und der Antrag, einen entsprechenden Eigentümerbeschluss zu fassen, bereits mit großer Mehrheit abgelehnt worden ist.[23]

Ist danach eine Veränderung der Hausordnung auf diesem Wege nicht durchsetzbar, so ist der betreffende Wohnungseigentümer gehalten, nach § 15 Abs. 3 WEG in Verbindung mit § 14 Nr. 1, 2 WEG gegen einzelne Wohnungseigentümer vorzugehen, wenn er sich durch deren Verhalten in vermeidbarer Weise beeinträchtigt fühlt.[24]

bb) Mehrheitsbeschlussfassung der Wohnungseigentümer

Gem. § 15 Abs. 2 WEG können die Wohnungseigentümer durch Mehrheitsbeschluss in der Eigentümerversammlung gem. §§ 21 Abs. 3, 23, 25 WEG Gebrauchs- und Nutzungsregelungen beschließen.[25]

cc) Verhältnis von Vereinbarung und Beschluss

Rechtlich umstritten ist das Verhältnis von Vereinbarung und Beschluss, da § 15 Abs. 2 WEG ausdrücklich bestimmt, dass Beschlusskompetenz nur insoweit bestehe, als dass keine Vereinbarung entgegensteht.

Diese Frage wird insbesondere dann bedeutsam, wenn die Gemeinschaftsordnung einer Wohnungseigentumsanlage bereits konkrete Regelungen (also etwa eine ausformulierte Hausordnung) enthält, von denen durch Mehrheitsbeschluss abgewichen werden soll.

Nach der Rechtsprechung des BGH zur Beschlusskompetenz der Wohnungseigentümer können nämlich vereinbarte Regelungen nur durch neue Vereinbarungen, d.h. Zustimmung sämtlicher Wohnungseigentümer und Eintragung im Grundbuch, geändert werden, weshalb einer Vereinbarung widersprechende Beschlüsse generell nichtig, d. h. rechtsunwirksam sind[26].

---

22 BayObLG, Beschluss vom 25.03.1999 – 2 Z BR 105/98, ZMR 1999, S. 494 (494).
23 BayObLG, Beschluss vom 25.03.1999 – 2 Z BR 105/98, ZMR 1999, S. 494 (494 f.) zum Antrag auf Erlass eines Rauchverbots in Gemeinschaftsräumen.
24 So ausdrücklich: BayObLG, Beschluss vom 25.03.1999 – 2 Z BR 105/98, ZMR 1999, S. 494 (495).
25 Näher: Elzer, Die Hausordnung einer Wohnungseigentumsanlage, ZMR 2006, S. 733 ff. (733–734).
26 BGH, Beschluss vom 20.09.2000 – V ZB 58/99, ZWE 2000, 569 ff. = NJW 2000, 3500 ff.

Fraglich ist indes, ob die in einer Gemeinschaftsordnung bereits enthaltenen Regelungen einer Hausordnung ihrer Zweckbestimmung nach tatsächlich zwingend sind.

Nicht alles, was in der Gemeinschaftsordnung geregelt ist, besitzt nämlich Vereinbarungscharakter. Eine materiell-rechtliche Vereinbarungswirkung ist nur anzunehmen, wenn sich aus Gestaltung und Inhalt der Gemeinschaftsordnung der ausdrückliche Wille ergibt, eine getroffene Regelung mit Dauerbindungswirkung auszustatten, sie also bewusst der Regelungskompetenz durch Beschluss auf Dauer zu entziehen.

Dies wird zwar in aller Regel anzunehmen sein (Vereinbarung von Sondernutzungsrechten, Wirtschaftseinheiten, etc.), trifft jedoch hier vertretener Auffassung insbesondere im Falle einer ausformulierten Hausordnung nicht zu, da die dort getroffenen Regelungen nach Sinn und Zweck einer Änderung der tatsächlichen, sozialen und rechtlichen Verhältnisse unterliegen, so dass eine „Zementierung" in Form einer materiell-rechtlichen Vereinbarung regelmäßig nicht gewollt ist. Dies ist im Einzelfall durch Auslegung der Bestimmung zu prüfen[27].

Nach herrschender Meinung können die Wohnungseigentümer grundsätzlich also auch in der Gemeinschaftsordnung gegebenenfalls bereits enthaltene Hausordnungsbestimmungen durch Beschluss aufheben oder verändern (eine Ergänzung erlaubt § 15 Abs. 2 WEG ohnehin)[28].

dd) Verwalterermächtigung zur Aufstellung der Hausordnung

Einen Sonderfall stellt die in vielen Gemeinschaftsordnungen zu findende Regelung dar, dass der Verwalter mit Wirkung für die Wohnungseigentümer die Hausordnung aufstellt.

Damit ist indes die Regelungskompetenz der Wohnungseigentümer nicht ausgehebelt, da deren Selbstverwaltungsrecht unentziehbar ist[29]. Diese Kompetenz behalten sie auch dann, wenn die Gemeinschaftsordnung dem Verwalter die Aufstellung der Hausordnung zuweist. Denn es handelt sich um eine Maßnahme ordnungsgemäßer Verwaltung auch des Gemeinschaftseigentums, die der Wohnungseigentümergemeinschaft nach § 21 Abs. 5 Nr. 1 WEG zusteht.[30] Nur soweit die Wohnungseigentümer von ihrer Beschlusskompetenz keinen Gebrauch machen, ist der Verwalter zur Aufstellung der Hausordnung ermäch-

---

27   Riecke/Schmid-Elzer, WEG, 2. Aufl. 2008, § 10 Rn. 83, 86.
28   BayObLG, ZMR 2004, 924; Elzer, ZMR 2006, 733.
29   BayObLG, ZMR 2002, 64.
30   KG Berlin, Beschluss vom 18.11.1991 – 24 W 3791/91, ZMR 1992, S. 68 (69).

tigt[31]. Aus Gründen der höheren Akzeptanz einer eigenverantwortlichen Hausordnung durch die Eigentümer ist ohnehin der Beschlussweg anzuraten.

2. Bindungswirkung der Hausordnung

Es ist ein unter Wohnungseigentümern weit verbreiteter Irrtum, dass auch Mieter oder sonstige Dritte, denen Sonder- oder Gemeinschaftseigentums zum eigenen Gebrauch überlassen wurde, an die Regelungen der Hausordnung gebunden wären.

Grundsätzlich gelten die Regelungen der beschlossenen (oder vereinbarten) Hausordnung nur im Verhältnis der Wohnungseigentümer untereinander.

Dem vermietenden Wohnungseigentümer ist daher dringend anzuraten, die Regelungen der wohnungseigentumsrechtlichen Hausordnung ausdrücklich zum Gegenstand der Regelungen des jeweiligen Nutzungsüberlassungsvertrags zu machen, zumal die in Mustermietverträgen enthaltenen „Hausordnungen" regelmäßig nicht identisch mit der Hausordnung der Gemeinschaft sind und zudem der vermietende Eigentümer den übrigen Eigentümern gegenüber wegen Verstößen seines Mieters gegen die Hausordnung gleichwohl wie für eigenes Handeln gem. § 14 Nr. 2 WEG haftet[32].

Dessen ungeachtet verbleiben dem Eigentümer sowie der Gemeinschaft natürlich die sich aus gesetzlich geregelten Ansprüchen ergebenden Rechte auf Unterlassung bzw. Störungsbeseitigung. Eine Berufung auf einen Verstoß gegen die Hausordnung, die nicht mit dem Mieter vereinbart ist, führt jedoch (s. o.), sofern nicht im Verhalten des Mieters eine sich aus allgemeinen Rechtsgrundsätzen ergebende rechtswidrige Störung ergibt, nicht zu Ansprüchen der Gemeinschaft.

3. Durchsetzung der Hausordnung

Bei Streitigkeiten um Gebrauchsrechte liegt es zumeist im Interesse der Wohnungseigentümer, dass der Verwalter aktiv wird, um die Streitigkeiten beizulegen oder um Ansprüche aus diesen Streitigkeiten zu verfolgen. Daher nehmen die Ratsuchenden Hinweise über eigene Ansprüche gegen die störenden Mitbewohner oft nur mit mäßigem Interesse auf und verweisen darauf, dass der

---

31   Deckert/Drabek, Die Eigentumswohnung, Loseblatt, Stand: 03/2008, Grp. 5, Rn. 316.
32   Deckert/Drabek, Die Eigentumswohnung, Loseblatt, Stand: 03/2008, Grp. 5, Rn. 438 ff.

Verwalter für die umfassende Bewirtschaftung und Verwaltung der Immobilie bezahlt wird. Damit stellt sich die Frage, ob der Wohnungsverwalter die Hausordnung überwachen und bei Verstößen durchsetzen muss. Rechtsgrundlage hierfür kann § 27 Abs. 1 Nr. 1 WEG sein. Danach ist der Verwalter berechtigt und verpflichtet, für die Durchführung der Hausordnung zu sorgen. Daraus erwächst ihm die Pflicht,

- alle Wohnungseigentümer über den Inhalt der Hausordnung zu unterrichten bzw. die Voraussetzungen zu schaffen, dass sich die Eigentümer selbst unterrichten können,
- Beschwerden über Verstöße gegen die Hausordnung entgegenzunehmen und die störenden Eigentümer auf ihre Verstöße und möglichen Folgen hinzuweisen, und
- notwendigenfalls die erforderlichen rechtlichen Maßnahmen gegen die störenden Eigentümer einzuleiten, allerdings nur nach vorangegangener Beschlussfassung in der Wohnungseigentümerversammlung.

So hat der Verwalter bei nachgewiesener Störung den störenden Eigentümer schriftlich abzumahnen und aufzufordern, Störungen und Beeinträchtigungen zu unterlassen (§ 27 Abs. 2, Nr. 1, 4, Abs. 3 WEG). Bleibt dies erfolglos, so hat er einen Beschluss der Wohnungseigentümer darüber herbeizuführen, ob gegen den Störer gerichtlich vorgegangen werden soll. Der Beschluss kann mehrheitlich gefasst werden. Sowohl die Abmahnungen wie auch darauf beruhende Beschlüsse der Wohnungseigentümer müssen aber das störende Verhalten bzw. die Zuwiderhandlungen konkret bezeichnen. Daran ändert auch der grundlegende Beschluss des BGH vom 02.06.2005 zur Teilrechtsfähigkeit der Wohnungseigentümergemeinschaft nichts. Unabhängig davon kann sich der Verwalter durch einen entsprechenden Beschluss zur Rechtsverfolgung ermächtigen lassen (§ 27 Abs. 2 Nr. 1 und 4, Abs. 3 WEG).[33] Die gerichtliche Feststellung der Pflichten aus der Hausordnung kann neben dem Verwalter auch vom einzelnen Eigentümer beantragt werden.

Daneben besteht für jeden Wohnungseigentümer die Möglichkeit, im Verfahren nach § 43 WEG Belästigungen im eigenen Namen geltend zu machen und Unterlassungen zu verlangen, die sein Mieter durch Miteigentümer erfährt.[34]

---

33 Dazu: OLG München, Beschluss vom 13.07.2005 – 34 Wx 61/05, NZM 2005, S. 673 f. = ZMR 2005, S. 729; speziell für Beseitigungsansprüche: BayObLG, Beschluss vom 17.02.2000 – 2 Z BR 180/99, NZM 2000, S. 513 f. = NJW-RR 2000, S. 968 f.
34 Bielefeld, S. 302, 305 f m. w. N. zur Rechtsprechung.

Handelt es sich bei den Hausordnungsverstößen um Eigentums- oder Besitz-störungen, so können Beseitigungs- und Unterlassungsansprüche gegen den Störer geltend gemacht werden.

Schwerwiegende Verstöße gegen die Hausordnung können äußerstenfalls durch die Entziehung des Wohnungseigentums gem. § 18 WEG geahndet werden.

Daraus folgt:

Die weit verbreitete Auffassung, dass der Verwalter berufen sei, Verstöße gegen die Regelungen der Hausordnung aus eigener Kompetenz zu ahnden, ist eine Fehleinschätzung vieler Wohnungseigentümer.

Zwar bestimmt § 27 Abs. 1 Nr. 2 WEG, dass der Verwalter für die Durchführung der Hausordnung zu sorgen habe, dies bezieht sich nach dem Wortlaut aber zunächst einmal darauf, dass der Verwalter durch organisatorische Maßnahmen die Einhaltung der Regelungen der Hausordnung sicherzustellen hat (durch Aufstellung, Aushang oder Bekanntgabe von Plänen, Aufstellung von Hinweisschildern, u. ä.)[35].

Ferner ist von der Kompetenz des Verwalters die Abmahnung eines Wohnungseigentümers wegen Verstößen gegen die Hausordnung gedeckt (was erfahrungsgemäß Störungen nur in wenigsten Fällen beseitigt).

Die Vornahme von Sanktionshandlungen oder die gerichtliche Durchsetzung von Unterlassungs- und/oder Störungsbeseitigungsansprüchen obliegt den einzelnen Wohnungseigentümern bzw. durch Beschlussfassung gem. § 10 Abs. 6 Satz 3 WEG der Wohnungseigentümergemeinschaft[36].

Auch ist zu berücksichtigen, dass der Verwalter dem Mieter oder sonstigen Nutzungsberechtigten von Wohnungseigentum gegenüber keinerlei Weisungs-, Abmahnungs- oder sonstige Befugnisse besitzt (vgl. oben unter II.).

4. Die Regelungsinhalte

Primärer Gegenstand einer Hausordnung sind nach § 15 Abs. 2 WEG beschlossene oder gemäß § 15 Abs. 1 WEG vereinbarte Gebrauchsregelungen im engeren Sinne. Das können allgemeine Sorgfalts-, Sicherheits- und Gefahrvorbeugungspflichten sein, aber auch Benutzungsregelungen für gemeinschaftliche Flächen, Räume und Einrichtungsgegenstände sowie Ruhezeiten. Beliebter Regelungsgegenstand einer Hausordnung ist etwa die Tierhaltung, der Ver-

---

35   BGH, ZMR 1996, 276; Riecke/Schmid-Elzer, WEG, 2. Aufl. 2008, § 27 Rn. 16.
36   Riecke/Schmid-Elzer, WEG, 2. Aufl. 2008, § 27 Rn. 17.

schluss der Hauseingangstüre, die Benutzung von Waschküchen und Trocken-
räumen oder die zulässigen Zeiten für die Ausübung von Musik. Kernbereiche
des Wohnungseigentums dürfen nicht geregelt werden. Denn zum Beispiel die
Einschränkung von Grundrechten kann nicht bloß mehrheitlich bestimmt werden. Deshalb kann ein völliges Musizierverbot nicht beschlossen, aber – mit
Einschränkungen – vereinbart werden.[37] Auch ein generelles Verbot von Parabolantennen gegenüber ausländischen Wohnungseigentümern kann ebenso
wie ein völliges nächtliches Bade- und Duschverbot nicht beschlossen werden.
Im Übrigen sind die Grenzen der §§ 15 Abs. 3, 14 Nr. 1 WEG zu beachten. Danach ist jeder Wohnungseigentümer verpflichtet, von den in seinem Sondereigentum stehenden Räumen nur in einer solchen Weise Gebrauch zu machen,
dass dadurch keinem anderen Wohnungseigentümer über das bei einem geordneten Zusammenleben unvermeidliche Maß hinaus ein Nachteil erwächst.
In diesem Rahmen hat sich grundsätzlich auch die Regelung in der Hausordnung zu halten.[38] Was also durch § 14 Nr. 1 WEG oder eine andere Bestimmung
verboten ist, kann durch eine Hausordnung im Beschlusswege nicht erweitert
werden.[39]

Mit dieser Regelungskompetenz kann die Hausordnung also sowohl Regeln
für das Gemeinschaftseigentum wie für das Sondereigentum/Teileigentum aufstellen. Sie kann auch den konkreten Gebrauch eines Sondernutzungsrechtes
regeln.[40]

Eine alphabetische Zusammenstellung der regelbaren Inhalte einer Hausordnung findet sich bei Bielefeld.[41]

Aus der Verwaltungsautonomie der Wohnungseigentümergemeinschaft und
der entsprechenden Beschlusskompetenz folgt weiter, dass die Bestimmungen
der Hausordnung grundsätzlich nach billigem Ermessen, orientiert an der Notwendigkeit und Zweckmäßigkeit einer Regelung, aufzustellen sind.

Unbillige und willkürliche Regelungen sind ebenso zu vermeiden wie eine den
einzelnen Wohnungseigentümer über die Maßen einengende „Regelungsdich-
te", die eine Vielzahl von Einschränkungen und Verboten beinhaltet. Derartige
Regelungen sind rechtswidrig und werden auf Anfechtung hin für ungültig
erklärt.

---

37 BGH, Urteil vom 10.09.1998 – V ZB 11/98, NJW 1998, S. 3713 (3714).
38 BayObLG, Beschluss vom 23.08.2001 – 2 Z BR 96/01, ZMR 2002, S. 64.
39 Elzer, ZMR 2006, S. 733 (739).
40 OLG München, Beschluss vom 03.04.2007 – 34 Wx 25/07, NZM 2008, S. 44 ff. für die zeit-
    lich beschränkte Nutzung der Ein- und Ausfahrt zu Stellplätzen, die dem Teileigentümer
    einer als Laden ausgewiesenen Einheit zur ausschließlichen Nutzung zugewiesen sind.
41 Bielefeld, S. 308 ff.

Schwer wiegende Eingriffe in die Rechtsstellung des Wohnungseigentümers (Eingriff in den Kernbereich des Wohnungseigentums) sind darüber hinaus nichtig, d. h. mangels Beschlusskompetenz rechtlich unwirksam[42].

Von Bedeutung ist ferner, dass solche Regelungen, denen es an inhaltlicher Bestimmtheit und Klarheit mangelt, ebenfalls nichtig sind[43].

Dies bedeutet für die Praxis, dass regelmäßig eine Vielzahl von Bestimmungen der Hausordnung mangels der Möglichkeit einer konkreten Bezeichnung der Schwelle störenden Verhaltens ohnehin eher als Appell als rechtlich zwingende Regelung zu betrachten sind.

Problematisch ist auch, dass die teilweise Unwirksamkeit einer Regelung zur Gesamtunwirksamkeit des gesamten Regelungsbereiches führt[44].

Zu berücksichtigen ist auch, dass die Regelungen der Hausordnung dem höherrangigen sonstigen Recht, insbesondere bürgerlich-rechtlichen sowie öffentlich-rechtlichen Bestimmungen nicht widersprechen dürfen (z. B.: Abschließen der Hauseingangstür, wenn diese als Ausgang des „Rettungswegs Treppenhaus" dient – Verstoß gegen Brandschutz).

Allerdings geht das Kammergericht Berlin davon aus, dass private Ruhezeitenregelungen auch über öffentlich-rechtliche Lärmbekämpfungsvorschriften hinausgehen dürfen[45].

Dies dürfte aber unzutreffend sein, da die Wohnungseigentümer keine Beschlusskompetenz besitzen, öffentlich-rechtliche Regelungen einzuschränken. Hiesiger Auffassung nach ist auch unter Berücksichtigung der Neuregelung des § 21 Abs. 7 WEG eine Beschlussfassung über eine sog. „Umzugspauschale" zumindest rechtswidrig.

Die typischerweise in Hausordnungen vorkommenden Regelungen können wie folgt systematisiert werden:

- Allgemeine Sorgfalts-, Sicherheits- und Vorbeugungspflichten
- Gebrauchs- und Benutzungsregelungen für das Gemeinschaftseigentum
- Hand- und Spanndienste der Eigentümer
- Allgemeine Rücksichtnahmepflichten.

---

42 Deckert/Drabek, Die Eigentumswohnung, Loseblatt, Stand: 03/2008, Grp. 5, Rn. 309.
43 BGH, Beschluss vom 10.09.1998 – V ZB 11/98, ZMR 1999, 41.
44 Deckert/Drabek, Die Eigentumswohnung, Loseblatt, Stand: 03/2008, Grp. 5, Rn. 346.
45 KG, Beschluss vom 18.11.1991 – 24 W 3791/91, ZMR 1992, 68.

VII. Gebrauchsregelungen durch Mehrheitsbeschluss

Steht eine Vereinbarung im gerade erörterten Sinne nicht entgegen, so können die Wohnungseigentümer durch Mehrheitsbeschluss Gebrauchsregelungen für das Sondereigentum und für das Gemeinschaftseigentum beschließen, der einem der Beschaffenheit des Eigentums entsprechenden ordnungsgemäßen Gebrauchs entspricht (§ 15 Abs. 2 WEG).[46] Beschließt die Wohnungseigentümerversammlung selbst ohne das erforderliche Stimmenverhältnis die Nutzung oder aber eine bauliche Veränderung von Sonder- oder Gemeinschaftseigentum entgegen der Teilungserklärung oder der Gemeinschaftsordnung, so ist der entsprechende Beschluss anzufechten.[47] § 23 Abs. 4 Satz 2 WEG erklärt einen Beschluss nur dann für ungültig, wenn er auf die Anfechtung hin durch eine gerichtliche Entscheidung für ungültig erklärt worden ist. Wird der Beschluss nicht fristgerecht angefochten, so wird er bestandskräftig. Dann entfaltet er Wirkung für und gegen alle Wohnungseigentümer, den Verwalter und, soweit Außenwirkung eintritt, auch gegenüber Dritten. Der Antrag auf gerichtliche Entscheidung kann nur binnen einen Monats seit der Beschlussfassung gestellt werden. Dies bedeutet also, dass ein unanfechtbar gewordener Beschluss auch dann maßgeblich ist, wenn er gegen das Gesetz oder die Gemeinschaftsordnung verstößt.[48]

---

46 OLG Hamm, Beschluss vom 11.11.2004 – 15 W 351/04, ZMR 2005, S. 400: Beschlusskompetenz für eine Gebrauchsregelung, durch die eine gemeinschaftliche Gartenfläche räumlich aufgeteilt und die gebildeten Teilflächen jeweils einer Gruppe von Miteigentümern zur ausschließlichen Benutzung zugewiesen werden.

47 BGH, Beschluss vom 20.09.2000 – V ZB 58/99, ZMR 2000, S. 771 ff.

48 BayObLG, Beschluss vom 27.02.1986 – 2 Z 99/85, ZMR 1986, S. 249; ohne die Notwendigkeit einer Feststellung der Unwirksamkeit eines Beschlusses durch Anfechtung im Verfahren zur freiwilligen Gerichtsbarkeit nach § 43 WEG ist ein Eigentümerbeschluss nur dann ipso iure nichtig, wenn er nach seinem Inhalt gegen die guten Sitten oder ein zwingendes gesetzliches Verbot verstößt (§ 23 Abs. 4 WEG, §§ 134, 138 BGB). Der Verstoß gegen abdingbare Vorschriften, die zwar die Anfechtbarkeit des Eigentümerbeschlusses, nicht jedoch dessen Nichtigkeit begründen können, genügt also nicht. Daher ist ein Eigentümerbeschluss nicht nichtig, wenn es an einer ordnungsgemäßen Einladung im Sinne von § 25 Abs. 4 WEG fehlt, wenn entgegen § 23 Abs. 2 WEG bei der Einberufung der Gegenstand der Beschlussfassung nicht bezeichnet ist oder wenn – wie bei baulichen Veränderungen im Sinne von § 22 Abs. 1 Satz 1 WEG – gegen das Einstimmigkeitserfordernis verstoßen wurde. Auch die Teilnahme an der Abstimmung entgegen eines Stimmrechtsverbotes wegen Interessenkollision genügt nicht, und zwar selbst dann nicht, wenn dadurch die Eigentümerversammlung nicht beschlussfähig gewesen sein sollte. Denn auch die Vorschrift über die Beschlussfähigkeit der Wohnungseigentümerversammlung (§ 25 Abs. 3 WEG) ist abdingbar (vgl. BayObLG, a. a. O., m. zahlr. w. N. zur Rechtsprechung). Aufgrund der Abdingbarkeit von § 25 Abs. 3 WEG führt auch die gerügte Beschlussunfähigkeit nicht zur Ungültigkeit eines gefassten Beschlusses, da die Vorschrift abdingbar ist und durch eine Vereinbarung ersetzt werden kann, soweit sie entsprechend eine Regelung in der Gemeinschaftsordnung vorgesehen ist. Auch ein Einberufungsfehler (unterlassene Einladung) macht einen Beschluss nicht ungültig, wenn feststeht, dass die unterlassene Einladung auf die Beschlussfassung ohne Einfluss geblieben ist (BayObLG, Beschluss vom 28.10.1998 – 2 Z BR 137/98, NZM 1999, S. 130 f.).

Beispiel: Beschlussanfechtung ohne aufschiebende Wirkung
Wohnungseigentümer E fühlt sich von dem Drahtzaun, der seinen Garten umgibt, gestört. Als Anhänger natürlicher Baustoffe will er stattdessen ein Sichtschutzelement aus Weidengeflecht. Auf seinen Antrag hin beschließt die Wohnungseigentümerversammlung entsprechend. Wohnungseigentümer Q ficht den Beschluss an. Seine Begründung: Es handele sich um eine bauliche Veränderung, das notwendige Beschlussquorum sei nicht erreicht worden. Erstinstanzlich gewinnt er. Die Wohnungseigentümergemeinschaft legt Berufung ein. Das Berufungsverfahren dauert an. Jetzt erhebt Q einen Anspruch auf Beseitigung des zwischenzeitlich angebrachten Sichtschutzelementes aus Weidengeflecht.

Mit Urteil vom 28. März 2013[49] weist das LG Stuttgart seine Beseitigungsklage aus § 1004 BGB in Verbindung mit §§ 15 Abs. 3, 14 Nr. 1 WEG ab. Auch wenn erstinstanzlich der angefochtene Beschluss zur Errichtung eines Sichtschutzelementes aus Weidengeflecht für ungültig erklärt worden sei, so sei doch aufgrund der eingelegten Berufung und der Fortdauer des Verfahrens nicht rechtskräftig festgestellt, dass der Beschluss zu Recht angefochten worden sei. Solange dies aber nicht feststehe, sei ein gefasster Beschluss rechtmäßig und zulässig, mithin auch umsetzbar, auch wenn diesem Beschluss nicht alle Wohnungseigentümer zugestimmt hätten, deren Zustimmung erforderlich gewesen sein könnte (§ 23 Abs. 4 Satz 2 WEG[50]). Denn die Anfechtungsklage gemäß § 46 Abs. 1 WEG habe keine aufschiebende Wirkung. Deshalb sei auch der angefochtene Beschluss für die Wohnungseigentümer, deren Sonderrechtsnachfolger und den Verwalter bindend[51].

Nur bei einem nichtigen Beschluss sei dies anders. Für die Nichtigkeit des Beschlusses gebe es aber keine Anhaltspunkte. Auch sei innerhalb der Beseitigungsklage nicht zu prüfen, ob der Beschluss tatsächlich mit der erforderlichen Mehrheit gefasst worden sei oder nicht. Allein entscheidend sei, dass er nicht rechtmäßig für ungültig erklärt worden sei.

Durch dieses Ergebnis sei der Kläger auch nicht schutzlos gestellt, wie das Gericht des Weiteren ausdrücklich hervorhebt. Er hätte vorab den Anfechtungsrechtsstreit führen und je nach dessen Ausgang anschließend Klage auf Beseitigung erheben können. Schließlich birgt das gefundene Ergebnis nach Auffassung der Stuttgarter Landrichter auch nicht die Gefahr, dass die Wohnungsei-

---

49   LG Stuttgart, Urteil vom 28.03.2013 – 2 S 36/12, veröffentlicht in ZWE 2014, S. 190 f.
50   Ausdrücklich LG Stuttgart, a. a. O.; ebenso: Bärmann-Merle, Kommentar zum WEG, § 22 WEG Rn. 288; § 23 WEG Rn. 189.
51   Ebenso: Bärmann-Merle, a. a. O., § 23 WEG Rn. 189 mit weiteren Nachweisen.

gentümergemeinschaft zur Verhinderung erfolgreicher Beseitigungsklagen immer wieder bewusst Beschlüsse ohne Berücksichtigung der dafür erforderlichen Mehrheiten fassen könnte. Wie das LG Stuttgart ausdrücklich hervorhebt, sei ein solches Vorgehen als treuwidrig zu bewerten, was die Nichtigkeit derartiger Folgebeschlüsse nahelegen könnte[52].

Beispiel: Das OLG Frankfurt/Main[53] hielt fest, dass in einer Wohnungseigentumsanlage Regelungen zur Haustürschließung ausschließlich Sache der Wohnungseigentümer sind. Es handelte sich um ein Wohn- und Geschäftshaus. Der Betreiber eines Ladengeschäftes begehrte, dass die Türschließung zu den üblichen Geschäftszeiten außer Betrieb gesetzt werde, um seinen Kunden einen ungehinderten Zutritt zu seinen Ladenräumen zu verschaffen. Obwohl sich einzelne Wohnungseigentümer dagegen wehrten, wurde ein entsprechender Beschluss mehrheitlich gefasst. Die dagegen gerichtete Anfechtungsklage blieb erfolglos. Das OLG Frankfurt lehnt es ab, die angefochtene Beschlussregelung auf ihre Zweckmäßigkeit und ihre Notwendigkeit hin zu untersuchen. Im Gegenteil wurde ein grundsätzliches Ermessen der Wohnungseigentümer betont. Ein richterlicher Eingriff in derartige Regelungen komme grundsätzlich nur dann in Frage, wenn ein Beschluss grob unbillig sei und gegen Treu und Glauben verstoße. Dies sahen die Frankfurter Richter nicht. Die getroffene Regelung sei ermessensfehlerfrei. Schutzwürdige Belange der Wohnnutzer seien hinreichend berücksichtigt worden.[54]

Ein Beschluss ist allerdings nichtig, wenn er gegen eine rechtliche Vorschrift verstößt, auf deren Einhaltung rechtswirksam nicht verzichtet werden kann (§ 23 Abs. 4 Satz 1 WEG).

Beispiel: Immer wieder wird geltend gemacht, ein Beschluss zum nächtlichen Abschließen der Haustür sei nichtig, weil dies gegen die gesetzlichen Auflagen des Brandschutzes verstoße. Das LG Köln hält dazu in einer sehr bemerkenswerten Entscheidung[55] folgendes fest: Ob Brandschutzvorschriften einer nächtlichen Haustürschließregelung entgegenstehen, sei nicht zu erörtern. Insbesondere stellten Brandschutzvorschriften kein gesetzliches Verbot für eine solche Regelung dar, die sie eventuell nichtig

---

52   Ausdrücklich a. a. O., S. 191.
53   OLG Frankfurt/Main, Beschluss vom 08.01.2009 – 20 W 384/07, NZM 2009, 440 = NJW-RR 2009, S. 949.
54   Das LG Köln (Urteil vom 25.07.2013 – 1 S 201/12) bestätigte die Wirksamkeit einer mietvertraglichen Regelung, die dem Erdgeschossmieter aufgibt, die Haustür des Nachts abzuschließen. Der Brandschutz komme zivilrechtlich betrachtet nicht zum Tragen. Ihn durchzusetzen, sei Sache der Ordnungsbehörden!
55   LG Köln, Urteil vom 25.07.2013 – 1 S 201/12.

machen könnte (§ 134 BGB). Denn diese rein privatrechtliche Regel sei im Hinblick auf einen Verstoß gegen bauordnungsrechtliche Vorschriften nicht anwendbar. Das Gericht wörtlich: „Die Überwachung dieser Vorschriften obliegen den Baubehörden, die etwaigen Verboten durch verwaltungsrechtliche Maßnahmen Nachdruck verleihen können. Daneben hat die zivilrechtliche Nichtigkeit keinen Platz"[56].

Wird die Beschlussanfechtungsfrist versäumt, so kann ein Antrag auf Wiedereinsetzung in den vorigen Stand helfen. Dazu muss die Fristversäumnis unverschuldet sein. Der anfechtende Wohnungseigentümer kann sich nicht auf die Einlassung zurückziehen, er habe an der Wohnungseigentümerversammlung nicht teilgenommen und das Protokoll nicht rechtzeitig erhalten. Eine Pflicht des Verwalters, die Protokolle rechtzeitig zu übersenden, besteht in der Regel nicht. Im Gegenteil hat sich der Wohnungseigentümer über den Inhalt der gefassten Beschlüsse zu informieren.[57]

Dies gilt gerade auch dann, wenn der bestandskräftig gewordene Eigentümerbeschluss gegen eine Regelung der vereinbarten Gemeinschaftsordnung verstößt.[58]

---

56   So wörtlich LG Köln, zitiert nach juris Datenbank, Rn. 25 der Entscheidungsgründe, mit
      weiteren Nachweisen zur Rechtsprechung.
57   OLG Hamm, Beschluss vom 22.06.1998 – 15 W 156/98, ZMR 1999, S. 199 f.
58   BayObLG, Beschluss vom 25.05.1998 – 2 Z BR 22/98, ZfIR 1998, S. 616 ff.

VIII. Gebrauchsregelungen durch Vergleich

Auch ein Vergleich zwischen zwei Wohnungseigentümern kann taugliche Grundlage einer Gebrauchsregelung in Bezug auf eine Wohnung sein. So kann sich ein Wohnungseigentümer vergleichsweise gegenüber einem anderen Eigentümer verpflichten, eine bestimmte Nutzung seiner Wohnung zu unterlassen. Dies kann sowohl außergerichtlich als auch innerhalb eines gerichtlichen Vergleichs erfolgen.[59]

---

59 BayObLG, Beschluss vom 10.06.1998 – 2 Z BR 15/98, ZflR 1998, S. 718 ff., dort auch zur Frage der Anpassung eines Vergleichs durch weggefallene Geschäftsgrundlage sowie zur Anfechtung eines Vergleichs.

IX. Gebrauchsregelungen durch gerichtliche Entscheidung

Grundlage ist § 15 Abs. 3 WEG. Die Vorschrift räumt dem einzelnen Wohnungseigentümer einen Anspruch auf Gebrauchsgewährung für sich und/oder für andere Miteigentümer ein, der dem Gesetz, den Vereinbarungen und Beschlüssen und, soweit sich die Regelung hieraus nicht ergibt, dem Interesse der Gesamtheit der Wohnungseigentümer nach billigem Ermessen entspricht. Gleichzeitig beinhaltet die Vorschrift einen Unterlassungsanspruch bei zweckwidrigem Gebrauch. Die Ansprüche sind durch Antrag im Verfahren gem. § 43 WEG geltend zu machen. Wird eine richterliche Entscheidung begehrt, so hat das Gericht über Art und Ausmaß des zulässigen ordnungsmäßigen Gebrauchs zu entscheiden und die Anordnungen zur Durchführung der erforderlichen Maßnahmen zu treffen. Das Gericht kann aber nur eine solche Gebrauchsregelung treffen, die auch von den Eigentümern gem. § 15 Abs. 2 WEG mit Mehrheit hätte beschlossen werden können.[60]

---

60   Näher: Bielefeld, S. 156–158.

X. Einzelne Gebrauchsrechte

1. Nutzung der Wohnung

Nach § 13 Abs. 1 WEG kann jeder Wohnungseigentümer, soweit nicht das Gesetz oder Rechte Dritter entgegenstehen, mit den im Sondereigentum stehenden Gebäudeteilen nach Belieben verfahren, insbesondere diese bewohnen, vermieten, verpachten oder in sonstiger Weise nutzen.[61] Häufig sind in Teilungserklärungen, Gemeinschafts- oder Hausordnungen oder in Aufteilungsplänen Zweckbestimmungen mit Vereinbarungscharakter im Sinne von §§ 5 Abs. 4, 10 Abs. 1 Satz 2, 15 Abs. 1 WEG vorgenommen worden. Wird in einem dieser Dokumente das Sondereigentum als „Wohnung" bezeichnet, so hat dies die Folge, dass das Wohnungseigentum grundsätzlich auch nur als Wohnung benutzt werden darf.[62] Wohnen bedeutet dabei eine dauernde Nutzung, auch zum Schlafen, Kochen und Essen.[63]

Im Rahmen der Wohnnutzung ist der Wohnungseigentümer berechtigt, die Art der Nutzung der einzelnen Räume zu verändern. Denn die Zweckbestimmung des Sondereigentums als Wohnung durch die Teilungserklärung wird durch die Bezeichnung der einzelnen Räume dort oder im Aufteilungsplan nicht auf die so umrissene konkrete Nutzungsart beschränkt. Zulässig ist danach auch die Verlegung der Nutzung eines Raums als Küche in einen anderen Raum.

Dieses Recht der Wohnungseigentümer ist nur durch das Rücksichtnahmegebot gemäß § 14 Nr. 1 WEG beschränkt.[64]

Beispiel: Der im Untergeschoss lebende Wohnungseigentümer verlegt seine Küche gezielt unter das Schlafzimmer des Oberliegers, um diesen mit Hilfe seiner Dunstabzugshaube in seinem Schlafbereich mit Küchendünsten und Essensgerüchen „zu versorgen".

---

61 Vgl. zur Mindestbeheizung einer Wohnung, die durch einen Beschluss der Eigentümerversammlung nicht erzwungen werden kann: OLG Hamm, Beschluss vom 31.03.2005 – 15 W 298/04, ZMR 2006, S. 148 f.
62 Statt aller: OLG Düsseldorf, Beschluss vom 07.01.1998 – 3 Wx 500/97, n. v.
63 BayObLG, Beschluss vom 23.05.1996 – 2 Z BR 19/96, NJW-RR 1996, S. 1358 (1358) mit weiteren Nachweisen – nicht anerkannt für eine Nutzung durch Polizeibeamte, die sich nur während ihrer Dienstzeit im Rahmen einer Nutzung der Eigentumswohnung als Polizeiwachstation aufhalten.
64 OLG Hamm, Beschluss vom 13.02.2006 – 15 W 163/05, ZMR 2006, S. 634.

a) Rundfunk und Fernsehempfang

Schon angesichts der heute breit verfügbaren Medienversorgung wird der – selbstverständliche – Anspruch des Wohnungseigentümers auf eine angemessene Versorgung mit Rundfunk- und Fernsehempfang nicht weiter problematisiert. Besonders streitträchtig ist dies aber im Hinblick auf die Duldung von Parabolantennen insbesondere bei vorhandenem Kabelanschluss oder bei vorhandener Gemeinschaftsparabolantenne der Wohnungseigentümergemeinschaft geworden.

Bereits im Jahr 2004 hatte der Bundesgerichtshof entschieden, dass selbst bei einem vorhandenen Kabelanschluss das besondere Informationsinteresse eines ausländischen Wohnungseigentümers dazu führen kann, dass die übrigen Wohnungseigentümer den Nachteil hinnehmen müssen, der für den optischen Gesamteindruck der Wohnanlage mit einer auf dem Balkon einer Eigentumswohnung aufgestellte Parabolantenne verbunden ist.[65] In der grundsätzlich in diesen Fragen vorzunehmenden Güterabwägung zwischen den Grundrechten der Beteiligten einerseits aus Art. 5 GG auf informationelle Selbstbestimmung über Kultur und Geschehen seines Heimatlandes und aus Art. 14 GG andererseits auf Unterlassen einer – wenn auch nur optischen Beeinträchtigung der Wohnungseigentumsanlage – wurde der abgewiesene Beseitigungs- und Unterlassungsanspruch gegen die Parabolantenne mit dem grundsätzlich höherwertigen Schutz des Informationsbedürfnisses an kulturellen Entwicklungen des „Antennen-Eigentümers" in seinem Heimatland gerechtfertigt.

Die Rechtsprechung weitete die Palette abzuwägender Grundrechtspositionen dann im Jahr 2007 auf die Freiheit der Religionsausübung und in deren Rahmen die Ermöglichung der Teilnahme an gottesdienstlichen Handlungen in Fällen aus, wenn die Teilnahme an Gottesdiensten einzelnen Bewohnern nicht möglich ist und Fernsehsender, die regelmäßig gottesdienstliche Handlungen ausstrahlen, nur über Satelliten zu empfangen sind. Auch dann wurde ausländischen Mitbürgern trotz vorhandenen Kabelanschlusses eine Parabolantenne gegen die übrige Wohnungseigentümergemeinschaft zugestanden, wenn sie weder tatsächlich zum Beispiel in eigenen gemeindlichen Einrichtungen in der Lage sind, ihrer religiösen Ausrichtung nachzugehen, noch die angebotenen

---

65   BGH, Beschluss vom 22.01.2004 – V ZB 51/03, NJW 2004, S. 937 ff.; vgl. dazu näher: Horst, Parabolantennen im Miet- und Wohnungseigentumsrecht – Lieblingskind oder Auslaufmodell?, NJW 2005, S. 2654 ff.

Informationsmedien Zugang zu religiösen Inhalten ihrer Glaubensgemeinschaft erschließen (Türke alevitischen Glaubens).[66] Unabhängig von der Bewertung eines Duldungs- oder Entfernungsanspruchs im Hinblick auf die Parabolantenne ist es selbst einem Anspruchsberechtigten verwehrt, die Parabolantenne eigenmächtig zu installieren, ohne vorher um Genehmigung nachzusuchen. Denn bei der Anbringung einer Parabolantenne handelt es sich um eine bauliche Veränderung, wenn sie den optischen Gesamteindruck der Wohnanlage betrifft, und unterliegt deshalb den Beschlussanforderungen von § 22 Abs. 3 WEG. Deshalb sind eigenmächtig installierte Parabolantennen ohne Weiteres zu entfernen, selbst wenn sie – ohne Genehmigung installiert – einige Zeit vorher geduldet wurden.[67] Diese Pflichten treffen auch den vermietenden Wohnungseigentümer. Hat sein Mieter eigenmächtig eine Parabolantenne aufgestellt oder montiert, so kann die Wohnungseigentümergemeinschaft vom „Vermieter-Eigentümer" verlangen, dass er auf die Entfernung der Parabolantenne hinwirkt.[68] Für einen solchen Anspruch ist auch die Eigentümergemeinschaft als Verband legitimiert, die den Verwalter mit der Verfolgung und Umsetzung dieses Abwehranspruchs beauftragen kann.[69]

b) Kirchliche und religiöse Betätigungen

Im Zuge fortschreitender Sensibilität der Gesetzgebung zur Früherkennung terroristischer Gefahren und auch in der Öffentlichkeit nach den verheerenden, auch religiös motivierten Anschlägen auf das World Trade Center in New York im Jahr 2001 und auf die S-Bahn-Züge in Madrid im Jahr 2005 begegnen nach außen wahrnehmbare religiöse Betätigungen einzelner Gruppen islamischer Prägung immer stärkerer Skepsis.[70] So wurde einem islamischen Verein im Wohnungseigentum keine Religionsausübungsfreiheit zugestanden mit der Begründung, dies widerspreche dem Zweck zur Nutzung seines Sondereigentums als „Wohnung".[71]

---

66 OLG München, Beschluss vom 06.11.2007 – 32 Wx 146/07, NJW 2008, S. 235; BGH, Urteil vom 10.10.2007 – VIII ZR 260/06, NJW 2008, S. 216 für den entsprechenden Fall bei vermietetem Wohnungseigentum.
67 OLG Köln, Beschluss vom 31.08.2004 – 16 Wx 166/04, NJW 2004, S. 3496 (3497); OLG Frankfurt/Main, Beschluss vom 12.02.2004 – 20 W 186/03, NZM 2005, S. 427.
68 OLG Köln, Beschluss vom 05.11.2004 – 16 Wx 207/04, NZM 2005, S. 223.
69 OLG München, Beschluss vom 17.11.2005 – 32 Wx 77/05, MietRB 2006, S. 102.
70 Vgl. bereits BVerwG, Urteil v. 25.01.2007 – 4 C 1.06, GuT 2007, S. 307 zur Anfechtung einer Baugenehmigung durch einen Nachbarn aus Furcht vor terroristischen Anschlägen wegen einer genehmigten Nutzung des Nachbargebäudes als türkisches Konsulat.
71 AG Mannheim, Beschluss vom 06.04.2005 – 4 URWEG 251/04, NZM 2005, S. 591.

Ebenfalls mit Verweis auf den Zweck eines Teileigentums als „gewerbliche Nutzung jeder Art" wurde ein Unterlassungsanspruch aus §§ 1004, 906 BGB, 15 WEG zuerkannt, das Teileigentum als Versammlungsstätte und Gebetsraum zu nutzen, wenn dabei an Sonn- und Feiertagen Gottesdienste mit Gesang und Musikbegleitung stattfinden und auch unter der Woche am Feierabend Senioren- und Jugendtreffs mit Liedersingen abgehalten werden.[72] Der genannte Zweck erlaube ausschließlich gewerbliche Nutzung, die in der Regel zu üblichen Arbeitszeiten stattfinde. Mit Sonn- und Feiertagsgottesdiensten inklusive Gesang und Musikbegleitung müssten sich die Wohnungseigentümer nicht abfinden.

Ist aber die Religionsausübung nach außen nicht wahrnehmbar, führt sie insbesondere nicht zu Gruppenveranstaltungen entsprechend ausgerichteter Vereine, dann kommt ihr auch im Rahmen der „Verfassung" der Wohnungseigentümergemeinschaft über die grundrechtlich garantierte Religionsfreiheit in Art. 4 Abs. 1 und 2 GG ein hoher Stellenwert zu. So wurde einem türkischen Mitbewohner alevitischen Glaubens trotz eines vorhandenen Kabelanschlusses eine Parabolantenne gerichtlich gestattet, mit der er seinem Informationsinteresse und seinem Interesse an der Ausübung seiner Religion nachkommen konnte.[73] Ein gegen die Parabolantenne gerichteter Beseitigungsanspruch der übrigen Wohnungseigentümer wurde mit der Begründung verworfen, auch der Freiheit der Religionsausübung und in deren Rahmen der Ermöglichung der Teilnahme an gottesdienstlichen Handlungen komme ein besonderer Stellenwert zu, insbesondere, wenn die Teilnahme an Gottesdiensten einzelnen Bewohnern nicht möglich sei und Fernsehsender, die regelmäßig gottesdienstliche Handlungen ausstrahlen, nur über Satteliten zu empfangen sind.[74]

c) Gerüche

§ 906 BGB ist zwar im Verhältnis von Wohnungseigentümern zueinander nicht direkt anwendbar, kann aber für die Beurteilung zumindest wesentliche Anhaltspunkte geben, ob durch den Gebrauch einem anderen Wohnungseigentümer ein über das bei einem geordneten Zusammenleben unvermeidliche Maß hinaus gehender Nachteil erwächst. Dies gilt auch für Geruchsimmissionen.[75]

---

72   LG Freiburg, Urteil vom 11.02.2005 – 2 O 451/04, NZM 2005, S. 345.
73   OLG München, Beschluss vom 06.11.2007 – 32 Wx 146/07, NJW 2008, S. 235.
74   Vgl. für das Mietrecht: BGH, Urteil vom 10.10.2007 – VIII ZR 260/06, NJW 2008, S. 216.
75   BayObLG, Beschluss vom 12.08.2004 – 2 Z BR 148/04, NZM 2005, S. 69 f.

Geruchsbelästigungen durch Küchengerüche sind Nachteile im Sinne von § 14 Nr. 1 WEG. Derartige Störungen sind im Rahmen des Zumutbaren, etwa durch Einbau einer Dunstabzugshaube, zu reduzieren. Diesem Anspruch steht nicht entgegen, dass Küchengerüche, die durch das geöffnete Fenster ins Freie dringen und die übrigen Miteigentümer nicht unerheblich in der Nutzung ihres Wohnungseigentums beeinträchtigen, ortsüblich sind. Im Verhältnis der Wohnungseigentümer untereinander gelten insoweit andere Regeln als im allgemeinen Nachbarrecht.[76] Auf eine erhebliche Beeinträchtigung oder auf die Tatsache, dass die Geruchsbelästigungen nicht dauernd, sondern nur gelegentlich auftreten, kommt es nicht an. Begrenzt ist dieser Anspruch nur durch Zumutbarkeitsgesichtspunkte (§ 14 Nr. 1 WEG in Verbindung mit § 906 Abs. 2 Satz 1 BGB). Dafür ist maßgeblich, ob unter Berücksichtigung des besonders intensiven nachbarlichen Verhältnisses der Wohnungseigentümer sowie der Besonderheiten der konkreten Wohnungseigentumsanlage einerseits und dem Gewicht der Störung sowie den Beseitigungskosten andererseits eine immissionsverhindernde Einrichtung bei der Benutzung des Sondereigentums nach Treu und Glauben erwartet werden kann. Der geforderte Einbau einer – als Kücheneinrichtung technisch allgemein verbreiteten – Dunstabzugshaube wurde ohne Weiteres als zumutbar angesehen. Die Einbauverpflichtung wird auch nicht dadurch berührt, dass die Wohnung vermietet ist. Der Mieter ist gem. § 554 BGB zur Duldung dieser baulichen Veränderung verpflichtet, die ihm die im Verhältnis zu den Nachbarn gem. § 906 gebotene Schonung ermöglicht.[77]

Die dargelegten Erwägungen des entscheidenden OLG Köln für den Vermietungsfall überzeugen nicht. Zunächst kann der Mieter eine Vielzahl von Einwendungen aus § 555 d Abs. 2 – 4 BGB gegen seine nur grundsätzlich – nicht ausnahmslos – gegebene Duldungspflicht erheben.[78] Weiter ist zu berücksichtigen, dass die Dunstabzugshaube als Teil der Küchengestaltung die Möblierung der Wohnung betrifft. In der Möblierung seiner Wohnung ist der Mieter jedoch frei. Hier können ihm genauso wenig Vorschriften gemacht werden, wie in Fragen der Ordnung innerhalb seiner Wohnung, solange er sie nicht verwahrlosen lässt.[79] Die Erfüllung des vom OLG Köln zuerkannten Anspruchs ist also bei vermietetem Wohnraum dem Vermieter im Falle eines sich weigernden Mieters rechtlich unmöglich.

---

76   OLG Köln, Beschluss vom 12.05.1997 – 16 Wx 67/97, NJW-RR 1998, S. 83 f.
77   OLG Köln, a. a. O., S. 84.
78   Vgl. dazu näher: Horst, Wohnungsmodernisierung, 7. Aufl. 2013, S. 85 – 123.
79   AG Saarbrücken, Urteil vom 29.10.1993 – 37 C 267/93, DWW 1994, S. 186 f.

27

d) Rauchen

Ohne Umschweife lässt sich konstatieren, dass die Toleranz gegenüber Rauchern in der Öffentlichkeit abgenommen hat.[80] Selbst das BVerfG hat den „Anti-Raucher-Gesetzen" bereits Absolution erteilt.[81] Ist aber das Rauchen in öffentlichen Räumen rechtlich verboten oder sozial geächtet, erhöht sich der Druck dieses Themas im Rahmen der eigenen Wohnungsnutzung, sei sie gemietet oder gekauft.

Ein Ausflug ins Mietrecht präsentiert das Rauchen in der Mietwohnung als (noch) vertragsgemäß.[82] Doch sind auch hier Umdenkungsprozesse aufgrund der sich ändernden öffentlichen Meinung, insbesondere aufgrund der sensibleren Gesundheitsvorsorge vor den Gefahren des Passivrauchens naheliegend. Bereits am 05.03.2008 hat der BGH entschieden, ob und unter welchen Voraussetzungen gegen starke Raucher Schadensersatzansprüche in Betracht kommen.[83] Wer aber Schadensersatzansprüche zumindest bei starkem Rauchen diskutiert, der kann auch Unterlassungsansprüche in diesen Fällen nicht in Abrede stellen, sei es aufgrund einer vertraglichen Nebenleistungspflicht (§ 241 Abs. 2 BGB) oder aus § 1004 BGB.[84] Noch wird aber dem Rauchen in „normalem Umfang" zumindest in den eigenen vier Wänden ein höheres Gewicht bei-

---

80 Vgl.: Gesetz zur Einführung eines Rauchverbots in Einrichtungen des Bundes und öffentlichen Verkehrsmitteln – Bundesnichtraucherschutzgesetz – vom 20.07.2007, BGBl. I 2007, S. 1595 ff., in Kraft seit dem 01.09.2007; Landesnichtraucherschutzgesetz Baden-Württemberg vom 25.07.2007, gültig ab dem 01.08.2007; Hamburgisches Gesetz zum Schutz vor den Gefahren des Passivrauchens in der Öffentlichkeit (Hamburgisches Passivnichtraucherschutzgesetz) v. 11.07.2007, HmbGVBl 2007, S. 211, in Kraft seit dem 01.01.2008; Gesetz zum Schutz vor den Gefahren des Passivrauchens (Hessisches Nichtraucherschutzgesetz) vom 06.09.2007, GVBl. I 2007, S. 568, in Kraft seit dem 01.10.2007; Nichtraucherschutzgesetz Mecklenburg-Vorpommern vom 12.07.2007, GVOBl. M-V 2007, S. 239, in Kraft seit dem 01.08.2007; Gesetz zur Wahrung des Nichtraucherschutzes im Land Sachsen-Anhalt vom 19.12.2007, GVBl. LSA 2007, S. 464, in Kraft ab dem 01.01.2008; Gesetz zum Schutz vor den Gefahren des Passivrauchens in der Öffentlichkeit des Landes Brandenburg, in Kraft seit dem 01.01.2008, Niedersächsisches Nichtraucherschutzgesetz vom 12.07.2007, Nds. GVBl. 2007, S. 337, gültig ab dem 01.08.2007; Gesetz zum Schutze vor den Gefahren des Passivrauchens vom 10.12.2007 des Landes Schleswig-Holstein, GVOBl. 2007, S. 485, in Kraft seit dem 01.01.2008.

81 BVerfG, Beschluss vom 14.01.2008 – 1 BvR 2822/07 zum Hessischen Nichtraucherschutzgesetz; vgl. aber auch: VGH Rheinland-Pfalz, Beschluss vom 12.02.2008 – VGH A 32/07 zum Rheinland-Pfälzischen Nichtraucherschutzgesetz, mit dem durch einstweilige Anordnung das Rauchen in ausschließlich Inhaber geführten Ein-Raum-Gaststätten ohne sonstige Beschäftigte bis zu einer endgültigen Entscheidung zu den eingelegten Verfassungsbeschwerden gestattet wird.

82 BGH, Urteil vom 28.06.2006 – VIII ZR 124/05, NJW 2006, S. 2915 (2917 m. w. N.).

83 BGH, Urteil vom 05.03.2008 – VIII ZR 37/07, NZM 2008, S. 318.

84 Hinweisend: Derleder, Gemeinschaftsnutzung in Mietshäusern und Wohnungseigentumsanlagen, NJW 2007, S. 812 (814).

gemessen (Art. 2 Abs. 1 GG, Art. 13 GG) als den abstrakten Belangen der Volksgesundheit. Auch das (Zigarre-)Rauchen auf dem Balkon soll im Verhältnis zum Nachbarn zulässig sein.[85] Die Pflicht zur Rücksichtnahme kann jedoch zu maßvollem Rauchen zwingen.[86] Sehr viel einschränkender sieht das für einen Fall aus dem Wohnungseigentumsrecht das LG Frankfurt/Main[87]. Auch wenn das Rauchen grundsätzlich Ausdruck des allgemeinen Persönlichkeitsrechts sei, so sei doch anerkannt, dass das Rauchen nicht uneingeschränkt zulässig sei. Dies zeige sich am Beispiel des Gesetzes zum Schutz vor den Gefahren des Passivrauchens (hier: HessNRSG). Deshalb sei zulasten des rauchenden Wohnungseigentümers zu berücksichtigen, wenn die Wohnungen in der Wohnungseigentümergemeinschaft über jeweils zwei Balkone verfügen und das Rauchen lediglich auf einem dieser Balkone untersagt werden solle. Dies sei zumutbar, anders gesagt: Wenn nur das Rauchen auf einem Balkon störe, könne dem rauchenden Wohnungseigentümer zugemutet werden, auf dem jeweils anderen und nicht störenden Balkon seinem Tabakgenuss nachzugehen. Beharre er ohne sachlichen Grund auf seinen Raucherfreuden an einer Stelle, die die Nachbarn störe, so füge er den sich belästigt fühlenden Miteigentümern einen vermeidbaren und gerade keinen unvermeidbaren Nachteil zu. Deshalb hätten die gestörten nicht rauchenden Wohnungseigentümer einen Anspruch aus § 14 Nr. 1 WEG gegen den rauchenden Nachbarn darauf, das Rauchen auf dem Balkon zu unterlassen, der die Tabakimmissionen zu den Nichtraucherwohnungen transportiere. Die Vorinstanz[88] formulierte noch wesentlich schärfer: Das Rauchen auf dem Balkon stelle einen „über das bei einem geordneten Zusammenleben unvermeidliche Maß hinaus wachsenden Nachteil für den Nachbarn dar." Dass der Raucher mit der Zigarette nicht auf seinen zweiten Balkon gehe, sei eine „Schikane", die vom Nachbarn nicht hingenommen werden müsse.

Im Treppenflur ist es bisher akzeptiert worden, dass der Rauch aus der Wohnung trotz geschlossener Tür wahrnehmbar war.[89] Das AG Hannover[90] hat aber einem Mitbewohner einer Wohnungseigentumsanlage das Rauchen von täglich

---

85   AG Bonn, Urteil vom 09.03.1999 – 6 C 510/98, NJW 2000, S. 1877 = NZM 2000, S. 33.

86   Stapel, NZM 2000, S. 595 (596 f.).

87   LG Frankfurt/Main, Beschluss vom 28.01.2014 – 2-09 S 71/13, WuM 2014, Seite 226.

88   AG Frankfurt/Main, Urteil vom 02.10.2013 – 33 C 1922/13/93.

89   LG Paderborn, NZM 2000, S. 710; LG Baden-Baden, WuM 2001, S. 603; anderer Ansicht allerdings LG Düsseldorf, Urteil vom 26.06.2014 – 21 S 240/13, wenn bewusst in das Treppenhaus entlüftet wird.

90   AG Hannover, NZM 2000, S. 520.

fünf Zigaretten im Treppenhaus untersagt, da dies der Zweckbestimmung des Treppenhauses widerspreche (§§ 15 Abs. 3, 14 Nr. 1 WEG). Derleder[91] leitet daraus die Frage ab, ob Mitbewohner, die in ihrer Eigentumswohnung nicht rauchen dürfen oder von Mitbewohnern daran gehindert werden, nicht wenigstens Gemeinschaftsräume oder Gemeinschaftsflächen zum Rauchen in Anspruch nehmen dürfen, wenn eine Belastung Dritter durch Passivrauchen ausgeschlossen ist. Eine solche Regelung sieht Derleder innerhalb des Bereichs der Wohnungseigentumsanlage ebenso nach §§ 15 Abs. 3, 14 Nr. 1 WEG veranlasst. Schließlich kann über ein beantragtes generelles Rauchverbot innerhalb der Wohnungseigentümerversammlung durch Mehrheitsbeschluss abgestimmt werden. Auf Antrag eines Mitgliedes muss dies vor Eintritt in die Tagesordnung als Geschäftsordnungsantrag auch erfolgen.[92]

e) Tierhaltung

Die Tierhaltung ist grundsätzlich zulässig. Ein völliger Ausschluss kann nur durch eine im Grundbuch eingetragene Vereinbarung (§ 10 Abs. 2 WEG) erfolgen.[93] Über die Möglichkeiten des Ausschlusses der Hundehaltung unter Wohnungseigentümern gab es lange Unklarheiten wegen abweichender Gerichtsentscheidungen. Die Wohnungseigentümer können das Verbot der Hundehaltung durch Mitwirkung aller Eigentümer durch eine Vereinbarung im Sinne des § 10 Abs. 1 Satz 2 WEG regeln. Diese Vereinbarung wird in das Grundbuch eingetragen und ist für den „Hundefreund" beim evtl. späteren Erwerb von Wohneigentum ersichtlich und bindend. Aber auch ohne eingetragene Vereinbarung kann es sein, dass die Eigentümer durch Mehrheitsbeschluss die Hundehaltung ausgeschlossen hatten. Ist die Anfechtung eines solchen Beschlusses unterblieben, so ist er auch für später hinzukommende Eigentümer bindend[94]. Der Auffassung des Kammergerichts[95], ein solcher Beschluss sei wegen Verstoßes gegen die guten Sitten nichtig, hat sich der BGH auf Vorlage des Bayerischen Obersten Landesgerichts (das die spätere Auffassung des BGH vertrat) nicht angeschlossen[96]. Ob bei rechtzeitiger Anfechtung ein Mehrheitsbeschluss mit dem Verbot der Hundehaltung der Überprüfung standhält, war nicht zu

91   A. a. O., S. 614.
92   LG Dortmund, Urteil vom 19.11.2013 – 1 S 296/12, ZMR 2014, S. 387.
93   Alheit, S. 94; im Einzelnen zur Tierhaltung: Blank, Tierhaltung in Eigentums- und Mietwohnungen, NJW 2007, S. 729 ff.
94   BGH, NJW 1994, 3230.
95   KG, NJW 1992, 2577.
96   BGH, MittBayNot 1995, 279 f.; BayObLG, ZMR 1995, 167.

entscheiden. Insoweit liegt eine Entscheidung des OLG Stuttgart[97] vor, wonach der Mehrheitsbeschluss mit Erfolg angefochten werden könnte. Zulässig sind Beschränkungen über die Anzahl gehaltener Tiere[98]. Zulässig ist die Beschränkung auf einen Hund oder drei Katzen[99/100].

Beispiel: Gegen einen freilaufenden Kampfhund im Gemeinschaftseigentum hat jeder Miteigentümer einen eigenen Unterlassungsanspruch. Jeder Wohnungseigentümer kann also ohne Mehrheitsbeschluss den Kampfhundbesitzer unmittelbar auf Unterlassung in Anspruch nehmen[101].

Beispiel: Die Gemeinschaftsordnung verbietet die Hunde- und Katzenhaltung. Eigentümer E vermietet seine Wohnung. Dazu verwendet er einen Mietvertrag, in dem die Hunde- und Katzenhaltung ebenfalls ausgeschlossen ist. Mieter M schafft trotzdem einen Hund an. E verlangt seine Entfernung. Zu Recht?

Nein, denn die Klausel im Mietvertrag, die die Hunde- und Katzenhaltung ohne jedes „wenn und aber" ausschließt, ist unwirksam (§ 307 BGB).[102] Gleichwohl zwingt aber § 14 Nr. 2 WEG E als Vermieter dazu, für die Einhaltung der in § 14 Nr. 1 WEG bezeichneten Pflichten durch Personen zu sorgen, … denen er sonst die Benutzung der im Sondereigentum stehenden Grundstücks- oder Gebäudeteile überlässt. Konkretisierend wirkt hier die Gemeinschaftsordnung. In ihr kann zulässig ein Tierhaltungsverbot vereinbart werden. Ausnahmen hiervon sind nur aus dem Gebot der gegenseitigen Treuepflicht innerhalb der Wohnungseigentümergemeinschaft denkbar. Denn die Wohnungseigentümer können grundsätzlich auf Grundrechte (hier aus Art. 2 GG) wirksam verzichten.[103]

Deshalb können die übrigen Wohnungseigentümer sowohl gegen den vermietenden Eigentümer E, als auch gegen den Mieter M aus § 1004 BGB vorgehen und die Entfernung des Hundes verlangen. Gehen die übrigen Eigentümer nur gegen den Vermieter vor, muss dieser die Geltung der Gemeinschaftsordnung mit dem Mieter individuell vereinbart haben.[104]

---

97 OLG Stuttgart, OLGZ 1982, 301.
98 BayObLGZ 1972, 90; KG, NJW 1956, 1679.
99 KG, 24 W 1012/97.
100 Zur Geruchsbelästigung durch Tierhaltung, vgl. auch AG Berlin-Lichtenberg, NJW-RR 1997, 774 und OLG Köln, NJWE-MietR 1996, 62.
101 KG, NZM 2002, 868 f.
102 BGH, Urteil vom 20.03.2013 – VIII ZR 168/12, NZM 2013, 378.
103 So: Bärmann/Merle, Kommentar zum WEG, 12. Aufl. 2013, § 21 WEG Rn. 83.
104 So: Bärmann/Merle, Kommentar zum WEG, 12. Aufl. 2013, § 21 WEG Rn. 83.

Darüber hinaus kann ein völliges Tierhaltungsverbot nicht beschlossen werden.[105] Das wird aber teilweise auch anders gesehen.[106] Dazu das folgende

Beispiel: Im Rahmen der Hausordnung haben die Wohnungseigentümer ein Verbot der Hunde- und Katzenhaltung beschlossen. Eigentümer E, der seine Wohnung vermietet, benutzt einen Mietvertrag, in dem die Hunde- und Katzenhaltung ebenfalls ausgeschlossen ist. Dennoch schafft Mieter M einen Hund an. Die Wohnungseigentümergemeinschaft verlangt die Entfernung des Hundes von Eigentümer und Vermieter E.

Nach Bärmann/Merle[107] ist auch der Beschluss über ein Tierhaltungsverbot im Rahmen der Hausordnung grundsätzlich möglich. Die übrigen Wohnungseigentümer können gegenüber dem vermietenden Eigentümer daraus vorgehen. Gegenüber dem Mieter und Hundehalter soll dies nicht möglich sein, da er an die Beschlüsse der Wohnungseigentümergemeinschaft nicht gebunden ist. Dies ist aber umstritten.[108]

Geht die Gemeinschaft nur gegen den Vermieter vor, so muss dieser die Geltung der Hausordnung mit dem Mieter individuell vereinbart haben. Da er aufgrund der mietrechtlichen Betrachtungsweise aber die Entfernung des Hundes nicht verlangen kann, besteht die in der Praxis einzig gangbare Möglichkeit darin, dass Vermieter E die Wohnungseigentümergemeinschaft bittet, Mieter M zu verklagen, verbunden mit der Zusicherung, dass E die mit dem Prozess entstehenden Kosten übernimmt.

---

105 Schmidt, in: Bärmann/Seuß, T. B, Rdnr. 84, S. 486, OLG Saarbrücken, Urteil vom 02.10.2006 – 5 W 154/06, ZMR 2007, S. 308.

106 Nach Auffassung des OLG Frankfurt/Main ist es in Wohnungseigentumsanlagen möglich, dass die Versammlung der Wohnungseigentümer die Haltung von Hunden und Katzen untersagt. Ein solcher Beschluss ist nicht nichtig, wie das Oberlandesgericht (OLG) Frankfurt/Main entschied (Urteil vom 17.01.2011 – 20 W 500/08). Durch einen solchen Beschluss wird das Eigentumsrecht eines Wohnungseigentümers, der ein Tier halten möchte, nicht unverhältnismäßig beschnitten. Gegen den ablehnenden Beschluss der Wohnungseigentümerversammlung hatte eine Frau Beschwerde mit der Begründung erhoben, das beschlossene Tierhaltungsverbot vertrage sich nicht mit ihren Rechten als Eigentümerin der Wohnung. Das sahen die Frankfurter Richter anders.

107 Bärmann/Merle, Kommentar zum WEG, 12. Aufl. 2013, § 21 WEG Rn. 84; anderer Ansicht: LG Hamburg, Urteil vom 25.11.2011 – 317 S 55/11, ZMR 2012, 354.

108 Lehmann-Richter, Duldungspflichten des Mieters bei Baumaßnahmen in der Wohnungseigentumsanlage, WuM 2013, S. 82 ff., Häublein, Erforderlichkeit und Möglichkeit einer Harmonisierung von Wohnungseigentums- und Mietrecht, NZM 2014, 97, 126; Jacoby, Die Mietrechtsänderung im Lichte des WEG, WImmoT 2013, S. 145, 155; Jacoby, Die vermietete Eigentumswohnung, WImmoT 2012, S. 179, 194 – 195; anderer Ansicht: Horst, Die Folgen von Modernisierungsmaßnahmen für den vermietenden Wohnungseigentümer, NZM 2012, 289 (291, 293).

Auch wenn man der Ansicht folgt, dass ein absolutes Tierhaltungsverbot nicht wirksam beschlossen werden kann, wird ein nicht angefochtener Beschluss der Eigentümerversammlung, durch den ein umfassendes Hundehaltungsverbot angeordnet worden ist, nach Ablauf der Anfechtungsfrist bestandskräftig und damit wirksam. Ausnahmsweise kann die Durchsetzung eines absoluten Hundehaltungsverbotes gegen Treu und Glauben verstoßen, so z. B. dann, wenn der Hundehalter gesundheitliche Beeinträchtigungen geltend machen kann, die durch den Hund aufgefangen werden sollen.[109] Beschränkungen hinsichtlich der Art und der Zahl von Tieren sind aber möglich.[110] So stellt eine von den Wohnungseigentümern mehrheitlich beschlossene oder in einer Hausordnung enthaltene Beschränkung der Haustierhaltung – hier: ein Hund oder drei Katzen je Wohnung – keine willkürliche und das Sondereigentum unangemessen beeinträchtigende Gebrauchsregelung dar.[111] Im Gegenteil stellt – so das entscheidende KG – eine unbeschränkte Haustierhaltung in einer Eigentumswohnung eine unzulässige Belästigung anderer Wohnungseigentümer dar, auch wenn die Teilungserklärung oder die Hausordnung eine Beschränkung nicht vorsieht. Dabei kommt es auf eine konkrete Geruchs- oder Geräuschbelästigung anderer Wohnungseigentümer nicht an. Eine beschränkende Regelung bezüglich der Haustierhaltung entspricht daher den Grundsätzen ordnungsgemäßer Verwaltung.

Die Wohnungseigentümer können durch Mehrheitsbeschluss Auflagen zur Tierhaltung machen. So kann zur Hundehaltung einschränkend beschlossen werden, dass sie in den Außenanlagen keinen freien Auslauf haben dürfen.[112] Dieser Leinenzwang kann auch als Individualanspruch gem. § 14 WEG in Verbindung mit § 1004 BGB gefordert werden, wenn nach einer Störung Wiederholungsgefahr besteht[113]. Dabei kann der einzelne Wohnungseigentümer ohne Ermächtigungsbeschluss der Wohnungseigentümergemeinschaft gerichtlich

109 OLG Hamm, Beschluss vom 24.02.2005 – 15 W 507/04, ZMR 2005, S. 897.
110 OLG Schleswig, Beschluss vom 27.11.2003 – 2 W 165/03, ZMR 2004, S. 940 (Mehrheitsbeschluss einer auf einen Hund pro Wohnung reduziert erlaubten Hundehaltung); Schmidt, a. a. O., Alheit, a. a. O.; weitergehend für Einschränkung und für Verbot der Tierhaltung: OLG Düsseldorf, Beschluss vom 10.12.2004 – 13 Wx 311/04, ZMR 2005, S. 303 f.; zum Verbot einer Hundezucht auf Gemeinschaftseigentum als unzumutbare Belastung der Eigentümergemeinschaft: OLG Zweibrücken, Beschluss vom 24.08.1999, ZMR 1999, S. 853, wobei es auf konkrete Geruchs- oder Geräuschbelästigungen einzelner Wohnungseigentümer nicht ankommt, sondern bereits die Besorgnis der Belästigung genügt.
111 KG, Beschluss vom 08.04.1998 – 24 W 1012/97, NZM 1998, S. 670.
112 AG München, Urteil vom 21.03.2013 – 484 C 18498/12, ZMR 2013, 573; BayObLG, Beschluss vom 25.05.1998 – 2 Z BR 21/98, NZM 1998, S. 961 f. = GE 1998, S. 1155 f.
113 AG München, Urteil vom 21.03.2013 – 484 C 18498/12, ZMR 2013, 573;

vorgehen. Auch besteht keine Verpflichtung, alle Hundehalter innerhalb der Wohnungseigentumsanlage gleichzeitig gerichtlich in Anspruch zu nehmen.[114] Auch für Kampfhunde kann ein partielles Verbot, beschränkt auf das Verbot der Haltung bestimmter Hunderassen, beschlossen werden. Dies unterliegt der Gebrauchsregelung im Sinne von § 15 Abs. 2 WEG und damit der Beschlusskompetenz der Eigentümergemeinschaft.[115] In keinem Fall ist ein Wohnungseigentümer berechtigt, einen Kampfhund ohne Leine und Maulkorb in gemeinschaftlich genutzten Kellerräumen frei laufen zu lassen. Jeder Wohnungseigentümer kann auch ohne Mehrheitsbeschluss den Kampfhundbesitzer unmittelbar auf Unterlassung gemäß § 1004 Abs. 1 Satz 2 BGB in Verbindung mit §§ 13 Abs. 2 S. 1, 15 Abs. 3 WEG in Anspruch nehmen.[116]

Abzugrenzen sind diese Aussagen allerdings gegenüber beschlossenen Auflagen, die im Ergebnis in den Kernbereich des Wohnungseigentums selbst eingreifen.

Beispiel „Blinder Passagier":
Die Wohnungseigentümer beschließen, dass der Transport von Tieren in den Aufzügen nicht gestattet ist. Die betagte Mieterin M benutzt den Aufzug mit ihrem Hund weiter. Die Wohnungseigentümer verlangen von Vermieter E, dass dessen Mieterin M dieses Verhalten unterlässt. Ein entsprechendes Verbot findet sich im Mietvertrag nicht.

Aufgrund ihres betagten Alters ist M auf die Benutzung des Aufzugs angewiesen, um ihre Wohnung zu verlassen und um sie zu erreichen. Die Treppen dorthin kann sie nicht mehr steigen. Deshalb käme der Beschluss der Wohnungseigentümerversammlung einem generellen Verbot der Tierhaltung gleich. Der Beschluss über ein generelles Verbot des Transports von Tieren in den Aufzügen ist wegen des Eingriffs in den Kernbereich des Wohnungseigentums nichtig.[117]

f) Lärm

Was seine Abwehr angeht, so gelten die allgemeinen Grundsätze des Nachbarrechts uneingeschränkt auch hier. Danach ist vor allem die Lästigkeit des Lärms entscheidend, nicht unbedingt nur die Überschreitung von Lärmgrenz-

---

114 OLG Hamburg, Beschluss vom 18.11.1997 – 2 Wx 61/97, ZMR 1998, S. 584 f.
115 KG, Beschluss vom 23.06.2003 – 24 W 38/03, WuM 2003, S. 583 f = ZMR 2004, S. 704 f.
116 KG, Beschluss vom 22.07.2002 – 24 W 65/02, NZM 2002, S. 868.
117 AG Freiburg, Urteil vom 18.04.2013 – 56 C 2496/12 WEG, ZMR 2014, 489.

werten. Ihnen kommt nur Indizwirkung zu.[118] Bei der Würdigung des Lärms als lästig muss beachtet werden, dass das Zusammenleben in einer Wohnungseigentumsanlage ein stärkeres Maß an Rücksichtnahme verlangt, als die emissionsrechtlichen Grenz- und Richtwerte.[119]

aa) Regelungskompetenz für Ruhezeiten

Die Wohnungseigentümer sind grundsätzlich befugt, Ruhezeiten durch Mehrheitsbeschluss unter Anlehnung an öffentlich-rechtliche Lärmbekämpfungsvorschriften festzusetzen.[120] Dies geschieht zumeist innerhalb einer Hausordnung. Dabei können die Wohnungseigentümer eine private Ruhezeitenregelung über die Ruhephasen, die in öffentlich-rechtlichen Lärmbekämpfungsvorschriften fixiert sind, hinaus treffen. Diese Kompetenz behalten sie auch dann, wenn die Gemeinschaftsordnung dem Verwalter die Aufstellung der Hausordnung zuweist. Denn es handelt sich um eine Maßnahme ordnungsgemäßer Verwaltung auch des Gemeinschaftseigentums, die der Wohnungseigentümergemeinschaft nach § 21 Abs. 5 Nr. 1 WEG zusteht.[121]

Der Anspruch eines Wohnungseigentümers auf Festlegung weitergehender Pflichten zur Rücksichtnahme, insbesondere zusätzlicher Ruhezeiten durch eine gerichtliche Entscheidung, setzt über das allgemeine Ruhebedürfnis hinaus besondere Gründe im Einzelfall voraus.[122] Deshalb besteht grundsätzlich kein Anspruch einzelner Wohnungseigentümer auf Verschärfung der Hausordnung, wenn sie bereits ausreichende Ruhezeiten vorsieht.[123]

bb) Musik

Hausmusik ist als Element persönlicher Lebensgestaltung zulässig. Dabei sind die üblichen Ruhezeiten (12.00 bis 15.00 Uhr, 22.00 bis 9.00 Uhr) zu beachten. Ein völliger Ausschluss jeglicher Hausmusik ist unzulässig,[124] eine zeitliche Beschränkung auf täglich bis zu zwei bis drei Stunden durch die Hausordnung aber möglich. Die zeitliche Lage muss auch Berufstätigen die Ausübung von

---

118 Grziwotz, Wohnungseigentum und Nachbarrecht, MietRB 2014, S. 122 ff. (123).
119 Grziwotz, Wohnungseigentum und Nachbarrecht, MietRB 2014, S. 122 ff. (123) m. w. N.
120 BGH, Beschluss vom 10.09.1998 – V ZB 11/98, NJW 1998, S. 3713 ff. für eine Ruhezeit von 20.00 bis 8.00 Uhr und von 12.00 bis 14.00 Uhr; LG Braunschweig, Beschluss vom 10.06.1987 – 8 C 241/86, WUM 1986, S. 353.
121 KG Berlin, Beschluss vom 18.11.1991 – 24 W 3791/91, ZMR 1992, S. 68 (69)
122 KG Berlin, Beschluss vom 18.11.1991 – 24 W 3791/91, DWE 1992, S. 33 = WuM 1992, S. 81 = ZMR 1992, S. 68 = OLGZ 1992, S. 182.
123 KG Berlin, Beschluss vom 18.11.1991 – 24 W 3791/91, ZMR 1992, S. 68 (70); AG Hamburg-Blankenese, Beschluss vom 14.10.2005 – 506 II 30/05, ZMR 2006, S. 727.
124 BGH, Beschluss vom 10.09.1998 – V ZB 11/98, NJW 1998, S. 3713 (3714) m. w. N.

Hausmusik nach der Arbeit noch möglich machen. Daher ist auch ein generelles Verbot der Hausmusik nach 20.00 Uhr unzulässig. Nach einer Entscheidung des OLG Stuttgart vom 16.03.1998 soll ein Musizierverbot dagegen ab 20.00 Uhr zulässig sein[125]. Wegen abweichender anderer obergerichtlicher Entscheidungen[126] wurde die Sache dem Bundesgerichtshof vorgelegt. Dieser hat eine zeitliche Begrenzung auf 8.00 bis 12.00 und 14.00 bis 20.00 Uhr gebilligt[127]. Sonderrechte für Musikstudenten und Berufsmusiker bestehen – anders als im Mietrecht – nicht.[128]

Mangels hinreichender Bestimmtheit unwirksam ist allerdings ein Beschluss, der das Singen und Musizieren außerhalb von Ruhezeiten nur „in nicht belästigender Weise und Lautstärke" gestattet. Auch eine Regelung, die das Singen und Musizieren ohne sachlichen Grund stärker einschränkt, als die Tonübertragung durch Fernseh-, Rundfunkgeräte oder Kassetten- und Plattenspieler ist unwirksam. Dabei kann aber generell eine Ruhezeit von 20.00 bis 8.00 Uhr und von 12.00 bis 14.00 Uhr durch Mehrheitsbeschluss festgelegt werden.[129] Schließlich ist eine Reduzierung der Musikausübung auf Zimmerlautstärke, d. h. außerhalb der Wohnung nicht mehr wahrnehmbar, ist durch Mehrheitsbeschluss zulässig.[130]

Eine Beschränkung der Musikausübung außerhalb der Ruhezeiten, die der einzelne Wohnungseigentümer durch Individualanspruch aus § 1004 BGB in Verbindung mit § 15 Abs. 3 WEG durchsetzen kann, muss nicht von der Gemeinschaft verfolgt werden.[131]

cc) Kinderlärm

Lärmstörungen durch spielende Kinder sind von den Miteigentümern solange hinzunehmen, wie sie unvermeidlich sind und nicht über das übliche Maß hinausgehen (§ 14 Nr. 1 WEG). Ortsübliche Geräusche können nicht unterbunden werden und unterliegen dem allgemeinen Toleranzgebot. Man spricht dann von „sozialtypischem" Kinderlärm, und zwar auch dann, wenn es sich

---

125 OLG Stuttgart, WuM 1998, 430.
126 Vgl. auch OLG Zweibrücken, MDR 1990, 1121.
127 BGH, NJW 1998, 3713.
128 Schmidt, in: Bärmann/Seuß, T. B, Rdnr. 85, S. 496; Alheit, S. 81; Wellkamp, T. 6, Rdnr. 393, S. 173, jeweils mit weiteren Nachweisen zur Rechtsprechung; BayObLG, Beschluss vom 12.10.1995 – 2 Z BR 55/95, DWE 1996, S. 181; a. A. OLG Stuttgart, Beschluss vom 16.03.1998 – 8 W 68/97, ZMR 1998, S. 465 = FGPrax 1998, S. 101 = GE 1998, S. 913 für ein Verbot der Musikausübung ab 20.00 Uhr.
129 BGH, Beschluss vom 10.09.1998 – V ZB 11/98, NJW 1998, S. 3713 ff. = DWE 1998, S. 177.
130 BGH, a.a.O., S. 3715 m. w. N.
131 AG Hamburg-Blankenese, Beschluss vom 14.10.2005 – 506 II 30/05, ZMR 2006, S. 727.

um den Lärm behinderter Kinder handelt.[132] Auch wenn die Hausordnung von einer „Aufrechterhaltung der Ruhe" spricht, so ist dies nicht dahin zu verstehen, dass die Pflicht zur Einhaltung der „Ruhe" eine absolute Ruhe und eine Pflicht zum Unterlassen jeglicher Geräusche bedeutet.[133] Im Umkehrschluss sind Lärmstörungen – auch durch spielende Kinder – notfalls durch einstweilige Anordnung gem. § 916 Abs. 1 ZPO abwehrbar. Das entscheidende AG Wuppertal[134] verpflichtete eine Wohnungseigentümerin, dafür zu sorgen, dass ihre beiden Kinder keinen ruhestörenden Lärm in ihrer Wohnung und im Hause verursachen. Lautes Kreischen und Brüllen, lautes Türenschlagen, lautes, mit Hammerschlägen vergleichbares Trampeln auf dem Fußboden, Grölen im Treppenhaus sowie das Schlagen mit Stöcken gegen die Eisenstäbe auf dem Balkon und gegen die Eisenstäbe des Geländers im Hausflur haben zu unterbleiben. Ebenfalls führt das Tennisspiel eines Kindes in der Wohnung zu einem Anspruch auf Unterlassung der damit einhergehenden Lärmstörungen.[135] Solche atypischen, nicht allgemein zu erwartenden oder vorhersehbaren Verhalten von Kindern und Jugendlichen fallen nicht unter die Duldungspflicht typischen Kinderlärms. Sie sind nach §§ 14 Nr. 1, 15 Abs. 3 WEG abzuwehren.

Die Bemessung von Kinderlärm als sozial-typisch oder unvorhersehbar richtet sich nach allgemeiner Verkehrsanschauung, nicht aber nach dem Urteil von Menschen, die im besonderen Maße lärmempfindlich oder ruhebedürftig sind. Nach Auffassung des OLG Saarbrücken[136] sei es für diese Personen ein Gebot eigenen Interesses, sich vor typischen Ausdrucksformen einer Gemeinschaft dadurch selbst zu schützen, dass sie sich dem Risiko eines sozial-adäquaten Lärms nicht aussetzen. Es könne nicht erwartet werden, dass sich die Gemeinschaft nach deren individuellen Bedürfnissen richtet. Absolute Ruhe könne in einem Mehrfamilienhaus allenfalls zur Nachtzeit erwartet werden.[137]

dd) Trittschall

Auszugehen ist zunächst von dem Grundsatz, dass der einzelne Wohnungseigentümer (Sondereigentümer) seine Wohnung (Sondereigentum) so in Stand zu halten hat, dass den anderen Eigentümern an ihrem Sondereigentum oder

---

132 Grziwotz, Wohnungseigentum und Nachbarrecht, MietRB 2014, S. 122 ff. (123); einschränkender AG Braunschweig, Urteil vom 11.09.2006 – 34 II 10/04, NZM 2008, 172.
133 LG Heidelberg, Urteil vom 23.10.1996 – 8 S 2/96, DWE 1997, S. 48; AG Wuppertal, Beschluss vom 21.12.1994 – 99 UR II 75/94 WEG, DWE 1996, S. 16.
134 AG Wuppertal, Beschluss vom 21.12.1994 – 99 UR II 75/94 WEG, DWE 1996, S. 16.
135 OLG Saarbrücken, Beschluss vom 11.06.1996 – 5 W 82/96-20, DWE 1997, S. 69 (70).
136 OLG Saarbrücken, a.a.O., DWE 1997, S. 69 f.
137 AG Wuppertal, Beschluss vom 21.12.1994 – 99 UR II 75/94 WEG, DWE 1996, S. 16.

am Gemeinschaftseigentum kein Schaden entsteht und kein über das bei einem geordneten Zusammenleben unvermeidliche Maß hinausgehender Nachteil erwächst (§ 14 Nr. 1 WEG). Deshalb darf zum Beispiel bei einer Erneuerung oder Veränderung des Belags in einer Wohnung für die darunter liegende Wohnung keine Mehrbelastung entstehen, als dies nach aktuellem Wohnstandard noch als zumutbar angesehen wird.[138] Bauliche Veränderungen im Sondereigentum, also in der Wohnung selbst, darf der Wohnungseigentümer zwar grundsätzlich durchführen, ohne dass er deshalb Dritte um Erlaubnis bitten muss. Entsteht aber durch die bauliche Veränderung einem anderen Wohnungseigentümer ein erheblicher Nachteil (§ 14 Nr. 1 WEG), so müssen alle nachteilig betroffenen Miteigentümer der Maßnahme zustimmen (§ 22 Abs. 1 WEG) oder können sie abwehren.

Beispiel: *Der vorhandene Teppichboden soll durch einen Fliesenbelag ersetzt werden. Da hierdurch aber der Trittschall beeinflusst werden kann, können andere Wohnungseigentümer beeinträchtigt sein. Stimmen in diesem Fall die übrigen Wohnungseigentümer nicht zu (§ 22 Abs. 1 Satz 1 WEG), so entsteht die Pflicht, die Bodenfliesen wieder zu beseitigen.[139]*

Die Gemeinschaftsordnung kann auch wirksam vorschreiben, dass die Eigentümer als Inhalt ihres Sondereigentums über die gesetzlichen oder sich aus den DIN-Normen ergebenden Standards zur Lärmvermeidung hinaus weitergehende Lärmschutzmaßnahmen treffen müssen, insbesondere Vorkehrungen zum Schutz gegen Trittschall. Eine solche Einschränkung des Rechts der Sondereigentümer, mit ihrem Eigentum nach Gutdünken zu verfahren, ist nicht unbillig.[140] Entfernt also ein Wohnungseigentümer in seiner Wohnung den Teppichboden und stellt er danach einen Fliesenboden mit erhöhtem Trittschall her, so können die Miteigentümer bei nicht nur ganz unwesentlich verschlechterten Trittschallbedingungen verlangen, dass der Wohnungseigentümer eine Trittschall-Dämmschicht auf der Rohdecke aufbringt.[141] Nur der Bodenbelag

---

138　Grziwotz, Wohnungseigentum und Nachbarrecht, MietRB 2014, S. 122 ff. (123).

139　OLG Köln, Beschluss vom 04.12.2002 – 16 Wx 180/02, ZMR 2003, S. 704; OLG Düsseldorf, Beschluss vom 13.11.2007 – I 3 Wx 115/07, WuM 2008, S. 41 f.; zum Trittschall bei vermietetem Wohnungseigentum: BGH, Urteil vom 17.06.2009 – VIII ZR 131/08, NJW 2009, S. 2441 ff. = NZM 2009, 580.

140　OLG Köln, Beschluss vom 14.11.1997 – 16 Wx 275/97, NZM 1998, S. 673 = NJW-RR 1998, S. 1312.

141　OLG München, Beschluss vom 09.05.2005 – 32 Wx 30/05, NZM 2005, S. 509; LG Hamburg, Beschluss vom 14.04.2004 – 318 T 114/02, DWE 2004, S. 51.

an sich steht gem. § 5 Abs. 1 WEG im Sondereigentum der einzelnen Wohnungseigentümer. Zwar kann er nach eigenen Vorstellungen den Bodenbelag seiner Wohnung ändern, doch muss er für eine entsprechend angepasste Isolation gegen Trittschall sorgen. Dabei kann die Gemeinschaftsordnung abweichend von § 14 Nr. 1 WEG erhöhte Standards über die Einhaltung von DIN-Vorschriften hinaus fordern. In diesem Fall ist die Wertung des § 14 Nr. 1 WEG insofern eingeschränkt, als jede nicht unerhebliche Verschlechterung des nachbarschützenden Standards der Wohnungseigentumsanlage grundsätzlich verboten werden kann. Die Zulässigkeit der nach der Teilungserklärung weit auszulegenden baulichen Veränderungen innerhalb des Sondereigentums orientiert sich damit nicht an den im allgemeinen Wohnungsbau geltenden Standards oder allgemeinen sozialen Vorstellungen, sondern am Maßstab des in der konkreten Anlage vorhandenen baulichen Niveaus. Eine derartige Regelung ist zur Wahrung eines von den Eigentümern gewünschten Niveaus der Eigentumsanlage sinnvoll und zulässig.[142]

Differenzierter ist in Fällen zu entscheiden, in denen erworbenes Wohnungseigentum schon vor dem Veräußerungsvorgang in den Bodenbelegen geändert worden ist mit dem Ergebnis, dass sich erhöhte Trittschallemissionen eingestellt haben. Dann ist für die Haftung des erwerbenden Wohnungseigentümers zwischen der Handlungsstörerhaftung und der Zustandsstörerhaftung zu unterscheiden.[143] Zunächst wurde bereits entwickelt: Überschreitet ein Wohnungseigentümer den zulässigen Gebrauch, indem er etwa durch Vornahme baulicher oder sonstiger Veränderungen eine die Grenze des § 14 Nr. 1 WEG übersteigende Beeinträchtigung anderer Wohnungseigentümer verursacht, setzt er sich als Handlungsstörer Ansprüchen gemäß §§ 15 Abs. 3 WEG, 1004 Abs. 1 BGB aus, die auf Unterlassung oder Beseitigung dieses Zustandes gerichtet sind. Dabei muss die Auswahl unter den geeigneten Abwehrmöglichkeiten grundsätzlich dem anspruchspflichtigen Wohnungseigentümer überlassen bleiben.

Hat aber bereits der Veräußerer den störenden Wohnungszustand geschaffen, so kommt eine Handlungsstörerhaftung des Erwerbers, gerichtet auf eine Beseitigung der Störung durch aktives Handeln, nicht in Frage. Denn eine Rechtsnachfolge in Wiederherstellungsansprüche aus Handlungsstörung ist nicht anzuerkennen. Der Erwerber kann in diesem Fall allenfalls Zustandsstörer sein. Als solcher haftet er aber nicht auf die Beseitigung einer störenden Ein-

---

142 OLG Köln, a. a. O.
143 Dazu: KG Berlin, Beschluss vom 19.03.2007 – 24 W 317/06, ZMR 2007, S. 639 = NZM 2007, S. 845.

richtung, sondern allenfalls auf Duldung der Beseitigung durch die Gemeinschaft. Bei dem Anspruch auf Duldung handelt es sich um einen von einem Beseitigungsanspruch zu unterscheidenden Verfahrensgegenstand. Dieser steht grundsätzlich allein der Wohnungseigentümergemeinschaft als Verband zu. Die einzelnen beeinträchtigten Wohnungseigentümer können in diesem Fall nur eine ordnungsmäßige, den Interessen der Gesamtheit der Wohnungseigentümer entsprechende Verwaltung verlangen. Sie richtet sich auf eine ordnungsgemäße Instandhaltung und Instandsetzung des gemeinschaftlichen Eigentums.

Von diesem Fall abzugrenzen ist die Konstellation, dass der heutige erwerbende Wohnungseigentümer zuvor Mieter der Wohnung war und seinerzeit gemeinsam mit dem Veräußerer den störenden Wohnungszustand geschaffen hat. In diesem Fall kann auch der Erwerber als Handlungsstörer in Anspruch genommen werden.[144]

Beeinträchtigt der Zustand einer Wohnung das Eigentum eines Dritten, ist dies dem Wohnungseigentümer aufgrund einer Störereigenschaft zurechenbar, nutzt er aber die vermietete Eigentumswohnung nicht selbst, so kann auch der Mieter der Wohnung auf Duldung der Störungsbeseitigung durch die Gemeinschaft in Anspruch genommen werden.[145]

ee) Nächtliche Sanitär- und Badegeräusche

Welche Geräuschbeeinträchtigungen bei der Benutzung der Bad- und Toiletteninstallationen in einer benachbarten Wohnung hinzunehmen sind, ist unter Heranziehung der einschlägigen DIN-Normen zu entscheiden. Werden Jahrzehnte nach Errichtung eines Bauwerks Bad und Toiletten einer Wohnung erneuert, ist für die Frage, welche bei dem Gebrauch der Installation ausgehenden Geräuschbeeinträchtigung in einer Nachbarwohnung hinzunehmen sind, die DIN-Norm maßgebend, die bei Vornahme der Umbauarbeiten gilt.[146]

Das Benutzen eines Bades in einem Mehrfamilienhaus zum Duschen oder Baden während der Nachtzeit von 22.00 Uhr bis 6.00 Uhr ist grundsätzlich auch dann gestattet, wenn durch die dabei verursachten Geräusche andere Hausbewohner in ihrer Nachtruhe gestört werden können. Allerdings darf die Dauer dieser Betätigung 30 Minuten nicht überschreiten.

---

144 OLG München, Beschluss vom 31.05.2007 – 34 Wx 112/06, ZMR 2007, S. 643.
145 BGH, Urteil vom 01.12.2006 – V ZR 112/06, MDR 2007, S. 578 = ZMR 2007, S. 188 ff.
146 BayObLG, Beschluss vom 18.11.1999 – 2 Z BR 77/99, NZM 2000, S. 504 = NJW-RR 2000, S. 747.

ff) Behinderte

Das AG Braunschweig[147] befasste sich mit der Störerhaftung einer Wohnungseigentümerin für lautes und unartikuliertes Schreien ihrer schwerstbehinderten Tochter. Die beeinträchtigten Wohnungseigentümer konnten einen Anspruch auf Unterlassung von Lärmstörungen auf der Grundlage von §§ 1004, 906 Abs. 1 BGB in Verbindung mit § 14 Nr. 1 WEG nicht durchsetzen. Zwar sei die Mutter der schwerstbehinderten Tochter als mittelbare Störerin und Wohnungseigentümerin grundsätzlich verantwortlich, doch finde diese Verantwortung ihre Grenze dort, wo rechtliche, wirtschaftliche und tatsächliche Maßnahmen im Verhältnis zur Beeinträchtigung unzumutbar oder gar nicht erst erfolgversprechend seien. Mit diesem Ansatz kam das AG Braunschweig zu dem Schluss, die Mitwohnungseigentümer haben Störungen durch Schreie u. a. der schwerstbehinderten Tochter zu dulden, da die geistige Behinderung nicht therapiert werden könne. Allerdings untersagte das Gericht der Wohnungseigentümerin als Mutter erfolglose lärmintensive Erziehungsversuche gegenüber der schwerkranken Tochter innerhalb der Ruhezeit.

gg) Absichtlicher Lärm

Geschrei, laute Musik, Springen und Trampeln auf der Treppe, Möbelrücken, Türenknallen ist in der Sonderverbindung der Wohnungseigentümergemeinschaft zu unterlassen, wenn hierdurch die anderen Wohnungseigentümer in solchem Maße benachteiligt werden, dass es über das bei einem geordneten Zusammenleben unvermeidliche Maß hinausreicht. Beseitigungsansprüche entstehen vor allem im Wiederholungsfall oder in einzelnen Fällen erheblichen Ausmaßes und/oder von einiger Dauer[148].

Beispiel: Lärmterror

Absichtlich erzeugter Lärm ist etwas besonders fieses. Dies muss sich niemand gefallen lassen. Das sah auch das OLG Düsseldorf[149] so. Das Gericht wurde wegen Störungen durch Lärm und Tyrannisierungen, durch lautstarkes Türenkrachen, Aufstampfen auf den Boden und Poltergeräuschen auf den Plan gerufen. Dies alles passierte in einer Eigentümergemeinschaft. Das müssen sich die Nachbarn des „Krachschlägers" nicht bieten lassen. Zu Recht hatte deshalb nach Auffassung der Düsseldorfer Richter die Eigentümergemeinschaft mehrheitlich beschlossen, dass ein Miteigentümer seine Mie-

---

147   AG Braunschweig, Beschluss vom 11.09.2006 – 34 II 10/04, ZMR 2007, S. 224 ff.
148   OLG Düsseldorf, Beschluss vom 19.08.2009 – 3 Wx 233/08, NJW 2009, 3377.
149   OLG Düsseldorf, Beschluss vom 21.10.2008 – I-3 Wx 240/07, ZWE 2009, 279.

ter zu mehr Ruhe verpflichten muss. Der Eigentümer hatte diesen Beschluss vor Gericht angefochten. Das Gericht wies den Eigentümer im Gegenteil an, auf seinen Mieter so einzuwirken, dass zukünftige absichtliche Lärmstörungen zukünftig unterbunden werden. Wie er das erreicht, stellte das Gericht in das Belieben des Vermieters, der gegenüber der Wohnungseigentümergemeinschaft für die absichtlichen Lärmprovokationen seiner Mieter gerade zustehen hat.

Beispiel: Hausverbot
Fast zehn Jahre lang nervte der Lebensgefährte eines Sondereigentümers die übrigen Mitglieder der Gemeinschaft mit lautstarken Auseinandersetzungen und nächtlichen Ruhestörungen, wenn er zu Besuch kam. Der Wohnungseigentümergemeinschaft reichte es. Sie beschloss mehrheitlich, gegen den Besucher ein Hausverbot zu verhängen. Der Sondereigentümer, um dessen Lebensgefährte es dabei ging, focht den Beschluss an.

Zu Unrecht, wie das AG Mainz[150] meinte. Denn den übrigen Eigentümern stehe ein Unterlassungsanspruch nach § 1004 BGB zu. Diesen Anspruch könnten sie durch einen Mehrheitsbeschluss durchsetzen, in dem das Hausverbot verfügt werde. Dabei handle es sich nicht um einen unzulässigen Eingriff in das Sondernutzungsrecht des Sondereigentümers.[151]

Beispiel: Abmahnungsbeschluss nach „Rockkonzert"
Eigentümer E liebt Rockmusik. Seiner Meinung nach werde die Wohnungseigentumsanlage im Übrigen nur von „besserwisserischen Rentnern" bewohnt, die sich an seinem Musikgeschmack und an der Lautstärke seines Musikgenusses stören. Die Wohnungseigentümerversammlung fasst mehrheitlich den Beschluss, E wegen zu lauten Musikgenusses an zwei Wochenenden im letzten Jahr in seiner Wohnung abzumahnen. E bestreitet, dass er zu laut Musik gehört hat und bezichtigt die Gemeinschaft in ihrem Vorbringen der Lüge. E ficht den Beschluss an. Erfolgreich?

Abmahnbeschlüsse können mit einfacher Mehrheit gefasst werden. Sie müssen allerdings ordnungsgemäßer Verwaltung entsprechen. Dies tun sie nur dann, wenn die erhobenen Vorwürfe zum einen hinreichend genau bezeichnet und überdies grundsätzlich dazu geeignet sind, als Grundlage für ein Entziehungsverfahren nach § 18 WEG zu dienen. Mit diesen Vorgaben kann dahingestellt

---

150   AG Mainz, Urteil vom 29.10.2008 – 74 C 27/08, MietRB 2009, S. 109.
151   Vergleiche dazu auch BayObLG München, Beschluss vom 31.10.2001 – 2 Z BR 37/01, WuM 2002, S. 156.

bleiben, ob der Vorwurf zu lauten Musikgenusses zutrifft oder nicht und ob er in der Abmahnung hinreichend genau bestimmt ist. Denn jedenfalls kann er aufgrund seiner Geringfügigkeit keine ausreichende Grundlage für ein Entziehungsverfahren nach § 18 WEG bilden. Deshalb entspricht der gefasste Beschluss nicht ordnungsgemäßer Verwaltung. Die Anfechtungsklage hat Erfolg.[152]

hh) Betriebsgeräusche störender Anlagen

Beispiel: Klimagerät erzeugt schlechtes Klima
Klimageräte mildern die sommerlichen Hitzeperioden ab und sind deshalb etwas Schönes, wenn sie nicht stören. Das sah ein Wohnungseigentümer auch so, der kurzer Hand ein solches Klimagerät außen am Gebäude montierte. Seinen Mitbewohnern passte das aber gar nicht. Sie stellten sich auf den Standpunkt, es handle sich um eine bauliche Veränderung. Deshalb hätten sie alle nach den Regeln des Wohnungseigentumsrechts vor dem Einbau des Geräts zustimmen müssen. Der klimabewusste Eigentümer aber hatte vorher nicht gefragt und erst recht keine Zustimmungen erhalten. Das Gerät muss weg, sagten sich die übrigen Wohnungseigentümer und zogen mit Ihrem Begehren vor Gericht. Das OLG Düsseldorf[153] gab ihnen Recht und verurteilte den Gerätebesitzer dazu, sein Gerät von der Außenfassade des Gebäudes auf seine Kosten wieder abzumontieren. Der Beseitigungsanspruch der übrigen Eigentümergemeinschaft, so die Düsseldorfer Richter, greife vor allem, weil die Betriebsgeräusche die Nachtruhe der Nachbarn störe. Der Eigentümer war hingegen davon ausgegangen, das Gerät beeinträchtige die Nachbarn nicht. Anders das OLG Düsseldorf: Die Geräuschbelästigung überschreite das zumutbare Maß und deshalb sei der Betrieb der Klimaanlage störend.

g) Wohnzweck und gewerbliche/freiberufliche Nutzung

Ob und in welcher Weise die Wohnung genutzt werden darf, erschließt sich aus der Teilungserklärung (§ 8 WEG) oder aus dem sogenannten Aufteilungsplan, auf den in den einzelvertraglichen Regelungen zwischen dem Wohnungseigentümer und der Wohnungseigentümergemeinschaft Bezug genommen wird. So kann bestimmt werden, dass ein Sondereigentum als „Wohnung" oder zu gewerblichen Zwecken genutzt werden muss. Liegt eine solche Zweckbestimmung vor, so entsteht häufig unter den benachbarten Wohnungseigentümern

---

152 LG München, Urteil vom 14.06.2010 – 1 S 25652/09, ZMR 2010, 800.
153 OLG Düsseldorf, Beschluss vom 16.11.2009 – 3 Wx 179/09, ZMR 2010, 385.

Streit darüber, ob sich die betriebene Nutzung im Rahmen der Vereinbarung hält. Bei der Bezeichnung eines Sondereigentums als „Wohnung" in der Teilungserklärung handelt es sich um eine Zweckbestimmung mit Vereinbarungscharakter gem. §§ 5 Abs. 4 Satz 1, 10 Abs. 1 Satz 2, 15 Abs. 1 WEG. Daraus folgt, dass das Wohnungseigentum grundsätzlich nur als Wohnung benutzt werden darf. Allerdings ist auch eine Nutzung zu anderen als zu Wohnzwecken zulässig, sofern dadurch andere Wohnungseigentümer nicht mehr beeinträchtigt werden, als durch eine der Zweckbestimmung entsprechende Nutzung als Wohnung. Dadurch darf den anderen Eigentümern allerdings kein unvermeidlicher Nachteil erwachsen. Ansonsten besteht ein Beseitigungsanspruch gem. § 14 Abs. 1 WEG, § 1004 BGB.[154] Bewegt sich die – gewerbliche oder freiberufliche – Nutzung innerhalb dieser Grenzen, so ist sie zulässig.[155] In diesem Fall gilt der Grundsatz in § 13 Abs. 1 WEG, wonach jeder Wohnungseigentümer mit dem im Sondereigentum stehenden Gebäudeteil nach Belieben verfahren kann, soweit dies nicht stört und nicht das Gesetz oder Rechte Dritter entgegenstehen.

Unzulässig ist die Nutzung der Wohnung zur Prostitution,[156] ebenso für Film- und Fotoaufnahmen, soweit dadurch über das bloße Aufsuchen einer Wohnung hinaus nach außen wahrnehmbare Belästigungen verbunden sind. Dies kann sich bereits durch den Transport von Ausrüstungsgegenständen durch das Treppenhaus ergeben.[157] Unzulässig ist auch die Nutzung einer Eigentumswohnung als Kinderarztpraxis, wenn dies mit einer Besucherfrequenz von durchschnittlich 75 bis 80 Personen täglich an mindestens vier Werktagen einhergeht. Eine solche Besucherfrequenz geht über das bei einer Wohnung zulässige und übliche Maß weit hinaus. Dagegen wurde der Betrieb einer psychotherapeutischen Praxis in einem beschränkten zeitlichen Rahmen von 9.00 bis 18.30 Uhr an Werktagen, nicht aber an Sonnabenden, Sonntagen und Feiertagen für zulässig gehalten.[158] Ebenso stellt eine Nutzung einer Eigentumswoh-

---

154 Ständige Rechtsprechung: vgl. z. B. BayObLG, Beschluss vom 23.05.1996 – 2 Z BR 19/96, NJW-RR 1996, S. 1358 (1358); OLG Düsseldorf, Beschluss vom 07.01.1998 – 3 Wx 500/97, n. v.; BayObLG, Beschluss vom 24.02.1997 – 2 Z BR 89/96, DWE 1998, S. 18 f.; KG, Beschluss vom 22.10.1993 – 24 W 7471/92, DWE 1994, S. 19; vgl. auch: Alheit, S. 83 f.

155 Dazu: OLG Frankfurt/Main, Beschluss vom 21.07.2005 – 20 W 284/03, NZM 2006, S. 144; OLG München, Beschluss vom 25.05.2005 – 34 Wx 24/05, DWE 2005, S. 171; BayObLG, Beschl. v. 09.02.2005 – 2 Z BR 170/04, DWE 2005, S. 171.

156 BayObLG, Beschluss vom 08.09.2004 – 2 Z BR 137/04, ZMR 2005, S. 67; BayObLG, Beschluss vom 22.06.1995 – 2 Z BR 40/95, DWE 1995, S. 102 u. 130 = MDR 1995, S. 1117 = NJW-RR 1995, S. 1228 = WUM 1995, S. 676.

157 OLG Hamburg, Beschluss vom 19.12.2001 – 2 Wx 106/01, NZM 2002, S. 614.

158 OLG Düsseldorf, Beschluss vom 07.01.1998 – 3 Wx 500/97, ZMR 1998, S. 247 f. = DWE 1998, S. 167.

nung, die in der Teilungserklärung oder in der Gemeinschaftsordnung als „Wohnung" gekennzeichnet ist, als Arzt- oder Zahnarztpraxis[159], als Architekturbüro oder Steuerberaterpraxis[160] oder als Krankengymnastikpraxis keine schwerwiegende Beeinträchtigung anderer Wohnungseigentümer dar und ist folglich im Regelfall zulässig. Entscheidend ist bei der Wertung immer, dass damit keine höhere Besucherfrequenz als bei Wohnungen üblich und keine höheren Geräuschpegel einhergehen.[161] Bei den zuerkannten Betriebszeiten hat sich das erkennende Gericht an üblichen Betriebszeiten vergleichbarer freiberuflicher Praxen orientiert. Nach der insoweit maßgeblichen Verkehrsanschauung und der sozialen Adäquanz brauchen die übrigen Wohnungseigentümer einen freiberuflichen Praxisbetrieb über die üblichen Arbeitszeiten hinaus, d.h. nach 18.30 Uhr abends und am Wochenende nicht zu dulden. Dies gilt unabhängig davon, ob mit dem Praxisbetrieb eher größere oder eher geringere Beeinträchtigungen verbunden sind. Eine Wohnungseigentümergemeinschaft kann redlicherweise erwarten, dass abends nicht regelmäßig fremde Personen als Patienten oder Klienten einer freiberuflichen Praxis noch in das Haus kommen und etwa erst nach 21.00 Uhr wieder verlassen. In dieser zeitlichen Beschränkung sah das Gericht weder eine Verletzung von Art. 14 GG noch einen Verstoß gegen Art. 12 GG.

Ebenfalls wurde die Nutzung einer Eigentumswohnung als Ingenieurbüro[162] und zur Wahrsagerei[163] als zulässig erachtet. Dabei betonten die erkennenden Gerichte, dass unter „freiberuflicher Tätigkeit" auch bestimmte gewerbliche Tätigkeiten zu verstehen sind, die einem freien Beruf deshalb gleichstehen, weil sie nach Art und Umfang einen in kaufmännischer Weise eingerichteten Geschäftsbetrieb nicht haben und deshalb nicht zu größeren Belästigungen der Gemeinschaft führen, als dies auch bei freiberuflichen Tätigkeiten zu erwarten ist. Ein in der Teilungserklärung oder im Aufteilungsplan oder schließlich in der Gemeinschaftsordnung ausgesprochenes Verbot „gewerblicher Tätigkeit" beziehe sich nur auf solche Betätigungen, die zur Gewinnerzielung auf eine ständige Erweiterung des Personenkreises ausgerichtet seien.[164]

---

159 OLG Hamm, Beschluss vom 23.10.2003 – 15 W 372/02, ZMR 2005, S. 219; a. A. für eine Kleintierpraxis: OLG München, Beschluss vom 25.05.2005 – 34 Wx 24/05, n. v.
160 BayObLG, Beschluss vom 28.10.1998 – 2 Z BR 137/98, NZM 1999, S. 130.
161 OLG Düsseldorf, a. a. O.; OLG Karlsruhe, OLGZ 1976, S. 145; BayObLG, Rechtspfleger 1973, S. 139; KG, NJW-RR 1995, S. 333; BayObLG, WUM 1985, S. 231; OLG Düsseldorf, Beschluss vom 14.11.2007 – 3 Wx 40/07, NJW-Spezial 2008, S. 35 für eine Digitaldruckerei.
162 OLG Zweibrücken, Beschluss vom 27.05.1997 – 3 W 81/97, DWE 1997, S. 148.
163 KG, Beschluss vom 22.10.1993 – 24 W 7471/92, DWE 1994, S. 19.
164 KG, a. a. O.

Auch die beabsichtigte Nutzung einer Eigentumswohnung als Außenstelle eines Kinder- und Jugendwohnheims dient noch im weitesten Sinne zu Wohnzwecken und ist daher grundsätzlich zulässig. Ob das konkrete Vorhaben allerdings zulässig ist, richtet sich in diesen Fällen nach der in der Teilungserklärung definierten zulässigen Nutzung. Probleme können bezüglich der Nutzungsintensität entstehen. Ist die Nutzung so intensiv, dass die Belegung der Wohnung nicht mehr dem Leitbild einer Familiennutzung entspricht, so kann die Verwendung einer Eigentumswohnung als Wohnheim unzulässig sein.[165]

Beispiel: Nutzung zur gewerblichen Kinderbetreuung unzulässig

Eine Mieterin betätigte sich in ihrer gemieteten Eigentumswohnung im ersten Obergeschoss ganztägig als Tagesmutter. Sie betreute fünf Kleinkinder gegen Entgelt. Eine Genehmigung hatte sie nicht. Die Teilungserklärung der Wohnungseigentumsanlage knüpfte die Zulässigkeit der Ausübung eines Gewerbes oder eines Berufes in der Wohnung an die Zustimmung des Verwalters. Die unter der Mieterin wohnende Nachbarin im Erdgeschoss fühlte sich durch die hohe Besucherfrequenz und den entstehenden Lärm gestört und verlangte von dem Eigentümer der Wohnung als Vermieter, die Kinderbetreuung durch seine Mieterin zu unterbinden. Die „Tagesmutter" glaubte, sie wüsste das besser und kümmerte sich nicht darum. Die Sache landete zunächst vor dem LG Köln. Mit Urteil vom 11.08.2011[166] wurde der Wohnungseigentümer und Vermieter zur Unterlassung verurteilt. Abgesehen davon, dass weder Vermieter noch Mieterin vorher eine Genehmigung des Verwalters eingeholt hätten, könne der Verwalter diese Genehmigung – wäre sie beantragt worden – auch aus wichtigem Grund verweigern. Denn eine ganztägige professionelle Kinderbetreuung in einem Wohnhaus gehe in der Regel mit erheblichen Beeinträchtigungen für die Mitbewohner einher. Zu denken sei vor allem an einen erhöhten Lärmpegel, vermehrten Lärm und Schmutz durch den Publikumsverkehr im Treppenhaus oder an ein erhöhtes Müllaufkommen durch die Vielzahl der anfallenden Kinderwindeln. Diese Beeinträchtigungen aber gehen nach Auffassung der Kölner Richter über das hinaus, was eine normale Wohnnutzung ausmacht. Deshalb müssten die Nachbarn dies – anders als die Nachbarn zu einer kinderreichen Familie – nicht hinnehmen.

Die dagegen eingelegte Revision vor dem Bundesgerichtshof[167] scheiterte aus formalen Gründen, ohne dass sich das höchste deutsche Zivilgericht exponiert zur Zulässigkeit oder zur Unzulässigkeit der Wohnungsnutzung als „Kinder-

---

165 OLG Hamm, Beschluss vom 18.02.1999 – 15 W 234/98, ZMR 1999, S. 504 f.
166 LG Köln, Urteil vom 11.08.2011 – 29 S 285/10; MDR 2012, S. 457 = ZMR 2012, 39.
167 BGH, Urteil vom 13.07.2012 – V ZR 204/11, NZM 2012, S. 687.

tagesstätte" äußerte. Denn abgesehen von der fehlenden Genehmigung des Verwalters hatte die Wohnungseigentümerversammlung schon zuvor beschlossen, dem beklagten Wohnungseigentümer aufzugeben, die Ausübung der Tätigkeit seiner Mieterin als Tagesmutter zu unterbinden, ohne dass dieser Beschluss angefochten worden ist. Dadurch sei der Beschluss bestandskräftig geworden und unabhängig von seiner materiellen und inhaltlichen Richtigkeit zu beachten. Allerdings hielt der BGH in einer Nebenbemerkung fest, dass eine werktägliche Nutzung der Wohnung zur Erbringung von Betreuungsdienstleistungen gegenüber Dritten in Form einer Pflegestelle für bis zu fünf Kleinkinder, bei der der Erwerbscharakter im Vordergrund steht, eine teilgewerbliche Nutzung darstellt und vom Wohnzweck nicht mehr getragen wird.

Die Vermietung von Wohnungseigentum eines Betreuungsvereins an Suchtkranke, die aus der Anstaltsunterbringung entlassen worden sind, kann sich im Rahmen zulässigen Wohnzwecks halten.[168] Allerdings darf daraus kein unzulässiger Betrieb einer heimartigen Einrichtung folgen.[169] Schließlich darf eine Eigentumswohnung auch dann nicht zur Religionsausübung genutzt werden, wenn sie im Eigentum eines Vereins zur islamischen Aufklärung und Bildung steht.[170]

Neben dem Wohnzweck kann auch die Gemeinschaftsordnung gewerbliche oder freiberufliche Nutzungsarten als zulässig vorsehen. Ebenso sind dort geregelte Nutzungsbeschränkungen zulässig. Allerdings können diese Regelungen ausgelegt werden. Danach ist eine anderweitige Nutzung regelmäßig erlaubt, wenn sie das Gemeinschaftsverhältnis nicht mehr als die vereinbarte Nutzung beeinträchtigt. Mit der Zulassung einer freiberuflichen Tätigkeit können daher neben Arzt- oder Anwaltspraxen auch Architektur- oder Maklerbüros gemeint sein. Abzustellen ist konkret darauf, ob die jeweilig gewünschte Nutzung eine wesentlich höhere Beeinträchtigung der Nachbarn zur Folge hat als in der Gemeinschaftsordnung vorgesehen. Mit diesen Grundsätzen entschied das OLG Düsseldorf für eine Digitaldruckerei, soweit nur der Einsatz von Digitaldruckern erfolgt und der Kundenverkehr sich in den Grenzen einer klassischen freiberuflichen Tätigkeit hält, ist eine höhere Beeinträchtigung nicht erkennbar, eine derartige Nutzung folglich zulässig.[171]

---

168 KG, Beschluss vom 13.12.2004 – 24 W 51/04, WuM 2005, S. 207.

169 OLG Hamm, Beschluss vom 18.02.1999 – 15 W 234/98, NZM 2000, S. 350; Allerdings steht es den Eigentümern frei, in der Teilungserklärung eine Gebrauchsregelung vorzugeben, wonach Wohnungen im Sinne betreuten Wohnens genutzt werden dürfen. Dann ist eine entsprechende Nutzung – selbstverständlich – zulässig: BGH, Urteil vom 13.10.2006 – V ZR 289/05, WE Heft 2/2007, S. 8.

170 AG Mannheim, Beschluss vom 06.04.2005 – 4 URWEG 251/04, NZM 2005, S. 591.

171 OLG Düsseldorf, Beschluss vom 14.11.2007 – 3 Wx 40/07, NJW-Spezial 2008, S. 35.

Die Nutzung zu anderen als Wohnzwecken, insbesondere die gewerbliche oder die freiberufliche Nutzung, kann nach der Gemeinschaftsordnung zusätzlich an die Zustimmung des Verwalters gekoppelt sein. Darf sie danach nur aus wichtigem Grund verweigert werden, so besteht ein solcher wichtiger Grund nur, wenn durch die begehrte Nutzung zu anderen als Wohnzwecken die Interessen der anderen Miteigentümer im stärkeren Maße beeinträchtigt würden, als dies bei der ohnehin zulässigen Nutzung zu Wohnzwecken der Fall wäre. Wird in einem solchen Fall die Wohnung ohne oder sogar entgegen der Zustimmung des Verwalters gewerblich genutzt, kann die fehlende Zustimmung allein einen Unterlassungsanspruch nicht begründen.[172] Ist eine Verweigerung nur aus wichtigem Grund nicht einschränkend vorgeschrieben, so ist die Verweigerung der Zustimmung des Verwalters auch zulässig, solange sie nicht missbräuchlich oder willkürlich erscheint. Auch die Bewahrung eines überwiegenden Wohncharakters und die Vermeidung von Bezugsfällen rechtfertigt die Verweigerung.[173]

Auch die Nutzung von Teileigentum bereitet mit den verschiedensten Zweckwidmungen, von denen abgewichen wird, immer wieder Probleme. Ein in der Teilungserklärung als „Ladenwohnung" bezeichnetes Sondereigentum darf jedenfalls dann zu einem sogenannten „Drogencafé" genutzt werden, wenn die Räumlichkeiten einen gesonderten Eingang haben und dort lediglich neben kleinen Speisen und Getränken, Rechtsrat, medizinische Versorgung und Gelegenheit zur Körperpflege geboten wird (Fixerstube; Szeneladen für Junkies).[174] Ist das Teileigentum in der Teilungserklärung als „gewerbliche Raumeinheit" bezeichnet, so darf eine psychosoziale Beratungs- und Behandlungsstelle für Alkohol- und Drogenprobleme betrieben werden.[175] Mit der Zweckbestimmung eines Teileigentums als „gewerbliche Nutzung jeder Art" ist es dagegen nicht vereinbar, dieses Teileigentum als Versammlungsstätte und Gebetsraum zu nutzen, wenn dabei an Sonn- und Feiertagen Gottesdienste mit Gesang und Musikbegleitung stattfinden und auch unter der Woche am Feierabend Senioren und Jugendtreffs mit Liedersingen abgehalten werden.[176] Mit der Bezeichnung „Laden" im Aufteilungsplan und der Teilungserklärung bzw. der Gemeinschaftsordnung ist der Betrieb eines Erotik-Fachgeschäfts mit Videothek

---

172 OLG Zweibrücken, Beschluss vom 27.05.1997 – 3 W 81/97, DWE 1997, S. 148 f.; dazu auch: BayObLG, Beschluss vom 24.02.1997 – 2 Z BR 89/96, DWE 1998, S. 18.
173 Alheit, S. 83 f. mit weiteren Nachweisen zur Rechtsprechung.
174 KG, Beschluss vom 18.11.1998 – 24 W 8659/97, NZM 1999, S. 425.
175 LG Freiburg, Beschluss vom 24.07.2003 – 4 T 49/03, WuM 2004, S. 421.
176 LG Freiburg, Urteil vom 11.02.2005 – 2 O 451/04, NZM 2005, S. 345 = WuM 2005, S. 353 f.

im Rahmen der gewerberechtlichen Bestimmungen zulässig, sofern in der Wohngegend ähnliche Geschäfte und Nachtclubs vorhanden sind. Unzulässig ist dagegen die Vorführung von Sexfilmen mit Einzelkabinenbetrieb in der Form eines Sex-Shops. Dies geht über das bloße Maß einer Videothek hinaus.[177] Umgekehrt ist die Wohnnutzung von Teileigentum ebenso nicht zulässig.[178] Der von einzelnen Wohnungseigentümern geltend gemachte Individualanspruch auf Unterlassung von teilungserklärungswidrigen Nutzungen von Räumen bedarf nicht der Ermächtigung durch die übrigen Wohnungseigentümer.[179]

h) Vermietung als Wohnung

Das Recht, eine Eigentumswohnung zu vermieten, ist eine aus dem Eigentum fließende Grundbefugnis (§ 903 BGB) und in § 13 Abs. 1 WEG ausdrücklich festgehalten. Das Gesetz gestattet damit einen umfassenden Gebrauch, der nur durch das Gesetz selbst oder durch entgegenstehende Rechte Dritter eingeschränkt ist. Daher kann die Befugnis, die Eigentumswohnung zu vermieten, in der Gemeinschaftsordnung nicht gesamtheitlich ausgeschlossen werden. Eine Beschränkung des Vermietungsrechts durch Vereinbarung in der Gemeinschaftsordnung ist aber möglich. Beschlüsse der Wohnungseigentümerversammlung können dagegen nicht Grundlage einer Modifizierung oder Einschränkung eines Vermietungsrechts sein.[180] Jeder Wohnungseigentümer ist nur zum Mitgebrauch des gemeinschaftlichen Eigentums in den Grenzen der §§ 14, 15 WEG berechtigt (§ 13 Abs. 2 WEG). Er muss sich also an die in § 15 WEG getroffenen Gebrauchsregelungen halten und unterliegt auch den Beschränkungen des § 14 Nr. 1 WEG, der auch für das gemeinschaftliche Eigentum gilt. Auch das Gemeinschaftseigentum darf vermietet werden, soweit der Wohnungseigentümer selbst nutzen darf. Das Mitgebrauchsrecht des Mieters erstreckt sich dabei auch auf solche Anlagen und Einrichtungen, die für die Nutzung des Sondereigentums nicht notwendig sind.[181] Durch eine Vermietung werden diese Pflichten des Wohnungseigentümers in der Gemeinschaft nicht beseitigt. Die Verantwortung bleibt bei ihm als

177 BayObLG, Beschluss vom 24.06.1993 – 2 Z BR 121/92, DWE 2000, S. 71 f.
178 OLG Düsseldorf, Beschluss vom 24.09.2004 – 3 Wx 233/04, NZM 2005, S. 70 f.
179 BayObLG, Beschluss vom 11.04.2005 – 2 Z BR 240/04, BayObLGR 2005, S. 610.
180 Einhellige Ansicht: vgl. Schmidt in: Bärmann/Seuß, T. B, Rdnr. 55–57, S. 471 f.; Wellkamp, T. 6, Rdnr. 380, S. 170 f.; OLG Düsseldorf, Beschluss vom 07.01.1998 – 3 Wx 500/97, n. v.
181 BayObLG, Beschluss vom 09.10.1997 – 2 Z BR 90/97, BlnGrdE 1997, S. 1589 = DWE 1998, S. 20 = FG-Prax 1998, S. 16 = WuM 1997, S. 690.

Vermieter (§ 14 Nr. 3 WEG). Er kann also seinen Miteigentümern gegenüber nur im Rahmen der ihm zustehenden Gebrauchsrechte vermieten. Es gehört zum Risikobereich des Vermieters, dass die Vermietung von Teileigentum und von Gemeinschaftseigentum mit der Gemeinschaftsordnung vereinbar ist.[182] Daraus ergeben sich folgende Besonderheiten:

- Der Mietvertrag ist mit der Gemeinschaftsordnung oder der Hausordnung sowie den Eigentümerbeschlüssen innerhalb der Wohnungseigentumsanlage in Einklang zu bringen. Gleichzeitig ist der Mieter durch eine Klausel zu verpflichten, diese Vereinbarungen, Ordnungen und Beschlüsse zu beachten. Eine solche Klausel ist insbesondere nach den Vorschriften des AGB-Gesetzes nur wirksam, wenn die in Bezug genommenen Regelungen dem Mieter konkret bekanntgegeben werden. Die Verpflichtung zur Beachtung künftiger Beschlüsse ist im Hinblick auf das AGB-Gesetz problematisch, wenn solche Beschlüsse zu einer Belastung auch des Mieters führen.[183]
- Bei den Nebenkosten kann das Wohngeld (Hausgeld) auf den Mieter umgelegt werden mit Ausnahme des Verwalterhonorars und der Instandhaltungsrücklage sowie künftigen Sonderumlagen zur Instandhaltung oder Instandsetzung des Gemeinschaftseigentums. Diese Positionen zählen zur Grundmiete und sind vom Vermieter als Wohnungseigentümer zu tragen.[184]

i) Vermietung zur gewerblichen Nutzung

Soweit den anderen Eigentümern ein Nachteil i. S. des § 14 WEG nicht entsteht, wird die Zulässigkeit[185] bejaht. Aus seinem Recht, die Wohnung im Rahmen eines zulässigen Wohngebrauchs auch gewerblich mit den besprochenen Einschränkungen und Maßgaben zu nutzen und aus seinem weiteren Recht, die Wohnung auch zu vermieten, folgt, dass der Wohnungseigentümer sein Sondereigentum auch zu gewerblichen oder zu freiberuflichen Zwecken vermieten darf. Es wurde bereits dargelegt, dass ihn im Rahmen seiner Verantwortung nach § 14 Nr. 3 WEG einmal die Verantwortung dafür trifft, einen zu der Gemeinschaftsordnung und zu der Beschlusslage in der Wohnungseigentümerge-

---

182 BGH, Urteil vom 29.11.1995 – XII ZR 230/94, DWE 1996, S. 27 f.; BayObLG, Beschluss vom 23.05.1996 – 2 Z BR 19/96, S. 1358 (1358); Wellkamp, a. a. O., Rdnr. 380; LG Essen, Urteil vom 11.12.1997 – 10 S 433/97, NZM 1998, S. 377 (378).
183 Schmidt, in: Bärmann/Seuß, T. B, Rdnr. 59, S. 473 mit weiteren Nachweisen.
184 Schmidt, a. a. O., mit weiteren Nachweisen.
185 So z. B. die Arztpraxis im Erdgeschoss, vgl. OLG Hamburg, MDR 1974, 123.

meinschaft harmonischen Mietvertrag abzuschließen. Zum anderen bleibt er dafür verantwortlich, dass der Mieter sich am Rahmen der so vorgegebenen Sach- und Rechtslage orientiert und die Wohnung nur zulässig gebraucht. Auch auf die Bedeutung der etwa notwendigen Zustimmung des Verwalters wurde hingewiesen.

Der Unterlassungsanspruch wegen bestimmungswidriger Nutzung eines Wohnungseigentums richtet sich auch dann gegen den Eigentümer, wenn die Wohnung von einem Mieter – zweckwidrig und beeinträchtigend – genutzt wird. Die Frage, ob der Eigentümer die Nutzung unterbinden kann, ist erst im Zwangsvollstreckungsverfahren von Bedeutung.[186] Auf Einzelheiten der dann bestehenden rechtlichen Möglichkeiten gegen den zweckwidrigen nutzenden gewerblichen Mieter wird sogleich unter VIII. 3. eingegangen.

Bei der Prüfung der Benachteiligung anderer Wohnungseigentümer durch das ausgeübte Gewerbe oder durch die ausgeübte freiberufliche Tätigkeit wird auch darauf abgestellt, ob sich die vermietete und entsprechend genutzte Eigentumswohnung im Erdgeschoss befindet, so dass ein etwa entstehender Kundenverkehr nicht an anderen Wohnungen vorbeiführt. Vereinzelte Entscheidungen bejahten schon aufgrund der örtlichen Lage der Wohnung im Erdgeschoss die Zulässigkeit ihrer gewerblichen Nutzung.[187] Kongruent zum Fall des selbst gewerblich oder freiberuflich nutzenden Eigentümers ist auch hier entscheidend, ob von einer schonenden Nutzung des Sondereigentums im Hinblick auf die übrigen Eigentümer gesprochen werden kann.

Zu Streitpotenzial hat die Frage geführt, ob die Eigentumswohnung im Rahmen einer Vermietung auch an Asylbewerber oder Aussiedler überlassen werden darf. Für die Nutzung als Aussiedlerwohnheim hat das OLG Hamm[188] diese Frage verneint. Nach Auffassung des KG[189] kann eine Nutzung durch jeweils eine Familie von Aus- oder Übersiedlern für eine Übergangszeit nicht ohne Vorliegen konkreter Beeinträchtigungen untersagt werden. Nach Auffassung des OLG Stuttgart[190] ist darauf abzustellen, ob sich in der Wohnung nicht mehr Personen als üblich aufhalten und ob diese nicht dauernd wechseln. Die Belegung einer Eigentumswohnung mit Aussiedlern halte sich im zulässigen

---

186 BayObLG, Beschluss vom 10.06.1998 – 2 Z BR 15/98, ZfIR 1998, S. 718 (719).
187 BayObLG, DWE 1984, S. 86; OLG Hamburg, MDR 1974, S. 123; OLG Karlsruhe, WE 1976, S. 104; zum Ganzen: Alheit, S. 82 f. mit weiteren Nachweisen.
188 OLG Hamm, Beschluss vom 26.09.1991 – 15 W 127/91, MDR 1992, S. 47 = NJW 1992, S. 184 = OLGZ 1992, S. 300.
189 KG, Beschluss vom 10.07.1992 – 24 W 3030/92, NJW 1992, S. 3045.
190 OLG Stuttgart, Beschluss vom 13.08.1992 – 8 W 219/92, NJW 1992, S. 3046 = OLGZ 1993, S. 184 = WUM 1992, S. 555 = ZMR 1992, S. 508.

Rahmen, wenn in etwa ein Richtwert von zwei Personen je Zimmer und eine Verweildauer nicht unter einem halben Jahr eingehalten werde. Keinesfalls muss in der Wohnung die Vermietung zur Prostitution geduldet werden. Ausnahmsweise kann hier der Wohnungseigentümer wirksam durch die Wohnungseigentümerversammlung verpflichtet werden, das Mietverhältnis zu kündigen und dies dem Verwalter nachzuweisen.[191] Ein weiterer Problemkreis beschäftigt sich mit der Frage, ob eine Nutzungsänderung vorliegt, wenn die gewerbliche Nutzung zwar schon vorgesehen war (Teilungserklärung), aber sich der Charakter des Geschäfts/Ladens ändert. So darf ein vorgesehener „Laden" nicht in eine Gaststätte umfunktioniert werden[192].

2. Nutzung von Zugängen, Treppenhaus und Hausflur

Zum gemeinschaftlichen Eigentum einer Wohnungseigentumsanlage gehören die Zugänge, das Treppenhaus sowie der Hausflur. Für die Benutzung dieser Gebäudeteile gelten die bereits zur Benutzung des gemeinschaftlichen Eigentums dargelegten Grundsätze. Insbesondere ist der einzelne Wohnungseigentümer gem. § 14 Nr. 1 WEG verpflichtet, das gemeinschaftliche Eigentum nur insoweit zu gebrauchen, dass dadurch keinem der anderen Wohnungseigentümer ein Nachteil entsteht, der über das bei einem geordneten Zusammenleben unvermeidliche Maß hinaus geht.

Die so gezogenen Grenzen des Gebrauchsrechtes an gemeinschaftlichem Eigentum sind überschritten, wenn ein Wohnungseigentümer seinen Mitgebrauch so ausdehnt, dass er zu einem faktischen Alleingebrauch führt.

Beispiel: „Wie Du mir, so ich Dir" – Anspruchsverfolgung „zur Disziplinierung von Mitbewohnern"
E, deren Wohnung im Obergeschoss liegt, brachte auf dem Treppenabsatz vor ihrer Wohnungseingangstür eine Garderobe an. Die im Erdgeschoss desselben Hauses wohnende Antragstellerin Q verlangt die Beseitigung der Garderobe, nachdem sie selbst den Flur vor ihrer Wohnung entsprechend genutzt hatte und die beanstandete eigene Garderobe entfernen musste. Zu Recht? – §§ 1004 Abs. 1 Satz 1 BGB, § 15 Abs. 3 WEG – ja.[193]

---

191 BayObLG, Beschluss vom 22.06.1995 – 2 Z BR 40/96, DWE 1995, S. 102 u. 130 = MDR 1995, S. 1117 = NJW-RR 1995, S. 1228 = WuM 1995, S. 676.
192 BayObLG, RPfleger 1980, 349.
193 BayObLG, Beschluss vom 19.02.1998 – 2 Z BR 135/97, NZM 1998, S. 336.

Ein unzulässiger faktischer Alleingebrauch liegt also vor, wenn ein Wohnungseigentümer im Bereich des oberen Treppenabsatzes in der Wohnungseigentumsanlage Garderobenelemente anbringt und durch diese Umgestaltung des Treppenhauses zu einem offenen Garderobenraum gemeinschaftlichen Raum der bestimmungsgemäßen Nutzung entzieht.[194] Diese Umgestaltung führt zu einem Ausschluss der übrigen Eigentümer von der Nutzung des im gemeinschaftlichen Eigentum stehenden Treppenhauses. Der geschaffene Zustand kommt der Einräumung eines Sondernutzungsrechts gleich, der aber nur im Wege einer Vereinbarung gem. §§ 10 Abs. 1, 15 Abs. 1 WEG zulässig ist. Dabei ist nicht entscheidend, ob der Treppenabsatz im Obergeschoss des Gebäudes von den übrigen Miteigentümern tatsächlich genutzt wird oder nicht. Entscheidend ist, dass die Pflicht zur Kostentragung gem. § 16 Abs. 2 WEG für alle Eigentümer bestehen bleibt.

Bemerkenswert ist der Hinweis des entscheidenden BayObLG,[195] das Motiv des Anspruchstellers, den Mitbewohner wegen mangelnder Rücksichtnahme im täglichen Zusammenleben zu „disziplinieren", reiche nicht aus, um den gestellten Beseitigungsanspruch rechtsmissbräuchlich erscheinen zu lassen.

Auch das Abstellen von Gegenständen im Hausflur, insbesondere von Schuhen[196] und Regalen[197] ist wohnungseigentumsrechtlich untersagt. Mieter wie Wohnungseigentümer dürfen auch nicht systematisch Pakete im Flur vor ihren Wohnungen ablegen lassen, selbst wenn sie aus beruflichen Gründen bezogen werden.[198] Allerdings dürfen Mieter von Wohn- und Geschäftsräumen Reklamesendungen im Hausflur ablegen lassen, die nicht in den Briefkasten passen und die übrigen Mitbewohner weder belästigen noch gefährden.[199]

Auch das eigenmächtige Versprühen von Duftstoffen und Parfums im zum Gemeinschaftseigentum gehörenden Treppenhaus ist eine bestimmungswidrige Nutzung.[200]

---

194 OLG München, Beschluss vom 15.03.2006 – 34 Wx 160/05, NZM 2006, S. 378 = ZMR 2006, S. 712 = MDR 2007, S. 82 = NJW-RR 2006, S. 803; BayObLG, Beschluss vom 19.02.1998 – 2 Z BR 135/97, DWE 1998, S. 78 = NZM 1998, S. 336 = NJW-RR 1998, S. 875; dazu auch: Schmidt, in: Bärmann/Seuß, T. B, Rdnr. 69, S. 479 mit weiteren Nachweisen und Beispielen.
195 A. a. O.
196 Zum Beschluss der Wohnungseigentümer, witterungsbedingtes zeitweiliges Abstellen auf Fußmatten billigend: OLG Hamm, NJW-RR 1988, S. 1171, dort auch zur Verkehrssicherungspflicht der Eigentümer.
197 AG Köln, WuM 1982, S. 86.
198 Derleder, NJW 2007, S. 812 (814).
199 BGH, Urteil vom 10.11.2006 – V ZR 46/06, ZMR 2007, S. 180.
200 OLG Düsseldorf, Beschluss vom 16.05.2003 – 3 Wx 98/03, WuM 2003, S. 515 f. = NJW-RR 2003, S. 1098 f.

Über Gebrauchsregelungen insbesondere des gemeinschaftlichen Eigentums kann die Wohnungseigentümerversammlung Beschluss fassen. So kann das Abstellen von Kinderwagen, Fahrrädern und anderen Gegenständen im Hausflur und im Treppenhaus Beschlussgegenstand sein. Dabei handelt es sich um eine Gebrauchsregelung i. S. von § 15 Abs. 2 WEG. Ihre Grenzen ergeben sich aus der Verkehrssitte nach Treu und Glauben bzw. nach billigem Ermessen.[201] Ein Mehrheitsbeschluss, der das zeitweilige Abstellen von Kinderwagen im Treppenhaus untersagt, widerspricht ordnungsgemäßer Verwaltung. Denn das Maß des gemeinschaftlichen Gebrauchs kann nicht stets für alle Eigentümer einheitlich bestimmt werden. Vielmehr ist auf die Bedürfnisse einzelner Wohnungseigentümer, wie beispielsweise kinderreicher Familien, Rücksicht zu nehmen.[202] Auch einem behinderten Wohnungseigentümer kann nicht untersagt werden, einen Krankenfahrstuhl im Treppenhaus abzustellen.[203] Dasselbe gilt für Rollatoren und sonstige Gehhilfen. Eine entsprechende Duldungspflicht dürfte sich bereits aus der schuldrechtlichen Sonderverbindung innerhalb der Wohnungseigentümergemeinschaft aus § 241 Abs. 2 BGB ergeben, im Vermietungsfalle aus § 535 Abs. 1 Satz 2 BGB oder zumindest aus § 242 BGB.[204] Auch das zeitweilige Abstellen von Schuhen bei schlechter Witterung auf der Fußmatte vor der Wohnungstür bzw. im Hausflur kann nicht durch Mehrheitsbeschluss verboten werden.[205]

Dagegen sind Regelungen zum Abstellen von Motorrädern und Fahrrädern im Keller oder im Hausflur zulässig. Allerdings ist in jedem Einzelfall abzuwägen, ob der ständige Transport von Kinderwagen und Fahrrädern durch das Treppenhaus oder ihr zeitweiliges Abstellen innerhalb oder außerhalb des Hauses im Eingangsbereich stärker beeinträchtigen.[206]

Ein Beschluss, auf das zeitlich begrenzte Anbringen von Dekorationen jeder Art an der Außenseite der Wohnungsabschlusstür zu Ostern und zu Weihnachten zu verzichten, ist jedoch als unzulässig verworfen worden.[207] Nach der Wertung des entscheidenden LG Düsseldorf könne es sich bei den Beeinträchtigungen durch derartige Dekorationen nur um ästhetische Störungen handeln, die in jedem Fall zu tolerieren seien. Dagegen verstoße ein mehrheitlich beschlossener Verzicht auf das ständige Anbringen von Dekorationen nicht gegen § 14 Nr. 1

---

201 Bielefeld, S. 231.
202 Bielefeld, S. 231.
203 Bielefeld, S. 232 mit Nachweisen zur Rechtsprechung.
204 Ebenso: Derleder, a. a. O., m. w. N.
205 Bielefeld, S. 232 m. w. N. zur Rechtsprechung.
206 So: Bielefeld, S. 232 m. w. N. zur Rechtsprechung.
207 LG Düsseldorf, Beschluss vom 10.10.1989 – 25 T 500/89, DWE 1990, S. 25 = MDR 1990, S. 249 = NJW-RR 1990, S. 785.

WEG in Verbindung mit § 15 Abs. 2 WEG. Ferner sei kein Verstoß gegen das Gebot der Toleranz in Geschmacksfragen gegeben. Vielmehr sei es legitimiert, das Treppenhaus entweder in seiner Gesamtheit einheitlich zu gestalten oder aber auch der individuellen Ausgestaltung je Etage Raum zu geben. Hätten sich Wohnungseigentümer in vorangegangenen Beschlüssen mehrheitlich für eine einheitliche Gestaltung des Treppenhauses ausgesprochen, so bedeute dies – in den aufgezeigten Grenzen und Ausnahmen – das Zurücktreten des einzelnen Eigentümers von einer individuellen Ausgestaltung auch der Außenseite seiner Wohnungstür. Das Anbringen von Aufklebern, Plakaten und Beschriftungen sei ebenso wie das unmotivierte Anbringen von Blumen- und Kranzschmuck nicht gestattet. Ausnahmen gelten bei Geburten, Hochzeiten, Jubiläen oder Todesfällen. Daher kann auch eine Bebilderung des Treppenhauses von den Wohnungseigentümern grundsätzlich nur einvernehmlich durchgesetzt werden.[208]

Beispiel: Keine anstößigen Bilder im Keller und im Hausflur
In einer Wohnungseigentümergemeinschaft haben Plakate auf Türen in den Hausflur oder in Kellerflure, sowie Collagen aus Bildern, Postkarten etc. mit dem Informationsgehalt persönlich weltanschaulicher, politischer, philosophischer, religiöser oder sexueller Botschaften sowie vergleichbarer persönlicher Wertungen auch ästhetischer Natur nichts zu suchen. Das schrieb das AG Hamburg einem Wohnungseigentümer ins Stammbuch[209]. Was war passiert?

Der Wohnungseigentümer brachte eine Collage an der zum Kellerflur gerichteten Seite seiner Kellertüre an, die diverse politische Statements im Bereich der Interessenvertretung von Homosexuellen sowie unter anderem eine Unterwäschewerbung mit einem männlichen Modell enthielt, bei der die Geschlechtsmerkmale des Modells bildlich in den Vordergrund gerückt wurden. Das Modell war lediglich mit einem „prägnant mit dem Genital ausgefüllten" Slip bekleidet und im Übrigen nackt. Ein Plakat in Postkartengröße der sogenannten Schwusos, einem Arbeitskreis der SPD, wurde ebenfalls gezeigt. Dieses Plakat zeigte das Gesäß eines auf dem Bauch liegenden nackten Mannes mit dem Fokus auf dessen Öffnung und der Überschriftenzeile: „offen für alle … ".
Dagegen wandte sich die Gemeinschaft mit dem Hinweis, die Collage mit den gezeigten Bildern sei anstößig. Dies gelte insbesondere, weil in der Wohnungseigentumsanlage Kinder im Alter von acht bis zwölf Jahren wohnten und Gelegenheit hätten, diese Collage zu betrachten. Der Aufforderung der Gemein-

---

208   LG Hamburg, Beschluss vom 11.05.1989 – 20 T 17/89, WuM 1989, S. 653.
209   AG Hamburg, Urteil vom 10.08.2011 – 102 d 29/11, ZMR 2012, S.139.

schaft, die Collage zu entfernen, sei der Antragsgegner nicht gefolgt. Er verteidigte sich mit dem Hinweis, auch zu Weihnachten und zu Ostern dürfe in der Wohnungseigentümergemeinschaft eine Türe geschmückt werden. Die Bewertung seiner Collage als anstößig sage nur etwas über das subjektive Empfinden der Kläger aus sowie über ihre Not, ihren Kindern dies zu erklären.

Das ging dem Hamburger Richter entschieden zu weit. Dem Antrag auf Entfernung der Collage gab er statt. Denn die übrigen Wohnungseigentümer hätten auf der Grundlage von §§ 15 Abs. 2, 14 Ziff. 1 WEG, § 1004 BGB einen Anspruch darauf, das Plakatieren auf Türen in den Haus- oder Kellerflur sowie im Hausflur selbst zu unterlassen, soweit persönliche, weltanschauliche, politische, philosophische, religiöse oder sexuelle Botschaften transportiert würden oder vergleichbare persönliche Wertungen und Haltungen. Durch die Collage seien die übrigen Eigentümer abwehrfähig beeinträchtigt (§ 14 Ziff. 1 WEG). Sie sei innerhalb des Gemeinschaftseigentums sichtbar, was der Beurteilung des zulässigen Nutzungsumfangs des Gemeinschaftseigentums gleichkomme. Bei der Nutzung von Gemeinschaftseigentum sei der einzelne Eigentümer allerdings eingeschränkt und habe Rücksicht auf die Interessen der übrigen Wohnungseigentümer zu nehmen. Der Antragsgegner könne nicht erwarten, dass die Gemeinschaft seine in der gezeigten Collage zum Ausdruck kommende Ethik, Ästhetik, Haltung und Wertung teile. Vor allem habe kein Wohnungseigentümer das Recht, anderen Wohnungseigentümern seine persönlichen ästhetischen Wertungen innerhalb des Gemeinschaftseigentums sichtbar aufzuzwingen. Frei in der Gestaltung der Wände und Türen sei der Antragsgegner nur innerhalb seiner eigenen abgeschlossenen Räume, also innerhalb seines Sondereigentums.

Aus den eingangs definierten Grenzen zulässigen Mitgebrauchs gemeinschaftlichen Eigentums folgt, dass die beeinträchtigten und belästigten Miteigentümer Unterlassungs- und Beseitigungsansprüche auch dann geltend machen können, wenn ein Wohnungseigentümer regelmäßig und notorisch Mülltüten und ähnliche Abfälle vor seiner Wohnungstür im gemeinschaftlichen Eigentumsbereich des Hauses, statt in den dafür bereitgestellten Müllcontainern, deponiert.[210]

3. Nutzung von Nebenräumen

Bei der Beurteilung einer Nutzung von Nebenräumen als zulässig oder als unzulässig ist zwischen Nebenräumen im Sondereigentum und solchen im Gemeinschaftseigentum zu unterscheiden.

---

210 Alheit, S. 94 f.

Im Sondereigentum stehende Räume dürfen nur im Rahmen ihrer Zweckbestimmung genutzt werden, die sich aus der Teilungserklärung und der Gemeinschaftsordnung ergibt. Abweichende Nutzungen sind nur insoweit zulässig, als die sich dabei ergebenden Störungen nicht größer sind als die, die sich auch bei bestimmungsgemäßer Nutzung ergeben.[211]

a) Keller

Daher schließt die Bezeichnung als „Keller" die Nutzung eines solchen Raums zu Wohnzwecken aus. Aus der Tatsache, dass zeitweilig eine Nutzung für Wohn- oder Schlafzwecke stillschweigend geduldet wurde, kann im Regelfall kein Rückschluss auf eine abändernde Vereinbarung gezogen werden.[212] Für eine solche Änderung sind eindeutige Hinweise darauf erforderlich, dass die Wohnungseigentümer das Bewusstsein und den Willen hatten, eine dauerhafte Regelung zu treffen. Allerdings brauchen Installationen wie Wasseranschlussstellen, Heizkörper und Rohrleitungen, die im Zusammenhang mit einer zweckwidrigen Nutzung erfolgt sind, nicht entfernt zu werden. Solche Installationen entsprechen vielmehr einer zulässigen Nutzung von Kellerräumen für Hobbyzwecke.[213] Ein als „Hobbykeller" bezeichneter Nebenraum darf ebenso nicht zu Wohnzwecken genutzt werden, und zwar selbst dann nicht, wenn die bauordnungsrechtliche Genehmigung für eine solche Nutzungsänderung bereits vorliegt und der Raum bereits zuvor unzweifelhaft zu Wohnzwecken genutzt wurde.[214] Ein „Partyraum" kann als Kellerraum und in diesem Rahmen als Werkraum, Abstellraum und Waschküche genutzt werden, nicht jedoch als Wohnraum. Der Eigentümer ist nicht verpflichtet, die bereits geschaffenen Küchen- und Sanitäreinrichtungen von den Anschlüssen im Kellerraum zu trennen.[215] Ebenso kann ein als „Lagerraum" bezeichneter Raum im Keller nicht zum Betrieb eines Tanzstudios vermietet werden. Die Miteigentümergemeinschaft hat gegen diese unzulässige Nutzung einen Unterlassungsanspruch. Die Wohnungseigentümer müssen darauf vertrauen können, dass keine Nutzung zulässig ist, die mehr stört oder beeinträchtigt, als die, die aus der Teilungserklärung

---

211 Ständige Rechtsprechung, vgl. nur OLG Düsseldorf, Beschluss vom 24.03.1997 – 3 Wx 426/95, DWE 1997, S. 151.
212 OLG Düsseldorf, a. a. O.
213 OLG Düsseldorf, a. a. O.; NJW-RR 1997, S. 907 f.
214 OLG Düsseldorf, Urteil vom 30.10.1996 – 9 U 29/96, DWE 1997, S. 150; a. A. OLG Köln, Beschluss vom 06.02.1998 – 16 Wx 333/97, NZM 1998, S. 872, wonach die Miteigentümer wegen jahrelang geduldeter Nutzung des Kellers zu Wohnzwecken verpflichtet sind, die Nutzung weiter hinzunehmen.
215 BayObLG, Beschluss vom 08.08.1995 – 2 Z BR 56/95, DWE 1995, S. 156.

ersichtlich ist. Dies ist nach einer „typisierenden", also verallgemeinernden Betrachtungsweise zu beurteilen. Dabei genügt auch bereits die Möglichkeit zusätzlicher Störungen. Das entscheidende Bayerische Oberste Landesgericht vollzog diese Wertung für ein Tanzstudio anstelle eines Lagerraums nach und stützte sein Ergebnis auf die Begründung, dass insbesondere aus dem Betrieb in den Abendstunden über die üblichen Ladenschlusszeiten hinaus sowie aus der Wiedergabe von Musik und der Öffnung des Hauses für einen größeren unbestimmten Personenkreis eine größere Störung der übrigen Miteigentümer zu erwarten ist, als durch den Betrieb als Lagerraum.[216]

Andererseits wurde der Betrieb eines Kosmetiksalons in einem als „Abstellraum" bezeichneten Nebenraum für zulässig gehalten.[217]

Probleme bereitet auch die Verlegung von Fahrradkellern in andere Gemeinschaftsräume oder die erstmalige Einrichtung eines Fahrradkellers. Unproblematisch ist nur der Fall, dass bereits in der Teilungserklärung vorgesehen ist, dass ein Nebenraum als „Fahrradkeller" dienen soll. Diese Zweckbestimmung ist als Grundbuchinhalt für alle Eigentümer und auch für Dritte gem. § 10 Abs. 2 WEG verbindlich. Für unzulässig wurde dagegen die Umwidmung von leerstehenden Räumen einer Hausmeisterwohnung in einen Fahrradkeller gehalten.[218] Auch die Verlegung eines bisherigen Fahrradkellers in einen kleineren Kellerraum entgegen der Zweckbestimmung in der Teilungserklärung nur durch Mehrheitsbeschluss der Wohnungseigentümer wurde als unzulässig verworfen.[219] Wird aber ein Kellerraum bereits mehrere Jahre als Fahrradkeller genutzt, obwohl hierzu kein ausdrücklicher Beschluss vorlag, so kann später nicht mehr ohne jede Begründung diese mehrjährige Übung untersagt werden. Ein in mehrjähriger Übung gewachsener Gebrauch eines Gemeinschaftsraums kann nicht nach Belieben der Eigentümer verändert werden. Lassen sich gegen diese mehrjährige Übung nicht konkrete Gründe einwenden, so besteht das Recht der Eigentümergemeinschaft auf Fortführung der langjährigen Gewohnheit.[220]

b) Waschküche, Trockenraum, Heizungsraum

Innerhalb der Hausordnung können Regelungen zur Benutzung der Waschküche getroffen werden. Zeitliche Beschränkungen müssen so geregelt sein, dass

---

216 BayObLG, Beschluss vom 20.01.1994 – 2 Z BR 93/93, DWE 1994, S. 102 = NJW-RR 1994, S. 527 = WuM 1994, S. 292 = ZMR 1994, S. 234.
217 OLG Bremen, Beschluss vom 16.07.1993 – 3 W 26/93, DWE 1994, S. 18.
218 OLG Düsseldorf, Beschluss vom 12.06.1997 – 3 Wx 491/96, WuM 1997, S. 452 f.
219 BayObLG, Beschluss vom 10.11.1961 – BReg 2 Z 133/61, NJW 1962, S. 492 ff.
220 OLG Düsseldorf, Beschluss vom 04.09.1996 – 3 Wx 125/96, DWE 1997, S. 40.

berufstätigen Wohnungseigentümern die Mitbenutzung nicht praktisch unmöglich gemacht wird.[221] Die zeitliche Benutzungsregelung darf sich auch auf den Sonntag erstrecken. So ist ein Mehrheitsbeschluss zulässig, durch den der im gemeinschaftlichen Eigentum stehende Waschkeller auch sonntags von 9.00 bis 12.00 Uhr benutzt werden darf.[222]

Streit entsteht immer wieder über das Aufstellen eines eigenen Ablufttrockners durch einzelne Wohnungseigentümer im Trockenraum, was eine zu unterlassende zweckbestimmungswidrige Nutzung darstellt.[223]

Ein Kondensattrockner darf allerdings vom Sondereigentümer im eigenen Kellerabteil auch dann aufgestellt und betrieben werden, wenn ein Gemeinschaftswaschkeller existiert.[224]

Beispiel: Gefrierschrank in der Waschküche?

Alle halten sich in Wohnungseigentümergemeinschaften an die Teilungserklärungen oder an die Gemeinschaftsordnung – bis auf einen! So auch in dem Fall, den das OLG Frankfurt/Main[225] zu entscheiden hatte. Dort war der Kellerraum ausdrücklich in der Teilungserklärung als „Waschraum" bezeichnet. Standorte von Trocknern und Waschmaschinen waren angegeben. Trotzdem sprach das eine Partei dieser Gemeinschaften nicht an. Dieses Mitglied wollte dort einen Gefrierschrank aufstellen. Zum Tagesordnungspunkt der nächsten Wohnungseigentümerversammlung gemacht, beschloss man mehrheitlich, dagegen bestehen „keine Bedenken." Das passte einem anderen Mitglied überhaupt nicht. Gegen den Beschluss berief es sich auf die schriftliche Teilungserklärung und machte geltend, die Entscheidung sei davon nicht gedeckt und deshalb unzulässig. Von der Teilungserklärung als Vereinbarung könne auch nur durch eine modifizierende Vereinbarung aller Mitglieder, nicht durch einen nur mehrheitlich gefassten Beschluss abgewichen werden. Außerdem sei zu befürchten, dass sich täglich Personen im Waschraum aufhielten, um dort den Gefrierschrank aufzufüllen oder Lebensmittel abzuholen. Dies sei nicht zu vergleichen mit der selteneren Nutzung von Trockner und Waschmaschine.

Die Frankfurter Richter waren der Auffassung, die Teilungserklärung sei eindeutig und schreibe eine Nutzung des Raums nur als „Waschraum" vor. Eine

---

221 Bielefeld, S. 246, m. w. N. zur Rechtsprechung; zum Sondernutzungsrecht einzelner Wohnungseigentümer an Teilen einer Waschküche, das anderen Wohnungseigentümern das Recht zur sonstigen Nutzung der Waschküche, etwa Trockenraum, noch einräumt: OLG Naumburg, Beschluss vom 10.12.1997 – 10 Wx 43/97, FGPrax 1998, S. 92 f.
222 OLG Köln, Beschluss vom 03.12.1999 – 16 Wx 165/99, DWE 2000, S. 26.
223 LG Bremen, Beschluss vom 21.06.2004 – 2 T 828/03, ZMR 2005, S. 408.
224 AG Nürnberg, Beschluss vom 11.07.2005 – 1 UR II 365/03, ZMR 2005, S. 827.
225 OLG Frankfurt/Main, Beschluss vom 03.11.2008 – 20 W 259/07, ZMR 2009, 385.

Abweichung von dieser Zweckbestimmung durch Mehrheitsbeschluss sei ausnahmsweise nur dann zulässig, wenn sie nicht spürbar mehr Störungen für die Bewohner zur Folge habe. Das Argument des anfechtenden Mitgliedes, durch den Gefrierschrank ergebe sich eine erhöhte Nutzungsfrequenz des Raumes, hielten die Richter nicht für stichhaltig. Deshalb wurde der gefasste Beschluss bestätigt und der Gefrierschrank blieb stehen. Die Quintessenz: „Die Wohnungseigentümer können mehrheitlich eine Gebrauchsregelung nach § 15 Abs. 2 WEG beschließen, wonach die Aufstellung eines Gefrierschranks in einem Kellerraum, der zum Gemeinschaftseigentum gehört und im Aufteilungsplan als ‚Waschraum' bezeichnet wird, an Stelle einer Waschmaschine oder eines Wäschetrockners zulässig ist."

Für eine Zentralheizungsanlage hat das OLG Köln[226] entschieden, dass der Bestimmungszweck – Versorgungsleistung – nicht die Befugnis der Wohnungseigentümer deckt, jederzeit zwecks Bedienung oder Kontrolle der Anlagen und Einrichtungen den Heizungsraum zu betreten. Ein kontrollierbarer Zugang könne auch deshalb erforderlich sein, um Manipulationen an der Heizungsanlage auszuschließen. Daher entspreche auch ein Mehrheitsbeschluss ordnungsgemäßer Verwaltung, der das Betreten des Heizungsraums nur gemeinsam mit dem Verwalter zulasse. Dazu folgendes

Beispiel: Heizungsraum: Schlüsselfragen

Wer darf in den Heizungsraum, und wer darf nicht? Um diese Frage wird bisweilen leidenschaftlich gekämpft. Denn man will den Verbrauch durch technischen Eingriff in das Heizsystem selbst optimal regeln, auch dann, wenn man als Laie davon überhaupt keine Ahnung hat! Vor allem aber: Vertrauen ist gut, Kontrolle ist besser! Deshalb will man sich selbst vom Heizungsverbrauch überzeugen und die Zählerstände ablesen, wenn die Zähler im Heizungsraum hängen. Natürlich gibt es auch berechtigte Anliegen, nämlich die Zugangsregelung zur Wartung der Anlage und zur Ablesung der Zähler durch beauftragte Unternehmen. Es gibt so gut wie nichts, worüber in Deutschland im Bereich des Immobiliensektors nicht gerichtlich gestritten wird. Darüber ist hier zu berichten.

Ohne entsprechenden Beschluss der Wohnungseigentümergemeinschaft hat ein einzelner Wohnungseigentümer keinen Anspruch darauf, dass ausschließlich der Verwalter einen Schlüssel zum Heizungsraum erhält und deshalb alleine Zutritt zum Heizungsraum hat[227]. Die Wohnungseigentümergemeinschaft kann

---

226   OLG Köln, Beschluss vom 08.11.1996 – 16 Wx 215/96, DWE 1998, S. 19.
227   LG Hamburg, Urteil vom 10.09.2010 – 318 S 24/09, NZM 2011, 589.

aber Entsprechendes beschließen. Das bietet sich gerade dann an, wenn es bisher vielfach Streit um den Zugang zum Heizungsraum gegeben hat und insbesondere dann, wenn ein Wohnungseigentümer eigenmächtig das Heizsystem manipuliert und zum Beispiel die Heiztemperatur eigenmächtig erhöht oder abgesenkt hat. Bevor ein solcher Beschluss allerdings ergehen kann, muss geprüft werden, ob nicht schon die Teilungserklärung entsprechende Vorgaben zur Schlüsselgewalt über den Heizungsraum und zur Verantwortlichkeit über das Heizsystem macht. Ist das der Fall, kann allenfalls geprüft werden, ob ein vereinbarungsersetzender Beschluss ergehen kann. Das ist aber Frage des Einzelfalls. Steht die Teilungserklärung nicht entgegen, so kann zum Beispiel als Maßnahme der ordnungsgemäßen Instandhaltung und Instandsetzung des gemeinschaftlichen Eigentums (§ 21 Abs. 5 Nr. 2 WEG) mehrheitlich beschlossen werden, dass eine automatische Regelanlage für die Zentralheizung eingebaut wird.[228/229]

Die fehlende Befugnis zum eigenmächtigen Regeln der Heiztemperatur ergibt sich auch daraus, dass die übrigen Wohnungseigentümer einen Anspruch auf eine Mindestheizleistung haben, die sich Tageszeit bedingt differenziert: Zwischen 7.00 Uhr und 22.00 Uhr muss mindestens eine Heizleistung von 20 ° Celsius erreicht werden können.[230]

---

228 LG Bochum, Beschluss vom 04.06.1981 – 7 T 112/81, Rpfleger 1982, 99.

229 Hinweis für das Mietrecht: Der Mieter hat keinen Anspruch auf Zugang zum Heizungskeller. Er kann auch nicht beanspruchen, dass ihm durch Hinterlegung eines Schlüssels der jederzeitige Zugang ermöglicht wird (AG Lörrach, Urteil vom 02.12.1993 – 3 C 608/93, WuM 1996, 215). Allerdings hat der Mieter einen Anspruch darauf zu erfahren, wie viel Heizenergie seine Nachbarn verbraucht haben. Denn nur so seien sie in der Lage, Angaben zum Gesamtverbrauch in der Betriebskostenabrechnung zu überprüfen (LG Berlin, Urteil vom 12.07.2013 – 65 S 141/12, Grundeigentum Berlin 2013, 1143). Angaben, die dem Datenschutz unterliegen, habe der Vermieter zu schwärzen. Das heißt natürlich nicht, dass der Mieter daraus auch einen Anspruch auf Zutritt zum Heizungsraum ableiten kann, um persönlich die Zählerstände abzulesen. Und wie ist es mit Eigentümern? Zur Bruchteilsgemeinschaft: Die Bruchteilsgemeinschaft, also die Gemeinschaft mehrerer Eigentümer, die gemeinsam Eigentum an einem ungeteilten Hausgrundstück haben. Ist die Verwaltung und Benutzung des Hauses nicht durch eine besondere Vereinbarung der Eigentümer oder durch einen Mehrheitsbeschluss geregelt, so kann jeder Teilhaber einer Bruchteilsgemeinschaft eine dem Interesse aller Teilhaber nach billigem Ermessen entsprechenden Verwaltung und Benutzung verlangen (§§ 741, 745 Abs. 2 BGB). Das bedeutet im konkreten, dass er als Miteigentümer und Bewohner einer Wohnung in einem gemeinsam verwalteten Haus sowie als Vermieter einer Wohnung in diesem Haus einen Anspruch auf Zugang zum Heizraum hat, wenn der Heizraum nicht Bestandteil einer abgeschlossenen Wohnung ist (§§ 861 Abs. 1, 866, 858 Abs. 1 BGB; so ausdrücklich: OLG Brandenburg, Urteil vom 05.04.2007 – 7 U 157/06, zitiert nach juris). Diesen Anspruch hat das Mitglied der Bruchteilseigentumsgemeinschaft schon deshalb, um bei Funktionsausfällen der Heizung oder der Anlieferung von Öl im Interesse der Gemeinschaft tätig werden zu können (ausdrücklich: OLG Brandenburg, a. a. O. Rn. 16 nach juris).

230 OLG Celle, Urteil vom 29.12.1989 – 2 U 200/88, WuM 1990, 103 – Rn. 18 nach juris, zwischen 22.00 und 7.00 Uhr müssen es mindestens 18 ° Celsius sein (AG Wuppertal, Beschluss vom 04.04.2012 – 16 S 46/10, zitiert nach juris).

c) Spitzboden

Häufig müssen als Voraussetzung einer geänderten Nutzung entgegen dem ursprünglich festgesetzten Zweck bauliche Veränderungen erfolgen. Dies ist etwa beim Ausbau eines Speicherraums im Sondereigentum zu Wohnzwecken der Fall. Aufgrund der einhergehenden baulichen Veränderung über das Maß einer ordnungsgemäßen Instandhaltung und Instandsetzung hinaus ist die Zustimmung aller übrigen Miteigentümer gem. § 22 Abs. 1 Satz 1 WEG erforderlich.[231]

Kommt eine wirksame Abänderungsvereinbarung, die die Nutzung eines bisherigen Speicherraums zu Wohnzwecken gestattet, zustande, so muss sie gem. § 10 Abs. 2 WEG im Wohnungsgrundbuch eingetragen werden, um Rechtswirkungen gegen einen Sondernachfolger eines Wohnungseigentümers zu entfalten. Unter dem Gesichtspunkt der Verwirkung wirkt eine solche Abänderungsvereinbarung ausnahmsweise aber auch ohne die an sich erforderliche Grundbucheintragung gegenüber dem Sonderrechtsnachfolger eines Wohnungseigentümers, wenn dieser mit der Wohnnutzung einverstanden gewesen ist und dieses Einverständnis zur Herstellung eines abgeschlossenen Ausbauzustandes geführt hat.[232]

Der Wunsch, das Dachgeschoss zu Wohnzwecken auszubauen und zu nutzen, wird insbesondere dann bestehen, wenn für den Wohnungseigentümer dort ein Sondernutzungsrecht besteht. Das Sondernutzungsrecht an einem Spitzboden berechtigt aber nicht zu dessen Ausbau zu Wohnzwecken, auch wenn der Spitzboden im Aufteilungsplan als „ausbaufähig" beschrieben ist. Dazu bedarf es einer besonderen Gebrauchsregelung. Eine formlose Vereinbarung der Wohnungseigentümer über eine Gebrauchsregelung kann auch konkludent zustande kommen und bedarf nicht der Zustimmung der Grundpfandgläubiger, wohl aber ein Sondernutzungsrecht (§ 5 Abs. 4 Satz 2 – 3 WEG).

Dabei sind an eine Vereinbarung, die den Ausbau zu Wohnzwecken genehmigt, keine strengen Anforderungen zu stellen. Sie umfasst in der Regel alle Maßnahmen einschließlich baulicher Veränderungen, die zur Schaffung von Wohnraum erforderlich sind. Bestehen mehrere Gestaltungsmöglichkeiten, so

---

231 BayObLG, Beschluss vom 02.09.1993 – 2 Z BR 73/93, DWE 1993, S. 146 sowie Beschluss vom 29.07.1993 – 2 Z BR 67/93, WuM 1993, S. 752; OLG Düsseldorf, Beschluss vom 21.05.1997 – 3 Wx 566/96, DWE 1998, S. 48 f.
232 OLG Düsseldorf, Beschluss vom 21.05.1997 – 3 Wx 566/96, DWE 1998, S. 48 (49).

ist diejenige zu wählen, die die Belange der übrigen Wohnungseigentümer am wenigsten beeinträchtigt.[233]

Bei Nebenräumen im Gemeinschaftseigentum gilt, dass jeder Wohnungseigentümer gem. § 13 Abs. 2 WEG zum Mitgebrauch des gemeinschaftlichen Eigentums nach Maßgabe der §§ 14, 15 WEG berechtigt ist. Dieses Mitgebrauchsrecht kann durch gesetzliche Regelungen, durch Vereinbarungen gem. § 10 Abs. 1 WEG und durch Beschlüsse der Wohnungseigentümerversammlung eingeschränkt werden. Bestehen solche Regelungen nicht, so kann jeder Wohnungseigentümer gem. § 15 Abs. 3 WEG einen Gebrauch des gemeinschaftlichen Eigentums verlangen, der dem Interesse der Gesamtheit der Wohnungseigentümer nach billigem Ermessen entspricht. Maßgebend ist dabei wesentlich der Bestimmungszweck der gemeinschaftlichen Anlage oder Einrichtung. Dazu als

Beispiel: Gescheiterter Speicherausbau

Wohnungseigentümer E besitzt ein Sondernutzungsrecht an dem Speicher, der über seiner Wohnung liegt. Diesen Raum will er als Wohnraum ausbauen und mit seiner Wohnung vereinigen. Deshalb beantragt er zu beschließen, den Ausbau der Speicherräume über seiner Wohnung, den Einbau von Dachflächenfenstern sowie die Erweiterung des Treppenauges von der Wohnung zu den darüber liegenden Speicherräumen zu genehmigen. Die Wohnungseigentümerversammlung beschließt mehrheitlich, den Einbau der Dachflächenfenster durch schriftlichen Umlaufbeschluss ebenfalls mehrheitlich. Wohnungseigentümer Q ficht insgesamt an.

Das LG München I machte einen Strich durch die Baupläne des E und gab der Anfechtungsklage mit Urteil vom 18.07.2013[234] statt. Bei dem beantragten und mehrheitlich beschlossenen Ausbau des Speichers zu Wohnzwecken handele es sich um eine bauliche Veränderung, die außerhalb einer ordnungsgemäßen Verwaltung liege (§ 22 Abs. 1 Satz 1 WEG in Verbindung mit § 14 Nr. 1 WEG). Die Gültigkeit eines solchen Beschlusses erfordere die Zustimmung aller Wohnungseigentümer. Denn alle Wohnungseigentümer seien über das hinzunehmende Maß hinaus durch diesen Beschluss beeinträchtigt. Diese Beeinträchti-

---

233 OLG Hamm, Beschluss vom 28.05.1998 – 15 W 4/98, NZM 1998, S. 873 f.; OLG Stuttgart, Beschluss vom 18.08.1998 – 8 W 188/98, ZMR 1998, S. 802; zum Anspruch eines Teileigentümers auf Zustimmung zur Umwandlung in einen Wohnzweck: BayObLG, Beschluss vom 05.02.1998 – 2 Z BR 127/97, ZMR 1998, S. 360 f.; zur Zustimmung des Verwalters hierzu: KG, Beschluss vom 18.03.1998 – 24 W 2334/97, WuM 1998, S. 680 ff.; zum Unterlassungsanspruch eines anderen Miteigentümers, den Spitzboden auszubauen und zu dessen Verwirkung: BayObLG, Beschluss vom 03.08.1998 – 2 Z BR 72/98, ZfIR 1998, S. 614 ff.
234 LG München I, Urteil vom 18.07.2013 – 36 S 20429/12 WEG, in: ZWE 2014, S. 189 f.

gung folge aus der erheblichen Ausweitung der Nutzungsmöglichkeiten des ehemaligen Speichers als Wohnraum. Eine Wohnnutzung sei aber erheblich intensiver als eine Nutzung zu sonstigen Zwecken als Speicher. Deshalb liege in dieser gesteigerten Nutzung immer eine Beeinträchtigung aller anderen Wohnungseigentümer[235]. Das bestehende Sondernutzungsrecht des Umbauwilligen bleibe bei dieser Wertung ohne Belang. Denn innerhalb dieses Sondernutzungsrechts sei nur eine Nutzung in der bisher bestehenden Form, nicht aber eine erhebliche Ausweitung der Nutzung zu Wohnzwecken möglich[236].

Bei der beabsichtigten Umbaumaßnahme handele es sich auch nicht um eine Modernisierung, die ein anderes Zustimmungsquorum erlaube (doppelt qualifizierte Mehrheit; § 22 Abs. 2 WEG). Eine Modernisierung sei nur diskussionsfähig, wenn durch die begehrten Maßnahmen die Eigenart der Wohnanlage nicht geändert werde[237]. Der Ausbau eines Speichers zu Wohnraum gestalte aber den inneren Bestand wesentlich um[238].

Schließlich sei der gefasste Umlaufbeschluss über den Einbau der Dachflächenfenster nichtig (§ 23 Abs. 4 Satz 1 WEG). Er gelte also als nicht zu Stande gekommen, denn die nach § 23 Abs. 3 WEG dafür geforderte einstimmige Zustimmung liege nicht vor. Auf die Notwendigkeit einstimmiger Zustimmung könne auch nicht rechtswirksam verzichtet werden[239].

Endlich sei die erhobene Anfechtungsklage auch nicht treuwidrig. E hat dazu vortragen lassen, Q versuche mit seinem Verlangen auf Rückbau des ausgebauten Speichers eine Entschädigung heraus zu schlagen. Denn er habe erklärt, gegen eine einmalige Zahlung von 10.000 Euro sei er mit dem Ausbau des Speichers einverstanden und verzichte auf seinen Anspruch auf dessen Rückbau. E sieht darin einen Verstoß gegen den Gemeinschaftsgedanken der Wohnungseigentümergemeinschaft, der das Anfechtungsbegehren des Q treuwidrig mache.

Das LG München I ließ sich auf diese Argumentation nicht ein. Denn es bestehe kein Anlass, von Q zu verlangen, dass er einer Maßnahme zustimme, die nach § 22 Abs. 1 WEG der Zustimmung aller Wohnungseigentümer bedürfe. Es sei zu respektieren, dass der Gesetzgeber vorgesehen habe, dass auch ein einzelner

---

235 So ausdrücklich LG München I a. a. O.; ebenso: BayObLG, ZMR 1993, S. 476, 478; OLG Köln, ZWE 2000, S. 546, 547.

236 Bärmann/Merle, Kommentar zum WEG, 12. Aufl., § 22 WEG Rn. 193.

237 So ausdrücklich: LG München I, a. a. O; Spielbauer/Then, Kommentar zum WEG, § 22 WEG Rn. 21.

238 LG München I, a. a. O.; Spielbauer/Then, § 22 WEG Rn. 21; Bärmann/Merle, § 22 WEG Rn. 353.

239 Ausdrücklich LG München I a. a. O. S. 190; BayObLG, ZMR 2002, S. 138; OLG Zweibrücken, ZMR 2004, S. 60.

Wohnungseigentümer bauliche Veränderungen blockieren könne, wenn nicht Ausnahmetatbestände wie etwa eine Modernisierungsmaßnahme vorlägen. Das Gericht zu diesem in der Praxis häufig anzutreffenden Vorgehen wörtlich: „Dass sich der Kläger die Geltendmachung seines Rechts möglicherweise durch eine Zahlung abkaufen lassen würde, führt nicht dazu, dass ihm die Berufung auf eine sich aus dem Gesetz ergebende Rechtsposition zu versagen wäre"[240].

4. Nutzung der Außenanlagen

a) Nutzung von Balkonen, Loggien und Terrassen

Abstellplatz?
Der Balkon sollte nicht Abstellplatz für ausgediente Einrichtungsgegenstände sein. Das Aufstellen eines Schrankes in einer Balkonnische ist als störende bauliche Veränderung unzulässig, soweit ihr nicht alle beeinträchtigten Wohnungseigentümer zugestimmt haben.[241] Er führt zu einer spürbaren Veränderung des optischen Gesamteindrucks. Für die Wertung ist es unerheblich, ob die durchzuführende Maßnahme tatsächlich eine bauliche Tätigkeit erfordert. Maßgeblich bleibt vielmehr, ob der vorhandene bauliche Zustand des Gemeinschaftseigentums verändert wird.

Arbeitsplatz?
Auch widerspricht es seinem Zweck, den Balkon als Arbeitsplatz für wahrnehmbare und störende Hobbyarbeiten zu benutzen.

Ästhetisches Empfinden
Auch sonstige, das ästhetische Empfinden der übrigen Wohnungseigentümer oder Dritter beeinträchtigende oder gar verletzende Handlungen auf dem Balkon sind unzulässig.[242] Als Nachteil im Sinne von § 14 Nr. 3 WEG kommen auch ästhetische Gesichtspunkte zum Zuge.[243] Dies gilt etwa für die Aufstellung sogenannter „Frustzwerge" oder für ein Sonnenbaden in anstößiger Form.

---

240   A. a. O. S. 190.
241   OLG Köln, Beschluss vom 31.05.1999 – 16 Wx 77/99, DWE 2000, S. 20.
242   Zur Frage, ob das Abbrennen einer Duftkerze auf dem Balkon eines Wohnungseigentümers eine bestimmungswidrige Benutzung des Sondereigentums darstellt: OLG Düsseldorf, Beschluss vom 16.05.2003 – 3 Wx 98/03, WuM 2003, S. 515.
243   Allgemeine Meinung vgl. nur: Alheit, S. 15 mit weiteren Nachweisen.

Unter ästhetischen Gesichtspunkten ist es ebenfalls unzulässig, auf der Terrasse im Garten einer Wohnungseigentumsanlage einen Oldtimer aufzustellen.[244] Allerdings muss es sich immer – dies sei noch einmal betont – um eine Beeinträchtigung für die übrige Wohnungseigentümergemeinschaft handeln.

Begrünung
Auch die Begrünung einer Dachterrasse[245] ist nicht zulässig, auch wenn die statische und optische Unbedenklichkeit erwiesen ist. Eine beachtliche Beeinträchtigung im Sinne von § 14 Nr. 1 WEG kann schon darin liegen, dass Schäden am gemeinschaftlichen Eigentum wegen der baulichen Veränderungen nur unter Erschwerungen festgestellt und behoben werden können und durch die Baumaßnahmen ein Grund für Streit zwischen den Wohnungseigentümern allein bereits deswegen angelegt ist, ob für Schäden am gemeinschaftlichen Eigentum die bauliche Veränderung ursächlich ist oder nicht.[246] Wird aber die Begrünung der Dachterrasse z. B. durch Pflanztröge gestattet, so haben die aufstellenden Wohnungseigentümer dafür zu sorgen, dass die Dachentwässerung nicht durch Blätter oder Nadeln der Pflanzen verunreinigt oder verstopft wird.[247]

Ein weiteres Beispiel um den Streit in „Terrassien"

In Wohnungseigentümergemeinschaften wird bisweilen besonders erbittert gestritten. Denn man fühlt sich als Eigentümer und reklamiert für sich entsprechende Rechte und Entfaltungsmöglichkeiten. Auf der anderen Seite ist man besonders eng gemeinsam auf einem Grundstück miteinander verbunden. Kein Wunder, dass es da manchmal und möglicherweise noch eher als bei benachbarten Grundstücksverhältnissen „funkt". So auch in einem Fall, in dem auf der Gemeinschaftseigentumsfläche Gartengrundstücke als Sondernutzungsrechte einzelnen Wohnungseigentümern zugewiesen waren. Wohnungseigentümer E wollte es etwas beschaulicher und weniger vom Nachbarn einsehbar. Deshalb umfriedete er sein Gartenstück mit einer Mauer aus Pflanzsteinen und pflanzte dazu noch eine Thujahecke in die Pflanzsteine hinein. Die Mauer platzierte er auf der Fläche seines Sondernutzungsrechts entlang der Grenze zum Nachbareigentümer. Die Gemeinschaft störte diese optische Veränderung gewaltig. Sie reklamierte eine bauliche Veränderung im Sinne des Wohnungseigentumsrechts, zu der E keine Erlaubnis hatte. Weiterhin nahm sie E deshalb auf Beseitigung von Pflanzmauer mit Hecke in

---

244 Alheit, S. 15 mit weiteren Nachweisen.
245 OLG Köln, Beschluss vom 09.06.1999 – 16 Wx 56/99 zur Anlage eines Dachgartens auf der im Sondereigentum stehenden Dachterrasse rund um eine Penthousewohnung als zustimmungspflichtige bauliche Veränderung.
246 OLG Hamm, Beschluss vom 23.12.1997 – 15 W 362/96, DWE 1997, S. 107.
247 BayObLG, Beschluss vom 04.06.1998 – 2 Z BR 170/97, NZM 1998, S. 818 ff.

Anspruch – zu Recht, wie das OLG Frankfurt/Main befand[248]. Auch wenn E auf der Fläche seines Sondernutzungsrechts gehandelt habe, bleibe die Fläche doch Gemeinschaftseigentum und deshalb auch den Bindungen des WEG unterworfen. Unabhängig davon, ob mit der Umgestaltung des Gartenstückes entlang der Grenze durch die Pflanzmauer ein Substanzeingriff in das Eigentum einhergegangen sei oder nicht, handele es sich um eine bedeutende optische Veränderung, die im Wohnungseigentumsrecht als bauliche Veränderung eingeordnet werde. Für eine solche Maßnahme aber sehe § 22 Abs. 1 WEG die Notwendigkeit einer vorherigen Zustimmung jeden Eigentümers vor, der davon betroffen sein kann. Ist die bauliche Veränderung von jedem Eigentümer wahrnehmbar, so ist Allzustimmigkeit notwendig. Darüber verfügte E nicht, folglich musste er die Mauer abreißen und beseitigen.

Grillen

Auch das Grillen auf dem Balkon wird von der herrschenden Meinung für unzulässig gehalten. Es verstößt gegen die Gebrauchsregelungen nach den Vorschriften des Wohnungseigentumsgesetzes und kann insbesondere bei starker Geruchs- und Rauchentwicklung durch Holzkohlengrill durch die beeinträchtigten Miteigentümer abgewehrt werden. Hinzu kommt die nicht auszuschließende Brandgefahr. Hat aber der einzelne Wohnungseigentümer nach den Vorgaben der §§ 14 Nr. 1, 15 Abs. 3 WEG einen Beseitigungs- und Unterlassungsanspruch, so kann auch durch Mehrheitsbeschluss ausgesprochen werden, dass das Grillen auf den Balkonen nicht gestattet ist.[249]

Für vermietete Eigentumswohnungen ist auf folgendes hinzuweisen: Auf Balkonen ist das Grillvergnügen nur gestattet, wenn der Mietvertrag dies zulässt. Dabei müssen Mieter in Mehrfamilienhäusern auf ihre Nachbarn Rücksicht nehmen. Sie dürfen in der Zeit von April bis September einmal monatlich auf Balkonen oder Terrassen grillen, nur wenn der Mietvertrag dies gestattet. Dazu müssen sie ihre Mitmieter im Haus, deren Belästigung durch Rauchabgase unvermeidlich ist, 48 Stunden vorher informieren[250]. Auch das OLG Oldenburg setzt in seinem Urteil vom 29.07.2002[251] auf die Rücksichtnahme der Mieter

---

248 OLG Frankfurt/Main, Beschluss vom 06.04.2010 – 20 W 78/08, MDR 2010, S. 1108.
249 So: LG Düsseldorf, Beschluss vom 09.11.1990 – 25 T 435/90, MDR 1991, S. 254 = NJW-RR 1991, S. 1170 = WuM 1991, S. 52 = ZMR 1991, S. 234; OLG Zweibrücken, Beschluss vom 06.04.1993 – 3 W 50/93; AG Wuppertal, Beschluss vom 25.10.1976 – 47 UR II 7/76, Rechtspfleger 1977, S. 445; Bielefeld, DWE 2/1982, S. 60 und DWE 3/1983, S. 88 f., 106 ff.; Otto, DWE 1/1984, S. 23; Schmidt, in: Bärmann/Seuß, T. B, Rdnr. 86, S. 486 mit weiteren Nachweisen; anderer Ansicht: Alheit, S. 81.
250 AG Bonn, Urteil vom 29.04.1997 – 6 C 545/96, WuM 1997, 325.
251 OLG Oldenburg, Urteil vom 29.07.2002 – 13 U 53/02, OLGR Oldenburg, 2002, 217.

untereinander. Bei beengten räumlichen Verhältnissen muss ein Nachbar nach 22.00 Uhr Gerüche und Geräusche, die von nächtlichem Grillen im Garten herrühren, regelmäßig nicht hinnehmen. Vier Mal im Jahr kann allerdings unter diesen Umständen ein Grillabend bis 24 Uhr als üblich anzusehen sein. Qualm muss vermieden werden, ansonsten droht eine Geldbuße. Der Grillrost sollte mit möglichst großem Abstand zur Nachbarwohnung aufgebaut werden. Durch die Verwendung von Alufolie sollte störender Qualm vermieden werden. Empfohlen wird zudem ein Elektrogrill. Gesünder ist dies allemal.

Verbietet der Mietvertrag oder die Hausordnung aber das Grillen grundsätzlich, so ist dieses Verbot strikt zu beachten. Wer sich trotz Abmahnung nicht an das Grillverbot hält, muss im schlimmsten Fall mit einer Kündigung rechnen[252]. Vermieter oder die Wohnungseigentümergemeinschaft können das Grillen insbesondere mit offenem Feuer und Holzkohle auch durch Mehrheitsbeschluss auf den Balkonen immer verbieten[253]. Das gilt auch zum Nachteil des „grillfreudigen Eigentümers, der bauliche Einrichtungen zum Grillen mit offener Flamme geschaffen hat.[254] Dringt beim Grillen Qualm in die Wohnung des Nachbarn oder fühlt ein Nachbar sich durch Grillgeruch gestört, so kann das Grillen ebenfalls verboten werden.

So wie das Grillen völlig verboten werden kann, so können auch Beschränkungen beschlossen werden (sog. Grillfrequenzen – hier drei Mal pro Monat bei einer Pflicht zur Ankündigung 24 Stunden vorher[255] oder aber bei beengten Grundtücksverhältnissen vier Mal im Jahr[256]).

Dazu entschied das AG Bonn, von April bis September sei ein Grillabend pro Monat angemessen[257].

Lampe/Weihnachtsbeleuchtung

Zwar kann es einem Wohnungseigentümer grundsätzlich nicht verwehrt werden, eine Lampe zur Beleuchtung seines Balkons zu installieren,[258] doch gilt dies nicht uneingeschränkt, wie der folgende Fall zeigt:

---

252   LG Essen, Urteil vom 07.02.2002 – 10 S 438/01, ZMR 2002, 597.
253   LG Düsseldorf, Beschluss vom 09.11.1990 – 25 T 435/90, MDR 1991, S. 254 = NJW-RR 1991, S. 1170 = WM 1991, S. 52 = ZMR 1991, S. 234; OLG Zweibrücken, Beschluss vom 06.04.1993 – 3 W 50/93; AG Wuppertal, Beschluss vom 25.10.1976 – 47 UR II 7/76, Rechtspfleger 1977, S. 445; Bielefeld, DWE 2/1982, S. 60 und DWE 3/1983, S. 88 f., 106 ff.; Otto, DWE 1/1984, S. 23.
254   LG München I, Urteil vom 10.01.2013 – 36 S 8058/12 WEG, ZMR 2013, 475.
255   AG Halle/Saale, Urteil vom 11.12.2012 – 10 C 1126/12, zit. nach juris.
256   OLG Oldenburg, Urteil vom 29.07.2002 – 13 U 53/02, OLGR Oldenburg, 2002, S. 217.
257   AG Bonn, Urteil vom 29.04.1997 – 6 C 545/96, WuM 1997, 325.
258   LG Düsseldorf, Beschluss vom 10.10.1989 – 25 T 500/89, NJW-RR 1990, 785; OLG Hamburg, Beschluss vom 20.04.1988 – 2 W 7/87, NJW 1988, 2052.

Eigentümer Q verklagt Eigentümer E auf Entfernung der von ihm auf seinem Balkon installierten Leuchte. Der Lichtschein störe Q in seiner Nachtruhe empfindlich. E entgegnet, Q könne sich nicht gestört fühlen, schließlich habe er beim Schlafen ja die „Augen zu". Und wenn er sich doch gestört fühle, könne er ja einfach die Vorhänge zuziehen oder die Rollladen herunterlassen.

Das AG Frankfurt[259] betonte zunächst, dass der Wohnungseigentümer grundsätzlich eine Lampe zur Beleuchtung seines Balkons installieren dürfe, gab der Klage des Q aber dennoch statt. E wurde verpflichtet, die Lampe zu entfernen oder so umzusetzen, dass kein Lichtschein mehr auf den Balkon des Q fiel. Denn, so die Argumentation des AG Frankfurt, das Maß einer Störung im Sinne von § 14 Nr. 1 WEG sei schon dann überschritten, wenn der dauerhafte Betrieb einer Außenleuchte im Schlafzimmer des Nachbarn ein erhebliches Gefühl der Lästigkeit hervorrufe. Insbesondere sei der klagende Nachbar nicht verpflichtet, sein Schlafzimmer durch Rollos oder Gardinen zu verdunkeln. Die Beleuchtung sei unzumutbar, wenn wegen einer unzumutbaren signifikant erhöhten Helligkeit des Raums die Nutzung des Raums eingeschränkt werde, oder wenn eine „psychologische Blendung" vorliege.[260]

Rauchen

Sommerzeit – Zeit intensiverer Nutzung der Balkone und der Außenbereiche! Nach dem Frühjahrshausputz werden die Fenster weit geöffnet; frische Luft, Sonne und Wind sollen das Haus durchströmen. Der Frühling soll Einzug halten. Auch möchte man Frühling und Sonne draußen begegnen: Was liegt also näher, als die nachmittägliche Kaffeerunde auf den Balkon zu verlegen?

So manchem oberhalb wohnenden Nichtraucher verlegt es dabei Atem und Blick, wenn der Nachbar auf seinem darunter liegenden Balkon raucht und die Tabakschwaden den Blick auf das eigene Stückchen Kuchen und den Sahnekaffee trüben. Dann ist es letztendlich egal, ob der rauchende Nachbar den Tabaksqualm aus der Wohnung über die Fenster entlüftet oder ob er gleich draußen auf seinem eigenen Balkon raucht. Immer zieht der Rauch nach oben und stört. Sprichwörtlich „dicke Luft" zwischen den Nachbarn ist dann häufig die Folge. Die vor allem drängende Frage der Nichtraucher: Kann man das Rauchen verbieten oder auf gewisse Zeiten beschränken? Ist hierbei zwischen Nachbarrecht, Wohnungseigentumsrecht und Mietrecht zu differenzieren? Dann: Können Mieter eine Mietminderung verlangen, wenn sie durch Tabakrauch in ihrer Wohnung oder auf ihrem eigenen Balkon gestört werden?

---

259   AG Frankfurt/Main, Urteil vom 02.10.2013 – 33 C 1922/13.
260   AG Frankfurt/Main, Urteil vom 02.10.2013 – 33 C 1922/13.

Klar ist zunächst: In der Wohnung darf auch stark geraucht werden. Denn das Rauchen gehört zur persönlichen und privaten Lebensentfaltung und kann weder im Wohnungseigentumsrecht, noch im Nachbarrecht oder im Mietrecht eingeschränkt werden. Für das Mietrecht hat dies der BGH in gleich zwei Urteilen ausdrücklich bestätigt[261].

Daraus abgeleitet soll auch das Rauchen auf dem Balkon zulässig sein, auch wenn der darüber wohnende Nichtraucher dadurch empfindlich beeinträchtigt wird[262]. Gegen die Rauchimmissionen auf dem eigenen Balkon hatte ein Rentnerehepaar geklagt, das dort wenigstens zeitweise am Tag die Sonne genießen und Kaffee trinken wollte. Auch wenn sie in zwei Instanzen verloren haben, ist für die Kläger die Sache nicht erledigt. Sie wollen Revision zum BGH einlegen. Sehr viel einschränkender sieht das LG Frankfurt/Main[263] die Befugnis zum Rauchen auf dem Balkon. Auch wenn das Rauchen grundsätzlich Ausdruck des allgemeinen Persönlichkeitsrechts sei, so sei doch anerkannt, dass das Rauchen nicht uneingeschränkt zulässig sei. Dies zeige sich am Beispiel des Gesetzes zum Schutz vor den Gefahren des Passivrauchens (hier: HessNRSG). Deshalb sei zulasten des rauchenden Wohnungseigentümers zu berücksichtigen, wenn die Wohnungen in der Wohnungseigentümergemeinschaft über jeweils zwei Balkone verfügen und das Rauchen lediglich auf einem dieser Balkone untersagt werden solle. Dies sei zumutbar, anders gesagt: Wenn nur das Rauchen auf einem Balkon störe, könne dem rauchenden Wohnungseigentümer zugemutet werden, auf dem jeweils anderen und nicht störenden Balkon seinem Tabakgenuss nachzugehen. Beharre er ohne sachlichen Grund auf seinen Raucherfreuden an einer Stelle, die die Nachbarn störe, so füge er den sich belästigt fühlenden Miteigentümern einen vermeidbaren und gerade keinen unvermeidbaren Nachteil zu. Deshalb hätten die gestörten nicht rauchenden Wohnungseigentümer einen Anspruch aus § 14 Nr. 1 WEG gegen den rauchenden Nachbarn darauf, das Rauchen auf dem Balkon zu unterlassen, der die Tabakimmissionen zu den Nichtraucherwohnungen transportiere. Die Vorinstanz[264] formulierte noch wesentlich schärfer: Das Rauchen auf dem Balkon stelle einen „über das bei einem geordneten Zusammenleben unvermeidliche Maß hinaus wachsenden Nachteil für den Nachbarn dar." Dass der Raucher mit der Zigarette nicht

---

261 BGH, Urteil vom 28.06.2006 – VIII ZR 124/05, NJW 2006, S. 2915 (2917 m. w. N.), dort Rn. 23 der Entscheidungsgründe; BGH, Urteil vom 05.03.2008 – VIII ZR 37/07, NZM 2008, 318 = NJW 2008, 1439.
262 LG Potsdam, Urteil vom 14.03.2014 – 1 S 31/13, Grundeigentum 2014, 801; ebenso die Vorinstanz: AG Rathenow, Urteil vom 06.09.2013 – 4 C 300/13.
263 Beschluss vom 28.01.2014 – 2-09 S 71/13, WuM 2014, Seite 226.
264 AG Frankfurt/Main, Urteil vom 02.10.2013 – 33 C 1922 13/93.

auf seinen zweiten Balkon gehe, sei eine „Schikane", die vom Nachbarn nicht hingenommen werden müsse.

Rankgerüst

Eine Beeinträchtigung der übrigen Eigentümer wurde in einem Fall verneint, in dem ein Wohnungseigentümer auf der ihm vor seiner Erdgeschosswohnung zugewiesenen Sondernutzungsfläche ein weiß gestrichenes Rankgerüst mit Querstreben errichtet hatte, das entlang dem Terrassenrand an die Hauswand geführt und dort angedübelt war. Auch der Bewuchs des Rankgerüstes mit Kletterpflanzen änderte an der Bewertung nichts.[265]

Schwimmbecken und Whirlpools?
Dazu folgendes

Beispiel: „Pack die Badehose ein!"
Die Beteiligten streiten um die Verpflichtung der Antragsgegnerin, das Aufstellen eines mobilen Schwimmbeckens auf der ihrer Eigentumswohnung zugewiesenen Gartenfläche zu unterlassen.[266]

Dem Unterlassungsanspruch wurde stattgegeben[267]. Denn mit dem Aufstellen eines mobilen Schwimmbeckens mit einem Durchmesser von 3,5 m und einer Höhe von ca. 90 cm auf der einer Eigentumswohnung zugewiesenen Gartenfläche kann objektiv eine optisch nachteilige Veränderung der Wohnanlage mit der Folge verbunden sein, dass einem Miteigentümer ein entsprechender Unterlassungsanspruch zusteht. Jeder Miteigentümer kann gemäß § 15 Abs. 3 WEG einen Gebrauch des gemeinschaftlichen Eigentums verlangen, der dem Gesetz, den Vereinbarungen und Beschlüssen und – soweit sich die Regelung hieraus nicht ergibt – dem Interesse der Gesamtheit der Wohnungseigentümer nach billigem Ermessen entspricht. In Verbindung mit § 14 Nr. 1 WEG erwachse daraus ein Unterlassungsanspruch, soweit dieser von dem gemeinschaftlichen Eigentum in der Weise Gebrauch mache, dass dem anderen Wohnungseigentümer über das bei einem geordneten Zusammenleben unvermeidliche Maß hinaus ein Nachteil entstehe. Unter einem Nachteil im Sinne von § 14 Nr. 1 WEG – so das Gericht – sei jede nicht ganz unerhebliche Beeinträchtigung

---

265 BayObLG, Beschluss vom 28.01.2003 – 2 Z BR 115/02, DWE 2003, S. 129.
266 Beispiel, gebildet nach: KG Berlin, Beschluss vom 19.06.2007 – 24 W 5/07, NZM 2007, S. 847.
267 KG Berlin, Beschluss vom 19.06.2007 – 24 W 5/07, NZM 2007, S. 847.

zu verstehen, wozu auch eine Änderung des optischen Gesamteindrucks der Wohnungsanlage zähle. Ob im konkreten Einzelfall ein solcher Nachteil aufgrund der optischen Veränderung gegeben sei, sei Tatfrage und unterliege deshalb tatrichterlicher Würdigung.

Beispiel: Badefreuden oder: „good vibrations"
(ho) Wohnungseigentümer Q liebt es mondän, seine Nachbarn nicht. Die Sache landete deshalb vor dem AG Reutlingen[268].

Stein des Anstoßes war folgendes: Auf der Terrasse seiner Eigentumswohnung stellt er einen Whirlpool mit einem Fassungsvermögen von 1.200 Litern auf, der bis zu fünf erwachsenen Personen Platz bietet. Die darunterliegenden Wohnungseigentümer beschweren sich über Lärm und über Vibrationen, die vom Betrieb des Whirlpools ausgehen. Q versucht erfolglos, den Beschwerden abzuhelfen. Die Wohnungseigentümergemeinschaft beschließt mehrheitlich, Q zu verpflichten, den Whirlpool zu beseitigen, hilfsweise, die davon resultierenden Störungen abzustellen, und schließlich einen Rechtsanwalt zu beauftragen, der notfalls gerichtlich diesen Beschluss durchsetzt. Ebenso wird beschlossen, eine einstweilige Verfügung zu beantragen, mit der Q verpflichtet werden soll, es zu unterlassen, die Umwälzpumpe zwischen 20.00 Uhr und 6.00 Uhr laufen zu lassen. Q erhebt Widerspruch gegen die erlassene Verfügung.

Das AG Reutlingen weist diesen Widerspruch zurück. Die Gemeinschaft könne eine einstweilige Regelung bis zur Entscheidung in der Hauptsache hinsichtlich der Benutzung des Whirlpools aus § 1004 BGB, §§ 15 Abs. 3, 14 Nr. 1 WEG verlangen. Der Anspruch richte sich darauf, eine eingetretene Störung zu unterlassen, also darauf, eine bauliche Veränderung einstweilen nicht zu nutzen. Denn bei dem installierten Whirlpool handele es sich um eine bauliche Veränderung, deren Benutzung untersagt werden könne. Q sei als Verfügungsbeklagter Handlungsstörer, aber auch Zustandsstörer.

Auch habe die Gemeinschaft den Anspruch wirksam an sich gezogen. Denn ihr Interesse am Schutz der Gesundheit einzelner Wohnungseigentümer sei mit dem Interesse des Verfügungsbeklagten an einem beheizten Whirlpool außerhalb der eigenen Wohnung abzuwägen.

Bei alledem bleibe unbeachtlich, dass die durch Vorlage eidesstattlicher Versicherungen hinreichend glaubhaft gemachten Störungen durch Lärm und Vibrationen als subjektive Eindrücke bisher nicht technisch gemessen und überprüft worden seien. Denn die in der TA-Lärm ausgewiesenen technischen

---

268   AG Reutlingen, Urteil vom 26.10.2012 – 9 C 1190/12, IMR 2013, Seite 195.

Richtwerte seien für die endgültige Bewertung der Angelegenheit nicht bindend. Ihnen komme allenfalls eine Indizwirkung zu. Entscheidend sei die Erheblichkeit und Lästigkeit des Lärms für einen verständigen Durchschnittsmenschen, um von dessen Urteil aus auf eine Beeinträchtigung der übrigen Wohnungseigentümer im anspruchsbegründenden Sinne zu schließen. Die Untersagung im Zeitraum der Nachtruhe sei im einstweiligen Verfügungsverfahren aber ausreichend.

Trocken von Wäsche sowie das Lüften von Betten und Bekleidung

Was das Trocknen von Wäsche sowie das Lüften von Betten und Bekleidung auf dem Balkon angeht, so sind Regelungen innerhalb der Hausordnung durch Mehrheitsbeschluss zulässig.[269]

Vogelhäuschen

Futterhäuschen für Vögel, installierter Weihnachts- oder Osterschmuck sowie das Aufstellen eines Gartenzwergs gehören zur üblichen Nutzung des Wohnungseigentums. Die Grenze besteht auch hier dort, wo andere Mitbewohner über ein normales Maß hinaus beeinträchtigt werden, wie der folgende Fall zeigt: Eigentümer Q verklagt Eigentümer E, weil dieser auf seinem Balkon regelmäßig bis zu 19 Zigaretten täglich raucht. E erhebt Widerklage mit dem Antrag festzustellen, dass er den anderen Balkon seiner Wohnung nicht zum Rauchen nutzen könne, weil Q auf dessen darüber liegenden Balkon ein Futterhäuschen für Vögel angebracht habe, von dem Futterreste und Vogelkot herunterfallen.

Das AG Frankfurt/Main[270] wertet das Rauchen auf dem Balkon als Störung, die dem wohnungseigentumsrechtlichen Gebot der besonderen Rücksichtnahme entgegenstehe. E hätte deshalb den anderen Balkon nutzen müssen. Das Gericht verurteilt ihn zur Unterlassung des Rauchens auf dem dazu benutzten Balkon. Auf die Widerklage hin wurde allerdings auch Q verurteilt, sein Futterhäuschen so umzusetzen, dass keine Belästigungen für den rauchenden E auf dem „Ausweichbalkon" entstehen. Denn es könne durch das Anlocken oder Füttern von Vögeln neben Grobimmissionen auch zu Lärmbeeinträchtigungen kommen. Zudem bestehe die Möglichkeit, dass durch Vögel, insbesondere durch Tauben, bakterielle Krankheiten oder Viruserkrankungen übertragen würden.

---

269 OLG Oldenburg, Beschluss vom 21.07.1977 – 5 Wx 9/77, DWE 1978, S. 86 = MDR 1978, S. 245.
270 AG Frankfurt/Main, Urteil vom 02.10.2013 – 33 C 1922/13/93.

b) Zufahrten, Gehwege, Parkflächen

Aus der Zweckbestimmung eines gemeinschaftlichen Zufahrtsweges kann nicht zwingend hergeleitet werden, dass Kindern der Wohnungseigentümer das gelegentliche Spiel auf der Zufahrt generell zu verbieten ist. Gelegentliches Kinderspiel fällt unter das unvermeidliche Maß einer Nutzung und stellt damit keinen abzuwehrenden Nachteil im Sinne von § 14 Nr. 1 WEG dar. Umgekehrt besteht nach § 14 Nr. 3 WEG in diesen Fällen eine Duldungspflicht, die den Unterlassungsanspruch nach § 1004 Abs. 2 BGB ausschließt.[271] Freilich kann das Ballspielen und Radfahren auf Zufahrtsflächen zu den Kraftfahrzeugstellplätzen auch dann verboten werden, wenn die Wohnanlage selbst keinen eigenen Kinderspielplatz besitzt.[272]

Ein Eigentümerbeschluss, der das Abstellen von Pkw[273] in den teilweise asphaltierten Hof einer Wohnanlage gestattet, kann ordnungsgemäßer Verwaltung entsprechen. Als Änderung einer bestehenden Hausordnung muss er jedoch schutzwürdige Belange der Wohnungseigentümer beachten.[274] Gibt es für die Benutzung der Hoffläche als Pkw-Abstellplatz keinerlei Verordnung oder Beschlussgrundlage, so entspricht eine willkürliche, durch keinen sachlichen Grund gerechtfertigte Änderung einer seit längerer Zeit praktizierten Benutzungsregelung der Kfz-Stellflächen nicht den Grundsätzen ordnungsgemäßer Verwaltung.[275] In diesen Fällen können die Beteiligten gem. § 21 Abs. 4 WEG die Beibehaltung der bisherigen „Ordnung" verlangen.[276] Freilich kann ein Beschluss der Eigentümerversammlung andere Benutzungsregelungen treffen.[277] Grundsätzlich gilt, dass die Regelung der Benutzung der vor und neben dem Haus befindlichen Stellflächen für Kraftfahrzeuge als Teil des gemeinschaftlichen Eigentums und als Teil ordnungsgemäßer Verwaltung der Beschlussfassung durch die Wohnungseigentümer unterliegt. Abweichendes gilt nur, wenn bereits in der Teilungserklärung oder durch spätere Vereinba-

---

271 KG, Beschluss vom 29.04.1998 – 24 W 1107/98, NZM 1998, S. 633 (633).
272 Schmidt, in: Bärmann/Seuß, T. B, Rdnr. 87, S. 486 mit weiteren Nachweisen.
273 Davon ist auch das Abstellen von Wohnmobilen umfasst: KG, Beschluss vom 20.10.1999 – 24 W 9855/98, NZM 2000, S. 511.
274 BayObLG, Beschluss vom 20.11.1997 – 2 Z BR 93/97, NZM 1998, S. 239 f.
275 OLG Düsseldorf, Beschluss vom 04.09.1996 – 3 Wx 125/96, DWE 1996, S. 40 = NJWE-MietR 1997, S. 85 = WuM 1997, S. 62 = ZMR 1997, S. 91.
276 Zu einem schuldrechtlichen Sondernutzungsrecht an einzelnen Stellplätzen für einzelne Wohnungseigentümer durch jahrelange einverständliche Übung kommt: OLG Köln, Beschluss vom 08.01.1997 – 16 Wx 319/96, WuM 1997, S. 637 f.
277 Dies gilt ebenso im Falle eines angenommen schuldrechtlichen Sondernutzungsrechts durch jahrelange einverständliche Übung: OLG Köln, Beschluss vom 08.01.1997 – 16 Wx 319/96, WuM 1997, S. 637 f.

rung Sondernutzungsrechte einzelner Wohnungseigentümer an bestehenden Stellflächen begründet worden sind.

Lässt der Verwalter beschlusswidrig abgestellte Fahrzeuge ohne Zustimmung des betroffenen Wohnungseigentümers entfernen, so handelt er in verbotener Eigenmacht. Ersatzansprüche gegen den Wohnungseigentümer aus dem Abschleppvorgang scheiden deshalb in der Regel aus.[278]

Auch bezüglich eines Gemeinschaftseigentums können die Wohnungseigentümer durch eine entsprechende Gebrauchsregelung beschließen, jeder Wohnung einen Kfz-Stellplatz zur alleinigen Nutzung zuzuweisen. Dadurch werden die grundsätzlich jedem Wohnungseigentümer gem. § 13 Abs. 2 Satz 1 WEG zustehenden Mitgebrauchsrechte der jeweils übrigen Miteigentümer auf diese Weise eingeschränkt. Zur Nutzung des jeweils zugeteilten Stellplatzes ist dann nur noch der jeweilige Wohnungsinhaber befugt. In diesen Fällen kann der einzelne Wohnungseigentümer auch das von ihm ausschließlich genutzte gemeinschaftliche Eigentum – also den zu seiner Wohnung zugehörigen Kfz-Einstellplatz – gemeinsam mit dem Sondereigentum an seiner Wohnung selbst vermieten. Auch wenn dem Wohnungseigentümer nach § 13 Abs. 1 WEG ausdrücklich nur das Recht zur Vermietung der im Sondereigentum stehenden Räume zusteht, so erstreckt sich seine Vermietungsbefugnis auch auf die Gebrauchsüberlassung der ihm nach § 13 Abs. 2 WEG zustehenden Befugnis zum Mitgebrauch des gemeinschaftlichen Eigentums. Dies gilt jedenfalls soweit, als der Mitgebrauch des gemeinschaftlichen Eigentums zur bestimmungsgemäßen Nutzung des Sondereigentums erforderlich ist.[279]

Auch das Gesetz schränkt das Recht des Wohnungseigentümers nicht ein, sein Mitgebrauchsrecht an allen gemeinschaftlichen Einrichtungen den Mietern seiner Wohnung zu übertragen.[280]

Ob die Anbringung eines Sperrbügels an einem Pkw-Stellplatz innerhalb einer Wohnungseigentumsanlage als bauliche Veränderung zulässig ist, beurteilt sich nach § 22 WEG.[281] Aus dem Beseitigungs- und Unterlassungsanspruch nach § 14 Nr. 3 in Verbindung mit § 15 Abs. 3 WEG folgt das Verbot zweckwidriger Nutzung von Stellplätzen. So kann eine Hausordnung zulässig vorsehen, dass das längere Abstellen von Wohnwagen, Booten, Surfbrettern auf Kfz-Stellplätzen nicht gestattet ist. Auch die Vornahme von Hobbyarbeiten wie Autowaschen, Ölwechsel und Autoreparatur kann geregelt werden.

---

278 OLG München, Beschluss vom 18.05.2005 – 34 Wx 34/05, ZMR 2005, S. 907.
279 OLG Düsseldorf, Beschluss vom 06.11.1995 – 3 Wx 324/95, DWE 1996, S. 42 u. 72 = FGPrax 1996, S. 17 = WuM 1996, S. 57 = ZMR 1996, S. 96 u. 150.
280 BayObLG, Beschluss vom 25.06.1987 – 2 Z 68/86, WE 1988, S. 32.
281 OLG Schleswig, Beschluss vom 10.10.1996 – 2 W 2/96, ZIR 1997, S. 100.

Keinesfalls dürfen Müll oder Hausratsgegenstände gelagert werden. Dazu folgendes

Beispiel: Tiefgarage – keine Müllkippe!
Beobachten Sie das auch? Tiefgarageneinstellplätze für PKW werden zunehmend als Lager- und Abstellplatz für nicht mehr benötigte Hausratsgegenstände oder gar für Müll zweckentfremdet. Da finden sich dann Kartonagen, Gartenmöbel und sogar in Einzelfällen Müll und Gerümpel. Damit räumt das AG München[282] jetzt auf. Der Fall: Ein Mieter hatte einen Einstellplatz für seinen PKW in einer Tiefgarage angemietet. Neben dem PKW fanden sich auf dem Einstellplatz mehr und mehr Kartons und Gartenmöbel sowie sonstiger nicht mehr benötigter Hausrat. Mit dem Verlangen, dies wegzuräumen und zu beseitigen, hatte der Vermieter beim Mieter zunächst keinen Erfolg. Deshalb klagte er auf Beseitigung der zweckwidrig abgestellten Gegenstände – und gewann. Der Münchner Amtsrichter urteilte scharfsinnig, Zweck des Mietvertrags sowie auch der baulichen Ausweisung des Einstellplatzes als Kfz-Parkfläche sei ausschließlich das Abstellen, Parken und Verwahren eines zum Verkehr zugelassenen Kfz. Alle anderen Gegenstände seien von diesem Zweck nicht mehr erfasst und deshalb auf Verlangen des Vermieters nach § 1004 Abs. 1 BGB zu entfernen. Auch die Tatsache, dass der Vermieter zuvor dem Mieter gestattet hatte, Fahrräder zusätzlich auf dem Stellplatz zu lagern, half dem beklagten Mieter nicht. Denn eine solche Erlaubnis könne nicht uferlos auf andere Gegenstände des Hausrats und sogar auf Müll ausgedehnt werden. Vielmehr handele es sich bei der erteilten Erlaubnis um eine Ausnahme zum Nutzungsgebot eines Stellplatzes nur für Kfz, die deshalb eng zu verstehen und anzuwenden sei.

Gleiche Rechte stehen auch innerhalb einer Wohnungseigentümergemeinschaft zur Verfügung, wenn ein Mitglied dieser Gemeinschaft oder der Mieter einer Eigentumswohnung einen mit verwendeten Stellplatz mit zweckfremden Gegenständen vollstellt oder sogar zumüllt. Anspruchsgrundlagen innerhalb der Wohnungseigentümergemeinschaft sind neben § 1004 Abs. 1 BGB, §§ 14 Nr. 1 und Nr. 4,15 Abs. 3 WEG.
Für Besucherstellplätze in Gemeinschaftseigentum ist eine Regelung zulässig, wonach diese Plätze nur von Besuchern, von Wohnungseigentümern aber nur kurzfristig genutzt werden dürfen.[283]
Der Berechtigte darf sein Sondernutzungsrecht auch nur im Rahmen der Zweckwidmung nutzen.

---

282 Urteil vom 21.11.2012 – 433 C 7448/12, NZM 2013, 541.
283 Dazu näher: Schmidt, in: Bärmann/Seuß, T. B, Rdnr. 88, S. 487.

Beispiel: Und wieder Kleinkrieg um „Terrassien"
Eigentümer E steht das Sondernutzungsrecht an einem PKW-Stellplatz zu. Er besei-
tigt den Stellplatz eigenmächtig und errichtet dort eine Terrasse mit Garten. Eigentü-
mer Q passt das nicht und verlangt „Rückbau." Erfolgreich?

Ja[284]. Ist das Sondernutzungsrecht – wie hier – nicht als Terrasse ausgewiesen, so
besteht ein individueller Beseitigungsanspruch aller der Eigentümer, die sich
davon über das zumutbare Maß hinaus benachteiligt sehen müssen. Denn Gar-
ten- und Terrassennutzungen gehen üblicherweise mit einer stärkeren Belastung für die Nachbarschaft einher als dies bei der typischen Nutzung einer Fläche als Stellplatz der Fall ist (besonderes Störungspotenzial von Holzterrassen).
Steht zwei Wohnungseigentümern an einem Weg zu den beiden Sondereigentumseinheiten das gemeinschaftliche Sondernutzungsrecht zu, so gelten für
das Rechtsverhältnis zwischen den Wohnungseigentümern hinsichtlich des
Wegs die Vorschriften über die Rechtsgemeinschaft (§§ 741 ff. BGB). Das hat
u. a. zur Folge, dass eine wesentliche Veränderung des Weges weder beschlossen noch verlangt werden kann (§ 745 Abs. 3 Satz 1 BGB). Das Belegen eines
Kiesweges mit Platten wurde als eine wesentliche Veränderung angesehen.[285]
Gerade in den, gemessen am Anlieger- und Besucherverkehr, beengten Platz-
verhältnissen einer Wohnungseigentümergemeinschaft kommt es häufig zum
Problem des falschen Parkens.
Dazu folgendes: Ist im Aufteilungsplan zu den Stellplätzen entsprechendes
vorgesehen, so kann der eigene Stellplatz auch durch eine Kette abgesperrt und
somit gegen die unbefugte Benutzung durch Dritte gesichert werden. War eine
solche Absperrkette ursprünglich vorhanden und wird sie eigenmächtig wieder angebracht, so stellt dies keine zustimmungspflichtige bauliche Veränderung dar, wenn sie bereits im Aufteilungsplan vorgesehen war und seinerzeit
nicht rechtmäßig entfernt wurde.[286]

c) Nutzung der Grünflächen[287]

Die Hausordnung kann eine Grünfläche ausdrücklich zum Kinderspiel freige-
ben. Die allgemeinen Ruhezeiten sollten dabei beachtet werden.[288] Eine solche

---

284 BGH, Urteil vom 22.06.2012 – V ZR 73/11, ZMR 2012, 883.
285 BayObLG, Beschluss vom 23.10.1992 – 2 Z BR 78/92, DWE 1993, S. 38 = WuM 1992, S. 705.
286 BayObLG, Beschluss vom 10.09.1998 – 2 Z BR 86/98, NZM 1999, S. 29 f.
287 Dazu ausführlich: Bielefeld, Garten und Gartennutzung in Wohnungseigentumsanlagen,
     DWE 1995, S. 94 ff., DWE 1996, S. 10 ff., DWE 1996, S. 68 ff.
288 Schmidt, in: Bärmann/Seuß, T. B, Rdnr. 87, S. 486.

Nutzung als Spielwiese bewegt sich jedenfalls dann noch im Rahmen ordnungsgemäßen Gebrauchs, wenn durch die beschlossene Gebrauchsregelung bei der Benutzung der Rasenfläche Ballspiele wie Fußball, Handball, Völkerball etc. mit Ausnahme des ausdrücklich gestatteten Federballspiels ausgeschlossen sind. Durch diese Einschränkung der Benutzung der Rasenfläche als Spielwiese wird die bei einer solchen Nutzung auftretende Lärmbelästigung durch die dort spielenden Kinder weitgehend vermieden. Ein Nachteil im Sinne von § 14 Nr. 1 WEG, der zu entsprechenden Beseitigungsansprüchen führt, liegt nicht vor.[289]

Die Wohnungseigentümergemeinschaft kann in einer Hausordnung wirksam festlegen, dass ein Spielplatz auf dem Gemeinschaftseigentum der Anlage ohne zugewiesene Sondernutzungsrechte nur den Kindern der Wohnungseigentümer selbst, nicht den Kindern von Mietparteien zur Verfügung steht.[290]

Die Zulässigkeit aufgestellter Gartenzwerge auf Flächen des Gemeinschaftseigentums wurde von der Rechtsprechung unterschiedlich beurteilt. Das OLG Hamburg[291] kam zu dem Ergebnis, dass auch völlig normale Gartenzwerge, die weder durch beleidigende körperliche Gesten noch durch eine verbesserungsfähige Kleiderordnung auffielen, schon aufgrund ihrer roten Zipfelmützen beeinträchtigten.

Das Gericht erkannte einen Beseitigungsanspruch zu. Zum gegenteiligen Ergebnis kam das AG Recklinghausen.[292] Beseitigungsansprüche wurden mit dem Argument abgelehnt, die Gartenzwerge beeinträchtigten die übrigen Miteigentümer nicht. Dabei handelte es sich in dem entschiedenen Fall um Gartenzwerge, die auf einer Sondernutzungsfläche aufgestellt worden sind. Hier waren die übrigen Miteigentümer vom Mitgebrauch ausgeschlossen und konnten eigene Gestaltungsrechte nicht ausüben. Einen Unterlassungsanspruch gegen die Gartenzwerge auf der Sondernutzungsfläche hätten die übrigen Miteigentümer nur dann geltend machen können, wenn sie dadurch in ihren Rechten über das unvermeidliche Maß hinaus beeinträchtigt worden wären. Dies war deshalb nicht der Fall, da die Gartenzwerge von öffentlichen Straßen und Gehwegen nicht einsehbar waren.

---

289   OLG Saarbrücken, Beschluss vom 24.10.1989 – 5 W 187/89, DWE 1990, S. 92 = NJW-RR 1990, S. 24; OLG Düsseldorf, Beschluss vom 14.08.1989 – 3 Wx 261/89, DWE 1990, S. 94 u. 151 = MDR 1989, S. 1105; anderer Ansicht für das Ballspielen auf dem Rasen: OLG Düsseldorf, DWE 1986, S. 64.

290   BayObLG, Beschluss vom 09.10.1997 – 2 Z BR 90/97, Grundeigentum Berlin 1997, S. 1589 = DWE 1998, S. 20 = FGPrax 1998, S. 16 = WuM 1997, S. 690.

291   OLG Hamburg, Beschluss vom 20.04.1988 – 2 W 7/87, DWE 1989, S. 31 = JZ 1988, S. 1033 = MDR 1988, S. 867 = NJW 1988, S. 2052.

292   AG Recklinghausen, Beschluss vom 18.10.1995 – 9 II 65/95, DWE 1996, S. 40.

Frustzwerge, deren Gestik, Körperhaltung, konkreter Verwendungszusammenhang, deren Gestaltungsweise und insbesondere deren mangelnde Kleiderordnung ehrverletzende oder beleidigende Wirkung haben, müssen auf keinen Fall geduldet werden.[293]
Eine flexible Wäschespinne ohne feste Verankerung darf dagegen aufgestellt werden.[294]
Die Aufstellung eines Partyzeltes in der Gartenfläche entspricht ordnungsgemäßem Gebrauch, solange dem nicht eine konkrete Vereinbarung oder ein konkreter Beschluss der Wohnungseigentümergemeinschaft entgegensteht.[295]
Ohne Weiteres zulässig ist die Platzierung einer Sitzgruppe, wenn hierdurch kein Wohnungseigentümer beeinträchtigt wird. Obgleich es sich um eine bauliche Veränderung handelt, beeinträchtigt sie selbst dritte Wohnungseigentümer nicht. Beeinträchtigungen, die aber nicht von der baulichen Veränderung selbst, sondern von deren Benutzern ausgehen, begründen ein Unterlassungsanspruch gem. § 15 Abs. 3 WEG in Verbindung mit § 1004 BGB. Dagegen kann die Beseitigung der Sitzgruppe als bauliche Veränderung nicht verlangt werden.[296]
Ob das Grillen auf Holzkohlenfeuer im Garten wegen Verstoßes gegen § 14 Nr. 1 WEG uneingeschränkt zu verbieten, zeitlich oder örtlich begrenzt zu erlauben oder ohne Einschränkungen zu gestatten ist, hängt von den Gegebenheiten des Einzelfalles ab. Maßgebend sind insbesondere Lage und Größe des Gartens, die Häufigkeit des Grillens und das verwendete Grillgerät. So ist es zulässig, im Garten mit einem Holzkohlengrill bis zu fünf Mal im Jahr in einem Bereich zu grillen, der mindestens 25 Meter von der Wohnung eines anderen Wohnungseigentümers entfernt ist.[297] Diese Grundsätze gelten nicht für den Betrieb eines Elektrogrills, von dem Verbrennungsabgase nicht ausgehen.[298]
Nach anderer Auffassung soll der Betrieb eines Grills auf einer Terrasse so lange nicht nachteilig i. S. von § 14 Nr. 1 WEG sein, wenn nur drei Mal im Jahr gegrillt wird.[299]

---

293 AG Grünstadt, Urteil vom 11.02.1994 – 2a C 334/93, DWE 1996, S. 18 = NJW 1995, S. 889; AG Essen-Borbeck, Beschluss vom 30.12.1999 – 19 II 35/99 WEG, NZM 2000, S. 309.
294 OLG Zweibrücken, Beschluss vom 23.12.1999 – 3 W 198/99, NZM 2000, S. 293.
295 AG Moers, Beschluss vom 11.12.1996 – 4 II 26/96, WEG n. v.
296 OLG Karlsruhe, Beschluss vom 28.08.1997 – 11 Wx 94/96, WuM 1997, S. 567.
297 BayObLG, Beschluss vom 18.03.1999 – 2 Z BR 6/99, NZM 1999, S. 575 (576); zur immissionsschutzrechtlichen Seite des Holzkohlengrillens: OLG Düsseldorf, Beschluss vom 26.05.1995 – 5 Ss (OWi) 149/95, DWW 1995, S. 255 f.
298 BayObLG, Beschluss vom 18.03.1999 – 2 Z BR 6/99, NZM 1999, S. 575 (576).
299 LG Stuttgart, Beschluss vom 14.08.1996 – 10 T 359/96, ZMR 1996, S. 624 ff.

Die Nutzung einer Grünfläche als Zugang zwischen Haus und Straße und damit als Trampelpfad[300] überschreitet den Rahmen ordnungsgemäßen Gebrauchs. Dennoch folgt daraus nicht unmittelbar ein Anspruch auf Abzäunung, so lange nach einer endgültigen Klärung der Rechtslage die Grünfläche nicht weiterhin nachhaltig als Trampelpfad genutzt wird.[301]

d) Gartengestaltung und Gartenpflege

aa) Gemeinschaftseigentum ohne Sondernutzungsrecht

Das Aufstellen einer Gartenhütte ohne die Zustimmung aller Eigentümer wurde für unzulässig gehalten.[302] Der Grund hierfür liegt in der damit einhergehenden baulichen Veränderung im Sinne von § 22 Abs. 1 WEG. Ebenfalls als bauliche Veränderung wurde die Errichtung eines Sandkastens gewertet.[303] Da alle Wohnungseigentümer durch die Nutzung des errichteten Sandkastens mit einer erhöhten Geräuschentwicklung zu rechnen hätten, sei aufgrund der gesamtheitlich gegebenen Beeinträchtigung eine Zustimmung aller Wohnungseigentümer für die Errichtung des Sandkastens erforderlich. Eine Duldungspflicht mangels Beeinträchtigung gem. § 22 Abs. 1 Satz 2 WEG schied also aus. Ein Beseitigungsanspruch nach § 14 Nr. 1 WEG wurde anerkannt. Ebenso unzulässig ist die grundlegende Umgestaltung des Gartens als baulicher Veränderung ohne Zustimmung aller davon betroffenen Wohnungseigentümer.[304] Auch die eigenmächtige Beseitigung eines Plattenweges und die Anlegung eines Ersatzweges müssen als bauliche Veränderung nicht geduldet werden. Notwendig ist auch hierzu ein vorheriger Beschluss, der von der Zustimmung der davon beeinträchtigten Wohnungseigentümer, im Zweifel aller Wohnungseigentümer (§ 22 Abs. 1 Satz 1 WEG) getragen ist.[305] Nach entsprechender Beschlussfassung darf auch eine Kinderschaukel in der Gartenfläche aufgestellt werden. Wird sie an einem anderen Ort als dem ursprünglich geplanten Ort platziert und ist hierdurch ein Wohnungseigentümer

---

300 Zum Notwegerecht über eine Sondernutzungsfläche als Zufahrt: BayObLG, Beschluss vom 20.10.2004 – 2 Z BR 53/04, ZMR 2005, S. 889 (verneint) und als Zugang: LG Wuppertal, Beschluss vom 06.09.2000 – 6 T 369/00, ZMR 2001, S. 232 (bejaht).

301 OLG Stuttgart, Beschluss vom 07.10.1994 – 8 W 218/93, NJW-RR 1995, S. 527 (528).

302 BayObLG, NJW-RR 1988, S. 591; BayObLG, Beschluss vom 21.05.1999 – 2 Z BR 188/98, n. v.

303 LG Paderborn, Beschluss vom 07.12.1993 – 5 C 535/93, WuM 1994, S. 104.

304 OLG Hamm, Beschluss vom 15.02.2000 – 15 W 426/99, n. v.; OLG Hamm, Beschluss vom 09.11.1995 – 15 W 163/95, n. v.; BayObLG, Beschluss vom 19.03.1998 – 2 Z BR 131/97, DWE 2000, S. 72.

305 BayObLG, Beschluss vom 13.07.1995 – 2 Z BR 5/95, ZMR 1995, S. 495.

optisch und durch Lärm mehr als nur unerheblich beeinträchtigt, so kann er im Grunde einen Anspruch auf Versetzung der Schaukel entsprechend dem vorher gefassten Beschluss geltend machen. Tauglicher Anspruchsgegner hierbei ist jedoch nicht der Verwalter, der zuvor in Ausführung des Beschlusses eine Fachfirma mit der Montage der Kinderschaukel beauftragt hat.[306] Der Verwalter ist nicht Störer im Sinne von § 1004 Abs. 1 BGB. Er ist weder als Handlungsstörer Lärmverursacher, noch als Zustandsstörer Eigentümer des Grundstücks. Als mittelbarer Störer ist er gem. § 1004 Abs. 1 BGB nur dann beseitigungspflichtig, wenn er in der Lage ist, die Beeinträchtigungen zu unterbinden. Dafür ist aber allein die Wohnungseigentümergemeinschaft, die eine Vereinbarung abzuschließen oder einen Beschluss zu fassen hat, zuständig.

Was die gärtnerische Gestaltung der Gemeinschaftsanlagen insgesamt angeht, so können die Wohnungseigentümer durch Mehrheitsbeschluss Regelungen treffen, wenn nicht bereits eine entsprechende verbindliche Gestaltung in der Teilungserklärung, dem Aufteilungsplan oder in der Gemeinschaftsordnung geregelt worden ist. Dabei muss die Beschaffenheit des gemeinschaftlichen Eigentums und das Interesse der Gesamtheit der Wohnungseigentümer berücksichtigt werden. Die zulässigen Grenzen einer mehrheitlich beschlossenen gärtnerischen Gestaltung werden nur dann überschritten, wenn sachliche Gründe für die gewählte Gestaltung fehlen oder andere Eigentümer dadurch unbillig benachteiligt werden. Die Grenze des Mehrheitsbeschlussprinzips kann bei baulichen Veränderungen erreicht sein, die mit einer gärtnerischen Gestaltung einhergehen. Gem. § 22 Abs. 1 WEG ist die Zustimmung aller Wohnungseigentümer erforderlich, es sei denn, dass deren Rechte durch die Veränderung gem. § 14 Nr. 1 WEG nicht über das unvermeidliche Maß hinaus beeinträchtigt werden.[307] Ein errichteter Zaun auf dem im gemeinschaftlichen Eigentum befindlichen Grundstück stellt danach eine bauliche Veränderung dar, die über die ordnungsgemäße Instandsetzung hinausgeht.[308] Weder in der Teilungserklärung, noch im Aufteilungsplan, noch in der Gemeinschaftsordnung sei die Errichtung eines Zauns vorgesehen. Auch sei ein Zaun nicht zur erstmaligen Herstellung eines ordnungsgemäßen Zustands des Grundstücks erforderlich. Wenn überhaupt eine Grundstücksabgrenzung erforderlich sei, so könne sie auch auf andere Weise verwirklicht werden. Daher sei der Zaun zu entfernen.

---

306 BayObLG, Beschluss vom 28.09.1995 – 2 Z BR 11/95, DWE 1996, S. 16 u. 40 = FGPrax 1995, S. 231 = NJWE-MietR 1996, S. 60.
307 BayObLG, Beschluss vom 03.07.1991 – 2 Z 29/91, DWE 1991, S. 127 u. 163 = NJW-RR 1991, S. 1362 = WuM 1991, S. 449; BayObLG, Beschluss vom 03.07.1991 – 2 Z 32/91, DWE 1991, S. 99.
308 BayObLG, a. a. O.

Dagegen ist eine angepflanzte Hecke keine bauliche Veränderung im Sinne von § 22 Abs. 1 Satz 1 WEG, da sie nicht mit einer gegenständlichen Veränderung des Grundstücks verbunden ist. In diesem Falle ist also ein Mehrheitsbeschluss als Grundlage ausreichend.[309]

Aus der Tatsache, dass die gärtnerische Gestaltung der Außenanlagen insgesamt und abgesehen von eingreifenden baulichen Veränderungen durch Mehrheitsbeschluss erfolgen kann, folgt, dass Eigenmächtigkeiten zu unterlassen sind. So darf zum Beispiel der sich beeinträchtigt fühlende Eigentümer einer Terrasse Zweige und Äste, die aus Pflanzkübeln der Nachbarterrasse zu ihm herüberwuchern, nicht eigenmächtig abschneiden. Im Unterschied zu Sondernutzungsrechtsverhältnissen steht ihm im Falle benachbarter Terrassen kein Selbsthilferecht gegen den „Überhang" aus § 910 BGB zu.[310] Auch ein allgemeines Selbsthilferecht steht ihm nicht zu. Im Gegenteil wird sein Begehren anspruchsweise aus § 1004 BGB in Verbindung mit §§ 14 Nr. 1, 15 Abs. 3 WEG zu verfolgen sein. Auch eigenmächtig aufgestellte Blumenkübel oder eigenmächtig gepflanzte Bäume stellen ein unzulässiges Verhalten dar und rechtfertigen einen entsprechenden Beseitigungsanspruch.

Davon zu trennen ist die Frage, ob der eigenmächtig handelnde Eigentümer auch allein zur Beseitigung des Laubs dieser Büsche und Pflanzen verpflichtet ist und für den Ersatz von Kosten haftet, die sich etwa durch die Verstopfung einer Dachrinne durch dieses Laub ergeben. Die Frage ist unabhängig davon zu bejahen, ob der Eigentümer eigenmächtig Pflanzkübel aufgestellt und Bäume gepflanzt hat und dies stillschweigend geduldet wurde, oder ob ihm diese Nutzung durch ausdrücklichen Beschluss genehmigt wurde. In Konkretisierung der Gebrauchspflicht nach § 14 Nr. 1 WEG hat der Wohnungseigentümer von sich aus ohne Aufforderung durch den Verwalter oder einen anderen Wohnungseigentümer dafür zu sorgen, dass Regenrinnen nicht durch Blatt- oder Nadelabwurf seiner Pflanzen verunreinigt oder gar verstopft wird. Ist eine Verstopfung eingetreten, so hat zunächst der Wohnungseigentümer die Pflicht, diese Verstopfung selbst zu beseitigen oder beseitigen zu lassen. Kommt er dieser Verpflichtung schuldhaft nicht nach, so ist er den übrigen Eigentümern aus positiver Forderungsverletzung schadensersatzpflichtig.[311]

Was den Entzug von Licht und Luft durch gepflanzte Bäume und Sträucher angeht, so ist zunächst darauf hinzuweisen, dass Ansprüche auf ein Versetzen

---

309 BayObLG, a. a. O.
310 OLG Düsseldorf, Beschluss vom 27.06.2001 – 3 Wx 79/01, ZWE 2002, S. 41; KG Berlin, Urteil vom 13.06.2005 – 24 W 115/04, DWE 2005, S. 178 (179).
311 BayObLG, Beschluss vom 10.05.1988 – 2 Z 101/87, ZMR 1988, S. 345.

der beeinträchtigenden Bäume und Pflanzen oder Ansprüche auf Rückschnitt im Verhältnis zweier benachbarter Grundstücke nur auf verletzte Grenzabstandsvorschriften des Landesnachbarrechts gestützt werden können, nicht aber unmittelbar auf die Licht entziehende Wirkung der störenden Pflanze selbst.[312] Im Bereich von Wohnungseigentumsanlagen kommen nachbarrechtliche Vorschriften über Grenzabstände von Pflanzen nur äußerst eingeschränkt zur Anwendung.[313] Diese Vorschriften sind auf die tatsächlichen Gegebenheiten zwischen zwei benachbarten Grundstücken zugeschnitten. In Wohnungseigentumsverhältnissen sind sie daher nur heranzuziehen, wenn die tatsächlichen und rechtlichen Verhältnisse ähnlich gelagert sind, wie bei bestimmten Sondernutzungsrechten an Gartenflächen.[314] Im Übrigen werden die Anspruchsgrundlagen aus §§ 1004 Abs. 1, 906 Abs. 1, 862 Abs. 1 Satz 1 BGB durch die Gebrauchsregelungen, Abwehr- und Beseitigungsansprüche nach §§ 14, 15 WEG überlagert.[315] Ergeben sich Beseitigungsansprüche, so sind auch in Wohnungseigentumsverhältnissen bestehende Baumschutzsatzungen zu beachten. So kann ein bestehender Beseitigungsanspruch wegen entgegenstehender öffentlich-rechtlicher Vorschriften in Gestalt von Baumschutzsatzungen nicht durchsetzbar sein. Auch nach einem entsprechenden Beschluss der Wohnungseigentümerversammlung über das Auslichten, Zurückschneiden oder Fällen eines Licht entziehenden Baums hat der Verwalter eine Prüfungspflicht im Hinblick auf die öffentlich-rechtliche Zulässigkeit der geplanten Maßnahme. Er hat auch vor Ausführung des Beschlusses nach § 27 Abs. 1 Nr. 1 WEG erforderliche Ausnahme- oder Befreiungsgenehmigungen einzuholen.[316]

Es liegt zunächst auf der Hand, dass bei Licht entziehenden Anpflanzungen auf Gemeinschaftseigentum, an dem keine Sondernutzungsrechte bestehen, eventuelle Beseitigungsansprüche einzelner beeinträchtigter Wohnungseigentümer gegen die Wohnungseigentümergemeinschaft oder gegen andere Wohnungseigentümer nicht geltend gemacht und verfolgt werden müssen, wenn die Wohnungseigentümerversammlung – öffentlich-rechtlich zulässig – das Zurückschneiden, Ausasten oder gar das Fällen eines Licht entziehenden Baumes beschließt. Bei bestehenden Gartenanlagen zählen diese Maßnahmen zu den baulichen Veränderungen im Sinne von § 22 Abs. 1 Satz 1 WEG. Ein entspre-

---

312 Vgl. hierzu näher: Horst, Lichteinwirkung und Lichtentzug bei Grundstücken und Wohnungen, DWW 1997, S. 361 ff. mit zahlreichen weiteren Nachweisen.
313 BayObLG, Beschluss vom 11.02.1999 – 2 Z BR 167/98, ZMR 1999, S. 348 f.
314 BGH, Urteil vom 28.09.2007 – V ZR 276/06, NJW 2007, S. 3636 f.; Schmid, Gartengestaltung in Eigentumswohnungen, DWE 1987, S. 74 (76 f.).
315 Vgl. hierzu I.
316 Schmid, a. a. O., S. 91.

chender Beschluss hat daher in der Regel einstimmig zu erfolgen.[317] Erst wenn dieser einstimmige Beschluss in der Wohnungseigentümerversammlung nicht zustande kommt, sind Beseitigungsansprüche aus §§ 14 Nr. 1, 15 Abs. 3 WEG zu prüfen und ggf. im Verfahren der freiwilligen Gerichtsbarkeit in Wohnungseigentumssachen gem. § 43 Abs. 1 Nr. 1 WEG geltend zu machen.

Dabei kann es dahinstehen, ob der Schatten werfende Baum oder Strauch auf einem allgemein benutzungsfähigen oder auf einem sondernutzungsrechtsbewährten Gartenstück steht. In jedem Fall handelt es sich um gemeinschaftliches Eigentum, nicht um Sondereigentum, da auch die Sondernutzungsbefugnis die dingliche Zuordnung unberührt lässt.[318] Der eigentliche Beseitigungsanspruch wird nach einer gem. § 14 Nr. 1 WEG erforderlichen Interessenabwägung festgestellt. Dabei ist Ausgangspunkt die Schwere der Beeinträchtigung des einzelnen Wohnungseigentümers.[319] Allerdings stellt nicht jede merkliche Beeinträchtigung des Lichteinfalls einen anspruchsauslösenden Nachteil des betroffenen Wohnungseigentümers dar.[320] Entscheidend sind die baulichen Gegebenheiten und vor allem die Tatsache, dass ein Wohnungseigentümer den vorhandenen und Licht beeinträchtigenden Baum bei Erwerb des Wohnungseigentums gekannt oder der Anpflanzung eines solchen Baumes sogar zugestimmt hat.[321] Auch der Grundstückscharakter ist von Bedeutung. So vertritt das OLG Karlsruhe[322] die Auffassung, in einer Erdgeschosswohnung in einer parkähnlichen Anlage müssen stärkere Einwirkungen durch Bäume geduldet werden als in einer Obergeschosswohnung auf einem zunächst unbepflanzten Grundstück. Schließlich sei auch zu berücksichtigen, ob die streitigen Bäume oder Anpflanzungen den Garten oder das Gesamtbild der Anlage prägen. Auch erhebliche Sichtbeeinträchtigungen (grüne Wand) sind entscheidend.[323]

Nach dem Grundsatz des Übermaßverbots kann die Beseitigung einer wegen Schattenbildung beeinträchtigenden Pflanze nicht verlangt werden, wenn ein Rückschnitt der Pflanze zur Beseitigung der Beeinträchtigung möglich ist.[324]

---

317 OLG Düsseldorf, Beschluss vom 06.04.1994 – 3 Wx 534/93, WuM 1994, S. 495 (495); OLG Karlsruhe, Beschluss vom 15.03.1993 – 11 W 72/92, DWE 1994, S. 20; LG Frankfurt, Beschluss vom 14.04.1989 – 2/9 C 362/89, ZMR 1990, S. 71; Bielefeld, Der Wohnungseigentümer, S. 356; Schmid, DWE 1987, S. 74 (75).

318 BayObLG, Beschluss vom 05.03.1987 – BReg 2 Z 50/86, WuM 1988, s. 95; OLG Düsseldorf, Beschluss vom 06.04.1994 – 3 Wx 534/93, WuM 1994, S. 495 (496).

319 Näher: Schmid, DWE 1987, S. 74 (77 f.).

320 LG Frankfurt, Beschluss vom 14.04.1989 – 2/9 T 362/89, ZMR 1990, S. 71; OLG Karlsruhe, Beschluss vom 15.03.1993 – 11 W 72/92, DWE 1994, S. 20.

321 Schmid, a. a. O.

322 A. a. O.

323 LG Freiburg, Beschluss vom 05.08.1986 – 4 C 40/85, ZMR 1987, S. 67 (68).

324 BayObLG, Beschluss vom 01.12.1994 – 2 Z BR 111/94, DWE 1995, S. 28 u. 42; BayObLG, Beschluss vom 05.06.1997 – 2 Z BR 31/97, ZMR 1998, S. 40.

Keinesfalls darf ein Baum im gemeinschaftlichen Eigentum eigenmächtig beseitigt werden.[325] Immer stellt das Fällen von Bäumen in einer Wohnungseigentumsanlage eine bauliche Veränderung dar, wenn die Bäume für den Gesamteindruck der Anlage mitbestimmend sind. Es ist jedoch dann als bloße, in den Rahmen ordnungsgemäßer Verwaltung fallende Instandsetzungsmaßnahme zu werten, wenn das Fällen erforderlich ist, weil die Bäume nicht mehr standsicher sind.[326] Daraus kann abgeleitet werden, dass man bei der gärtnerischen Gestaltung einer Gartenfläche solange nicht von einer baulichen Veränderung im Sinne von § 22 Abs. 1 WEG spricht, solange sie nicht zu einer gegenständlichen Veränderung des Grundstücks führt. Deshalb kann ein Rückschnitt von Hecken üblicher Gartenpflege entsprechen. Sie kann aber auch eine bauliche Veränderung darstellen, so zum Beispiel dann, wenn eine bisher „mannshohe" Hecke als Sichtschutz auf 80 cm Höhe zurückgeschnitten wird.[327]

bb) Sondernutzungsrechte

Sondernutzungsrechte an Gemeinschaftsflächen können durch Teilungserklärung, Gemeinschaftsordnung oder durch eine Vereinbarung gem. § 10 Abs. 1 Satz 2 u. Abs. 2 WEG eingeräumt werden. In diesem Fall steht dem Sondernutzungsberechtigten ein alleiniges und ausschließliches Gebrauchs- und Nutzungsrecht zu. Die anderen Wohnungseigentümer der Anlage haben keinen Anspruch auf anteilige Gartennutzung. Gleichwohl darf der Sondernutzungsberechtigte die erfasste Fläche nur im Rahmen von § 14 Nr. 1 WEG gebrauchen.[328]

Beispiel: „Terrakotta-Armee" unzulässig

Die Ehefrau des Eigentümers und Sondernutzungsberechtigten E ist Künstlerin. Sie fertigt eine Vielzahl von Skulpturen, die größer als Menschen sind. E, der dem künstlerischen Schaffen seiner Ehefrau den notwendigen Respekt erweisen möchte, stellt die-

---

325   BayObLG, Beschluss vom 05.06.1997 – 2 Z BR 31/97, ZMR 1998, S. 40 f.
326   OLG Köln, Beschluss vom 29.01.1999 – 16 Wx 208/98, NJW-RR 1999, S. 1027.
327   BayObLG, Beschluss vom 18.03.2004 – 2 Z BR 249/03, DWE 2004, S. 87; zur Abgrenzung von Heckenrückschnitt als bauliche Veränderung zu Pflegemaßnahmen vgl. auch: OLG München, Beschluss vom 12.09.2005 – 34 Wx 54/05, ZMR 2006, S. 67; zur Beseitigung von „Wildwuchs" als Ersatzvornahme: BayObLG, Beschluss vom 26.05.2004 – 2 Z BR 63/04, ZMR 2004, S. 841: als unzulässige Eigenmächtigkeit gewertet.
328   Näher: Horst, DWW 1997, S. 361 (366 mit weiteren Nachweisen); OLG Köln, Beschluss vom 07.06.1996 – 16 Wx 88/96, NJW-RR 1997, S. 14; OLG Düsseldorf, Beschluss vom 20.12.1996 – 3 Wx 9/96, DWE 1997, S. 29; OLG Köln, Beschluss vom 26.04.1996 – 16 Wx 56/96, DWE 1998, S. 91.

se Skulpturen in seinem Garten auf. Neben einzeln platzierten Skulpturen im Garten auf Sockeln arrangiert er am Rande eines Gartenweges aus weißen Kieselsteinen mit dunkler Abgrenzung ebenfalls auf Sockeln eine Vielzahl dieser Skulpturen. Die Wohnungseigentümergemeinschaft, die den künstlerischen Geschmack des sondernutzungsberechtigten Ehepaars nicht teilt, verlangt Beseitigung der Skulpturen und Bepflanzung des Gartens wieder vollständig mit Rasen – so wie vorher!

Auch wenn der sondernutzungsberechtigte E das alleinige und ausschließliche Recht zur Nutzung hat, so muss er sich dabei doch im Rahmen der gewählten Gestaltung halten. Deshalb überschreitet ein Sondernutzungsberechtigter die ihm eingeräumte Befugnis zur ausschließlichen Nutzung des Gartenbereichs, wenn er einen „Skulpturgarten" errichtet.[329] Das Gericht wörtlich: „Stellen diese Maßnahmen bauliche Veränderungen dar, die die übrigen Wohnungseigentümer über das in § 14 Nr. 1 WEG bestimmte Maß hinaus nachteilig beeinträchtigen, so können diese neben der Beseitigung der baulichen Veränderungen auch die Wiederherstellung des ursprünglichen Zustandes verlangen, also die Bepflanzung mit Rasen in dem Bereich, in dem der Rückbau erfolgt".

Im Rahmen des so definierten Gebrauchsrechtes ist der Sondernutzungsberechtigte gehalten, eine Gartenfläche nur im Rahmen der üblichen gärtnerischen Bepflanzung von Hausgärten zu gestalten. Zur näheren Ausgestaltung sind die nachbarrechtlichen Vorschriften zum Beispiel zum Grenzabstand und zur erlaubten Höhe von Bepflanzungen heranzuziehen.[330] Liegt die Bepflanzung im Rahmen des Sondernutzungsrechts, so ist der Entzug von Licht durch diese Bepflanzung unbeachtlich und löst keine Beseitigungsansprüche aus. Die Bepflanzung ist dann im Sinne von § 14 Nr. 1 WEG als Nachteil für die übrigen Wohnungseigentümer „unvermeidlich" und muss nach § 14 Nr. 3 WEG geduldet werden.[331] Berücksichtigt ein Sondernutzungsberechtigter aber bei der Bepflanzung seiner Sondernutzungsfläche den Charakter der Gesamtgrünanlage nicht und geht dies mit optischen Beeinträchtigungen sowie mit Gefahren für Gesundheit und Eigentum der übrigen Wohnungseigentümer einher (Weißdornhecke), so kann die Beseitigung der Störung von den übrigen Wohnungseigentümern verlangt werden.[332] So ist auch der Sondernutzungsberechtigte an

---

329 LG Hamburg, Urteil vom 12.12.2012 – 318 S 31/12, ZMR 2013, 301.
330 Zum Bepflanzen des Sondernutzungsbereichs mit einer Thujenhecke: BayObLG, Beschluss vom 11.02.1999 – 2 Z BR 167/98, NZM 1999, S. 848; zum Selbsthilferecht des sondernutzungsberechtigten Wohnungseigentümers gegen Überwuchs: KG, Beschluss vom 13.06.2005 – 24 W 115/04, NZM 2005, S. 745.
331 BayObLG, Beschluss vom 05.03.1987 – BReg 2 Z 50/86, WuM 1988, S. 95.
332 BayObLG, Beschluss vom 12.12.1996 – 2 Z BR 104/96, ZIR 1997, S. 96.

einer zum Gemeinschaftseigentum gehörenden Gartenanlage zur Beseitigung von Belichtungsbeeinträchtigungen und Sichtbeeinträchtigungen durch eine etwa 15 Jahre alte Schwarzkiefer verpflichtet, nachdem der Baum zwischenzeitlich durch sein Wachstum einen Kronendurchmesser von vier Metern und eine Höhe von acht Metern erreicht hatte.[333] Allerdings kann er das Beseitigungsverlangen auch mit der Berufung auf Vorschriften im Landesnachbarrecht zum Ausschluss derartiger Ansprüche zu Fall bringen, wenn man die Geltung der landesnachbarrechtlichen Vorschriften im Verhältnis zwischen Sondernutzungsberechtigten grundsätzlich anerkennt.[334]

Das KG Berlin gab nur einen Anspruch auf Rückschnitt der licht- und sichtbeeinträchtigenden Gehölze und führte aus, die komplette Beseitigung auf einer Sondernutzungsfläche könne solange nicht verlangt werden, wie durch den Rückschnitt der störenden Anpflanzung auf ein gemeinverträgliches Maß die Beeinträchtigung entfalle.[335]

Von Fragen der Gartengestaltung abzuspalten sind Streitigkeiten in Zusammenhang mit der Pflege des Bewuchses. Dem sondernutzungsberechtigten Wohnungseigentümer obliegt eine ordnungsgemäße Instandhaltung und Pflege seiner Gartenfläche, so dass die übrigen Wohnungseigentümer – auch nicht optisch – nicht über das in Wohnungseigentümergemeinschaften notwendig immer hinzunehmende Maß hinaus beeinträchtigt werden (§ 14 Nr. 1 WEG). Dieser Pflicht korrespondiert ein entsprechender Anspruch übriger Wohnungseigentümer bzw. der Eigentümergemeinschaft als Verband. Denn bei der Sondernutzungsfläche handelt es sich um Gemeinschaftseigentum, was ein gemeinschaftsbezogenes Recht im Sinne von § 10 Abs. 6 WEG ausbildet, das dem Verband zusteht. Verletzt der sondernutzungsberechtigte Wohnungseigentümer seine Instandhaltungspflicht und lässt er seine Sondernutzungsfläche wild wachsen, so sind die übrigen Wohnungseigentümer nicht berechtigt, eigenmächtig im Wege der Ersatzvornahme erforderliche Instandsetzungsmaßnahmen durchführen zu lassen. Denn Selbstjustiz in Form der Ersatzvornahme ist unzulässig.[336] Die sich beeinträchtigt fühlenden Miteigentümer sind vielmehr gehalten, ihren Anspruch auf ordnungsgemäße Instandsetzung aus § 14 Nr. 1 in Verbindung mit § 15 Abs. 2 und 3 WEG, hier auf Auslichtung und

---

333 OLG Köln, Beschluss vom 07.06.1996 – 16 Wx 88/96, NJW-RR 1997, S. 14 = DWE 1997, S. 30.
334 So ausdrücklich: BGH, Urteil vom 28.09.2007 – V ZR 276/06, NJW 2007, S. 3636 (3637); Anderer Ansicht noch: OLG Hamm, Beschluss vom 21.10.2002 – 15 W 77/02, ZMR 2003, S. 372 = NZM 2003, S. 156 = NJW-RR 2003, S. 230; OLG Köln, a. a. O.
335 KG, Beschluss vom 08.11.1995 – 24 W 3046/95, DWE 1996, S. 30.
336 BayObLG, Beschluss vom 26.05.2004 – 2 Z BR 63/2004, ZMR 2004, S. 841.

Rodung der verwahrlosten Fläche, gerichtlich geltend zu machen und nach § 887 ZPO zu vollstrecken. Auch die zwischen den Wohnungseigentümern stehende schuldrechtliche Sonderverbindung führt zu keiner anderen Wertung, insbesondere nicht zu Aufwendungsersatz- oder Schadensersatzansprüchen der eigenmächtig handelnden Wohnungseigentümer.[337]

Kraft seines Sondernutzungsrechtes ist ein Wohnungseigentümer nicht berechtigt, eigenmächtig bauliche Veränderungen im Sinne von § 22 Abs. 1 WEG vorzunehmen. Dafür ist ein einstimmiger Beschluss der Wohnungseigentümerversammlung auch dann notwendig, wenn die baulichen Veränderungen ausschließlich die sondernutzungsrechtsbewährten Flächen einzelner Eigentümer betrifft. Wie schon dargelegt, gelten nur dann Ausnahmen vom Einstimmigkeitsprinzip, wenn einzelne Wohnungseigentümer von der baulichen Veränderung nicht beeinträchtigt werden (§ 22 Abs. 1 Satz 2 WEG).[338] Daher führen eigenmächtige bauliche Veränderungen ohne die erforderliche Beschlussmehrheit zu Ansprüchen der Wohnungseigentümerversammlung auf Rückbau, also auf Wiederherstellung des ursprünglichen Zustandes der Sondernutzungsfläche.[339] Einerseits unterliegt der Sondernutzungsberechtigte den Beschränkungen des Gemeinschaftseigentums und kann nicht als Sondereigentümer unter Ausschluss der übrigen Mitglieder der Wohnungseigentümergemeinschaft verfügen. Andererseits ist die Veränderung einer Gartengestaltung über das Maß ordnungsgemäßer Instandhaltung hinaus als bauliche Veränderung im Sinne von § 22 Abs. 1 WEG anzusehen mit der Folge, dass bei Fehlen der notwendigen Beschlussmehrheit Wiederherstellungsansprüche der Wohnungseigentümergemeinschaft entstehen. So wurde beim eigenmächtigen Fällen eines Baumes,[340] bei der Einzäunung der zur Sondernutzung überlassenen Gartenfläche,[341] bei

---

337 BayObLG, Beschluss vom 26.05.2004 – 2 Z BR 63/2004, ZMR 2004, S. 841 (842).

338 OLG Köln, Beschluss vom 29.04.1997 – 16 Wx 76/97, DWE 1997, S. 115 f.; OLG Düsseldorf, Beschluss vom 20.12.1996 – 3 Wx 9/96, DWE 1997, S. 29; KG, Beschluss vom 10.02.1997 – 24 W 6582/96, DWE 1987, S. 64; OLG Köln, Beschluss vom 19.06.1995 – 16 Wx 46/95, DWE 1995, S. 156 f.; Alheit, S. 288 mit weiteren Nachweisen; OLG Düsseldorf, Beschluss vom 06.04.1994 – 3 Wx 534/93, WuM 1994, S. 495 f.

339 Vgl. insbesondere OLG Düsseldorf, Beschluss vom 06.04.1994, a. a. O.; OLG Köln, Beschluss vom 19.06.1995, a. a. O.

340 OLG Düsseldorf, Beschluss vom 06.04.1994, a. a. O.; OLG Düsseldorf, Beschluss vom 28.08.2002 – 3 Wx 166/02, NZM 2003, S. 483 – nur Geldersatzpflicht; zu den Kosten der Beseitigung eines Baumes auf einer Sondernutzungsfläche, der ein angrenzendes Garagengebäude beeinträchtigt bzw. beschädigt: OLG Düsseldorf, Beschluss vom 17.10.2003 – I – 3 Wx 227/03, WuM 2004, S. 227: Gemeinschaft aller Wohnungseigentümer, auch wenn die Teilungserklärung bestimmt, dass nur der Sondernutzungsberechtigte Instandhaltungs- und Instandsetzungskosten der Sondernutzungsfläche zu tragen hat.

341 KG, Beschluss vom 10.02.1997, a. a. O.; OLG Düsseldorf, Beschluss vom 20.12.1996, a. a. O.; einschränkend: Alheit, S. 288.

der Aufstellung mobilen Schwimmbeckens wegen optischer Beeinträchtigung[342] und im Falle einer errichteten Pergola[343] und eines errichteten Gartenhauses[344] entschieden.

Für die Bewertung eines eigenmächtig erstellten Zaunes oder einer sonstigen Einfriedung ist die Rechtsprechung uneinheitlich. Einig ist man sich zunächst darüber, dass eine Einfriedung eine bauliche Veränderung darstellt. Während eine Auffassung daraus auf die Zustimmungspflichtigkeit aller Wohnungseigentümer schließt,[345] soll es nach anderer Auffassung bei der Beurteilung des Beseitigungsanspruchs aus § 14 WEG auf das Maß der optischen und architektonischen Veränderung ankommen. Danach wurde das Pflanzen einer Hecke sowie das Errichten eines Maschendrahtzauns entlang der Grenze der Sondernutzungsfläche[346] sowie das Errichten eines „Friesenwalls"[347] auch ohne die Zustimmung der übrigen Wohnungseigentümer für zulässig gehalten. Denn aufgrund eines nicht nachteilig veränderten optischen und architektonischen Gesamteindrucks sei eine Zustimmung nach § 22 WEG nicht erforderlich.

Das OLG Köln[348] betonte, das Recht auf Beseitigung der eigenmächtig vorgenommenen baulichen Veränderung und auf Wiederherstellung des früheren Zustandes bestehe auch dann, wenn ein Beseitigungsverlangen nicht unmittelbar während der Baumaßnahmen geltend gemacht werde, sondern erst nach weitgehender Fertigstellung der Maßnahme angesichts des vollen Ausmaßes der Veränderungen.

---

342   KG Berlin, Beschluss vom 19.06.2007 – 24 W 5/07, NZM 2007, S. 847.
343   OLG Köln, Beschluss vom 21.02.1997 – 16 Wx 8/97, DWE 1997, S. 115 = MDR 1997, S. 1020 = WuM 1997, S. 461; a. A.: BayObLG, Beschluss vom 19.03.1998 – 2 Z BR 131/97, WuM 1998, S. 563 ff. in einem Fall, in dem über das Sondernutzungsrecht an einer Gartenfläche hinaus vereinbart wurde, dass der Sondernutzungsberechtigte den Garten „ortsüblich nutzen" darf.
344   BayObLG, Beschluss vom 21.04.1992 – 2 Z 20/92, DWE 1993, S. 166 = WE 1993, S. 255; BayObLG, Beschluss vom 26.06.1986 – BReg 2 Z 84/85, MDR 1986, S. 940; BayObLG, Beschluss vom 21.05.1999 – 2 Z BR 188/98, n.v.; OLG Köln, Beschluss vom 21.02.1997 – 16 Wx 8/97, DWE 1998, S. 51 = MDR 1997, S. 1020 = WuM 1997, S. 461; OLG Köln, Beschluss vom 22.06.1998 – 16 Wx 99/98, NZM 1998, S. 864; OLG Hamburg, Beschluss vom 31.08.1998 – 2 Wx 109/97, WUM 1998, S. 743 f. = ZMR 1998, S. 797 f.
345   OLG Köln, Beschluss vom 13.02.1998 – 16 Wx 3/98, NZM 1999, S. 178 f. für eine 1,90 m hohe Sichtschutzwand; OLG Köln, Beschluss vom 22.06.1998 – 16 Wx 99/98, NZM 1998, S. 864 für eine Zaunanlage.
346   BayObLG, Beschluss vom 28.10.1998 – 2 Z BR 122/98, NZM 1999, S. 261.
347   Dabei handelt es sich um eine Palisadenwand aus Rundhölzern auf einer Erdaufschüttung: OLG Schleswig, Beschluss vom 27.01.1999 – 2 W 90/98, NJW-RR 1999, S. 666 f.
348   OLG Köln, Beschluss vom 19.06.1995 – 16 Wx 46/95, DWE 1995, S. 156 (157).

XI. Tätige Mithilfe

1. Pflicht zur tätigen Mithilfe

Die Wohnungseigentümergemeinschaft ist nicht befugt, durch Mehrheitsbeschluss die Eigentümer zur tätigen Mithilfe bei der Instandhaltung, Instandsetzung und Pflege der Wohnungseigentumsanlage heranzuziehen.[349] Insbesondere kann dem einzelnen Wohnungseigentümer jedenfalls dann nicht durch Mehrheitsbeschluss eine „tätige Mithilfe" aufgegeben werden, wenn er die ihm aufgegebene Arbeit nicht sachgerecht oder nur mit nicht vertretbarem Aufwand ausführen kann.[350] Dies ergibt sich zunächst daraus, dass eine solche tätige Mithilfe wie etwa das Treppenhausreinigen, Straßenreinigen, Streuen im Winter[351] und etwa die Verpflichtung zur Gartenarbeit[352] keine von § 15 Abs. 2 WEG erfasste Gebrauchsregelung darstellt. Diese Tätigkeiten sind der ordnungsgemäßen Instandhaltung gem. § 21 Abs. 5 Nr. 2 WEG zuzurechnen, was bedeutet, dass der Verwalter die dazu erforderlichen Maßnahmen zu treffen hat (§ 27 Abs. 1 Nr. 2 WEG). Mit umfasst hiervon sind auch pflegende, erhaltende und vorsorgliche Maßnahmen am Gemeinschaftseigentum. Eine Übertragung solcher Aufgaben an die einzelnen Eigentümer würde dem Grundkonzept des WEG zur Aufgabenverteilung zwischen Eigentümer und Verwalter widersprechen.[353] Hinzu kommt, dass bereits gem. § 16 Abs. 2 WEG für den einzelnen Wohnungseigentümer die Pflicht besteht, durch anteilige Geldleistungen die Durchführung der gemeinschaftlichen Verwaltung und damit auch

---

349 So die herrschende Meinung: OLG Düsseldorf, Beschluss vom 15.10.2003 – I-3 Wx 225/03, DWE 2004, S. 66 ff. = ZMR 2004, S. 694; OLG Köln, Urteil vom 12.11.2004 – 16 Wx 151/04, ZMR 2005, S. 229 (230); OLG Düsseldorf, Beschluss vom 01.10.2003 – I-3 Wx 393/02, NJW 2004, S. 107, KG Berlin, Beschluss vom 12.11.1993 – 24 W 3064/93, ZMR 1994, S. 70.

350 OLG Düsseldorf, Beschluss vom 15.10.2003 – I-3 Wx 225/03, ZMR 2004, S. 694 zur verlangten Reinigung der Dachrinnen, Wartung der Rückstausicherung, Wechsel defekter Glühbirnen und Reinigung der Einfahrt jeweils im jährlichen Wechsel von einem der Wohnungseigentümer; OLG Düsseldorf, Beschluss vom 01.10.2003 – I-3 Wx 393/02, ZMR 2005, S. 143; AG Halle/Saalkreis, Beschluss vom 05.07.2005 – 120 II 48/05, WuM 2006, S. 52; OLG Köln, Beschluss vom 12.11.2004 – 15 Wx 151/04, NJW-RR 2005, S. 529 zur gerügten inhaltlichen Unbestimmtheit eines Beschlusses zur Übernahme „einfacher Pflegearbeiten" wie Kehren, Unkraut jäten, Gießen von Blumen etc., der nicht festlegt, wer wann welche Arbeiten in welchem Umfang zu erledigen hat.

351 OLG Stuttgart, Beschluss vom 19.05.1987 – 8 W 89/87, MDR 1987, S. 847 = NJW-RR 1987, S. 976; OLG Düsseldorf, Beschluss vom 01.10.2003 – I-3 Wx 393/02, ZMR 2005, S. 142.

352 OLG Köln, Beschluss vom 12.11.2004 – 15 Wx 151/04, NJW-RR 2005, S. 529 (230); OLG Düsseldorf, Beschluss vom 01.10.2003 – I-3 Wx 393/02, NJW 2004, S. 107; KG, Beschluss vom 12.11.1993 – 24 W 3064/93, ZMR 1994, S. 70.

353 Schmidt, a. a. O. und insbesondere S. 488 zur teilweise abweichenden Rechtsprechung.

der ordnungsgemäßen Instandhaltung und Instandsetzung zu finanzieren. Eine daneben anzunehmende Pflicht zur aktiven Mithilfe bei der Bewältigung dieser Aufgaben bedeutet im Ergebnis eine doppelte Inanspruchnahme einzelner Wohnungseigentümer.[354]

Die Rechtsprechung ist allerdings uneinheitlich. Während eine Auffassung[355] davon ausgeht, dass ein Mehrheitsbeschluss eines aufgestellten Planes zur Erfüllung einer gemeinschaftlichen Schneeräum- und Streupflicht durch einzelne Wohnungseigentümer im Wechsel ordnungsgemäßer Verwaltung entspricht und damit zulässig ist, kommt die Gegenansicht[356] zu dem Ergebnis, dass ein Wohnungseigentümer nicht durch Mehrheitsbeschluss zur Erfüllung der Streupflicht – sei es durch eigenhändige Tätigkeit oder durch Beauftragung eines Dritten – herangezogen werden kann. Hierzu sei eine Vereinbarung oder ein entsprechender einstimmiger Beschluss, jedenfalls aber die Zustimmung aller Eigentümer, erforderlich.

Ebenso geht das KG[357] davon aus, dass einzelne Wohnungseigentümer nicht durch einen Mehrheitsbeschluss zur Gartenpflege oder zur Kostenübernahme hierfür verpflichtet werden können. So entschied auch das BayObLG[358] für den notwendigen Anstrich von Balkongeländern und hob hervor, diese Tätigkeit sei eine Gemeinschaftsaufgabe, wenn in der Gemeinschaftsordnung nichts anderes bestimmt sei. Abweichend entschied für die Haus- und Treppenhausreinigung das BayObLG[359] und ließ einen Mehrheitsbeschluss als taugliche Grundlage für die turnusmäßige Reinigungspflicht einzelner Wohnungseigentümer zu.[360] Zulässig ist es allerdings, Wohnungseigentümer von der anteiligen Kostentragung (§ 16 Abs. 2 WEG) durch entsprechende Eigenleistung zu befreien, wenn dadurch die übrigen Wohnungseigentümer nicht höher belastet werden.[361] Sieht aber die Teilungserklärung selbst oder die Gemeinschaftsordnung eine aktive Mitwirkung vor oder lassen sich in Ausnahmefällen durch

---

354 Dazu: Bielefeld, Der Wohnungseigentümer, S. 279 f.; Schmidt, a. a. O.
355 OLG Stuttgart, Beschluss vom 19.05.1987 – 8 W 89/87, NJW-RR 1987, S. 976 ff.; ebenso LG München I, Urteil vom 02.08.2010 – 1 S 4042/10, MietRB 2011, S. 154 = ZMR 2010, 991.
356 OLG Hamm, Beschluss vom 31.08.1981 – 15 W 38/81, MDR 1982, S. 150; ebenso OLG Düsseldorf, Beschluss vom 23.06.2008 – 3 Wx 77/08, NZM 2009, 162.
357 KG, Beschluss vom 12.11.1993 – 24 W 3064/93, DWE 1994, S. 32 = NJW-RR 1994, S. 207 = OLGZ 1994, S. 273 = WuM 1994, S. 101 = ZMR 1994, S. 70.
358 BayObLG, Beschluss vom 30.06.1983 – 2 Z 76/82, DWE 1983, S. 123.
359 BayObLG, Beschluss vom 24.03.1994 – 2 Z BR 28/94, DWE 1994, S. 70 = WuM 1994, S. 403 = ZMR 1994, S. 430.
360 Anderer Ansicht die erste Instanz AG München, Beschluss vom 28.12.1992 – UR II 600/92, DWE 1993, S. 44.
361 Bielefeld, Der Wohnungseigentümer, S. 280 mit weiteren Nachweisen zur Rechtsprechung, der als Beispiele Hausmeister- oder Reinigungskosten anführt.

tätige Mitwirkung erhebliche Kosten einsparen, so besteht auch eine aktive Pflicht einzelner Wohnungseigentümer zur aktiven Mitwirkung bei der Instandsetzung, Instandhaltung und Pflege der Wohnungseigentumsanlage. So kann die Haus- und Treppenreinigung durch Hausordnung geregelt werden (§ 21 Abs. 5 Nr. 1 WEG).[362]

Beispiel: Tätige Mithilfe beim Schnee schippen

Eine Wohnungseigentümergemeinschaft verfügt über einen großflächigen Außenbereich. Von der Straße aus wird der Komplex durch einen gemeinschaftlichen Weg von 20 bis 25 m Länge erschlossen. Die Eigentümergemeinschaft hatte darüber zu befinden, wer den Winterdienst für diesen Weg ausübt. Sie beschloss, dass der Weg von Oktober bis März abwechselnd wöchentlich nach einem bestimmten Zeitplan durch die einzelnen Eigentümer geräumt und gestreut werden sollte. Eine Miteigentümerin zog nicht mit und erhob Anfechtungsklage gegen den Beschluss der anderen Wohnungseigentümer – erfolglos.

Das LG München I[363] gab der Klägerin zwar zu, dass eine Verpflichtung einzelner Wohnungseigentümer zur tätigen Mithilfe durch Mehrheitsbeschluss grundsätzlich unzulässig sei. Die Wohnungseigentümer könnten allerdings die Hausordnung mehrheitlich mit entsprechenden Regelungen beschließen (§ 21 Abs. 5 Nr. 1 WEG). Dort durften – so der Hinweis des Gerichts – auch grundsätzlich Verhaltensvorschriften geregelt werden, mit denen der Schutz des Gebäudes, die Aufrechterhaltung von Sicherheit und Ordnung und die Erhaltung des Hausfriedens sichergestellt werden sollen. Deshalb kommen auch Regelungen zum Winterdienst in einer Hausordnung zulässig in Betracht.
Natürlich finde diese Regelungskompetenz ihre Grenze, soweit dadurch eine Verpflichtung zur tätigen Mithilfe geschaffen werde. Ausnahmsweise zulässig sei aber eine Regelung, die Aufgaben beinhalte, die typischerweise in Hausordnungen vorkommen. Dies sei bei der Schneeräumpflicht genauso der Fall wie zum Beispiel bei der Treppenhausreinigung.
Auch an dieser Stelle ist nochmals hervorzuheben, dass ein an sich unzulässiger Mehrheitsbeschluss nach verstrichener Anfechtungsfrist bestandskräftig

---

362 Ist die Hausordnung – statt mehrheitlich beschlossen – zwischen allen Wohnungseigentümern als Vereinbarung zu Stande gekommen, so kann sie zulässig Gebrauchsbeschränkungen und Verwaltungsgebote regeln, typischerweise auch Bestimmungen zur Treppenhaus- und Gehwegreinigung sowie zu Winterdienst oder Gartenarbeiten (im Einzelnen: Elzer, ZMR 2006, S. 733 (737) ff.).
363 LG München I, Urteil vom 02.08.2010 – 1 S 4042/10, ZMR 2010, 991.

wird und den einzelnen Wohnungseigentümer zu einem entsprechenden Tun verpflichtet.

2. Vergütungsanspruch

Holt ein Wohnungseigentümer bei der Instandsetzung vom gemeinschaftlichen Eigentum Angebote ein, führt er Korrespondenz mit den anbietenden Bauhandwerkern und führt er danach die Aufsicht auf der Baustelle, so hat er dennoch gegenüber den anderen Wohnungseigentümern keinen Anspruch auf Vergütung für die geleisteten Dienste im Rahmen seiner tätigen Mithilfe.[364]

---

364   BayObLG, Beschluss vom 07.05.1998 – 2 Z BR 111/97, WuM 1998, S. 676 ff.

XII. Anspruch auf „verfassungskonformen Gebrauch"

Bereits zuvor wurde auf Gebrauchsregelungen hingewiesen, die sich aus der Teilungserklärung, der Gemeinschaftsordnung, aus Beschlüssen der Wohnungseigentümergemeinschaft wie auch aus dem kodifizierten Wohnungseigentumsrecht ergeben können. Daraus erwächst ein Anspruch, Gemeinschafts-, Sonder- und Teileigentum nur im Rahmen dieser Gebrauchsregelungen zu nutzen. Versteht man diese Gebrauchsregelungen als intern gesetzte „Verfassung der Wohnungseigentümergemeinschaft", so besteht ein Individualanspruch auf „verfassungskonformen" Gebrauch. Grundlage dieses Anspruchs sind §§ 15 Abs. 3 WEG, 1004 Abs. 1 Satz 1 BGB. Danach kann jeder Wohnungseigentümer einen Gebrauch des gemeinschaftlichen Eigentums und damit auch derjenigen Flächen, an denen ihm ein Sondernutzungsrecht zusteht, verlangen, der den Vereinbarungen und Beschlüssen der Wohnungseigentümergemeinschaft nach billigem Ermessen entspricht.

Beispiel: Der gewerblich nutzende Teileigentümer baute einen Lastenaufzug und einen Ventilator zur Abführung von Wärme. Der unerträgliche Betriebslärm der Geräte veranlasste den Mieter der unteren Wohnung zur sofortigen Kündigung. Das BayObLG[365] sprach Schadensersatz für Mietausfall zu und begründete: Verletzt ein Wohnungseigentümer schuldhaft seine Verpflichtung, von seinem Sondereigentum nur sozialverträglich ohne vermeidbare Nachteile für Andere Gebrauch zu machen (§ 14 Nr. 1 WEG), so ist er wegen positiver Forderungsverletzung zum Ersatz des daraus entstehenden Schadens verpflichtet. Diese Pflicht trifft auch sonstige Nutzer (§ 14 Nr. 2 WEG).

Beispiel: Dem Wohnungsverkäufer war eine Fläche des gemeinschaftlichen Eigentums zur Sondernutzung als Garten durch Teilungserklärung zugewiesen worden. Tatsächlich wurden auf der Sondernutzungsfläche Einstellplätze angelegt. Der veränderte Zustand wurde in einem schriftlichen Beschluss der Wohnungseigentümer genehmigt, den auch der Veräußerer der Wohnung mit unterzeichnete. Eine Grundbucheintragung erfolgte nicht. Der Erwerber der Wohnung verlangt die Verlegung der Stellplätze sowie die Zuweisung der Fläche zur Sondernutzung entsprechend der Teilungserklärung.[366]

---

365 BayObLG, Beschluss vom 24.10.2001 – 2 Z BR 120/01, NZM 2002, S. 167 (168) m. w. N.
366 Beispiel, gebildet nach OLG Celle, Beschluss vom 22.08.2006 – 4 W 101/06.

Das erkennende OLG Celle gestand den Anspruch auf verfassungskonformen Gebrauch, hier auf Sondernutzung des gemeinschaftlichen Eigentums entsprechend der Teilungserklärung, nicht zu, weil der Wohnungsveräußerer einem entgegenstehenden Beschluss der Wohnungseigentümergemeinschaft mit seiner eigenen Unterschrift beigetreten war. Daran sei der Sonderrechtsnachfolger als Antragsteller gebunden. Sein Anspruch sei verwirkt, auch wenn die Verwirkung nicht aus dem Grundbuch ersichtlich sei.[367]

---

367 OLG Celle, a. a. O., S. 841 m. w. N.

XIII. Beseitigungs- und Unterlassungsanspruch

Wie ausgeführt, basieren Nachbarrechte des einzelnen Wohnungs- oder Teileigentümers auf seinem Sondereigentum (§§ 1, 3 und 5 WEG). Wohnungseigentum ist echtes Eigentum (§ 903 BGB) und genießt den Schutz von § 1004 BGB.[368] Die aus diesem Sondereigentum fließenden Individualansprüche auf Unterlassung von teilungserklärungswidrigen Nutzungen von Räumen bedürfen nicht der Ermächtigung durch die übrigen Wohnungseigentümer.[369]

Aus dem gemeinschaftlichen Eigentum fließende Nachbarrechte können nur unter den Voraussetzungen der in § 21 Abs. 2 WEG enthaltenen Befugnis zur Notgeschäftsführung von einzelnen Sondereigentümern geltend gemacht werden.[370] In diesem Rahmen bestehen zunächst Beseitigungs- und Unterlassungsansprüche gem. §§ 1004 Abs. 1, 906 Abs. 1, 862 Abs. 1 Satz 1 BGB. Auch der „vorbeugende" Unterlassungsanspruch gegen erstmalig drohende Beeinträchtigungen ist möglich[371]. Außerhalb der Notgeschäftsführung nach § 21 Abs. 2 WEG sind einzelne Miteigentümer ohne entsprechenden Gemeinschaftsbeschluss nicht zur Verfolgung von Beseitigungs- und Unterlassungsansprüchen gem. § 1004 BGB berechtigt. Dies gilt insbesondere für Ansprüche nach § 1004 BGB aus Instandhaltungs- und/oder Veränderungsmaßnahmen am Gemeinschaftseigentum gegen die Verwaltung.[372]

Daneben besteht ein wohnungseigentumsrechtlicher Beseitigungsanspruch aus §§ 14 Nr. 1, 15 Abs. 3 WEG. Danach kann jeder Wohnungseigentümer von seinem Miteigentümer verlangen, einen Gebrauch der Wohnung zu unterlassen, der ihm einen Nachteil zufügt, der über das unvermeidliche Maß hinausgeht oder dem Interesse der Gesamtheit der Wohnungseigentümer widerspricht.

Zu untersuchen bleibt, inwieweit dem einzelnen Mitglied oder der Wohnungseigentümergemeinschaft die allgemeinen nachbarrechtlichen Beseitigungs- und Unterlassungsansprüche zur Seite stehen.

---

368 Hinweisend: BGH, Beschluss vom 19.12.1991 – V ZB 27/90, NJW 1992, S. 978 m. w. N.; dazu Lechner, Inhalt und Schranken des Eigentumsrechts der Sondereigentümer und Sondernutzungsberechtigten, NZM 2005, S. 604 ff.

369 BayObLG, Beschluss vom 11.04.2005 – 2 Z BR 240/04, BayObLGR 2005, S. 610.

370 BayVGH, Beschluss vom 12.09.2005 – 1 ZB 05/42, BauR 2006, S. 501 = NVwZ-RR 2006, S. 430; OVG NW, Beschluss vom 28.02.1991 – 11 B 2067/90, DWW 1991, S. 149 = NJW-RR 1993, S. 598 = NVwZ-RR 1992, S. 11 = ZMR 1191, S. 276.

371 Grziwotz, Wohnungseigentum und Nachbarrecht, MietRB 2014, S. 122 ff. (124).

372 OLG Schleswig, Beschluss vom 05.01.1998 – 2 W 109/97, ZfIR 1998, S. 425 f. = FGPrax 1998, S. 51 f. = DWE 1998, S. 181 f.; OLG Hamm, Beschluss vom 12.03.1999 – 15 W 17/99, ZMR 1999, S. 507 ff. für einen Beseitigungs- und Unterlassungsspruch wegen Beeinträchtigung des Sondereigentums (Abstellen von Mülltonnen in der gemeinsamen Garage) gegen die Verwaltung.

1. Eigentumsschutz

Obgleich die verschiedenen Wohnungseigentümer nicht Nachbarn im strengen Sinne des Nachbarrechtes sind, darf auch der einzelne Wohnungseigentümer im Sinne von § 903 BGB mit seinem Sondereigentum grundsätzlich nach Belieben verfahren (§§ 13, 14 WEG). Er ist darüber hinaus zum Gebrauch des gemeinschaftlichen Eigentums berechtigt (§§ 14, 15 WEG). Seine Position steht unter dem Vorbehalt, dass das Gesetz oder Rechte Dritter der Benutzung nicht entgegenstehen. Das Gebot der Rücksichtnahme auf die Interessen der übrigen Eigentümer erfordert, dass vom Sondereigentum oder vom Gemeinschaftseigentum nur in der Weise Gebrauch gemacht wird, dass den übrigen Eigentümern dadurch kein Nachteil erwächst.[373]

In diesen Grenzen hat der Wohnungseigentümer ein Herrschaftsrecht, das sich auf die im Sacheigentum stehenden Räume und Gebäudeteile erstreckt. Auch wenn dieses Herrschaftsrecht teilweise nicht als Eigentumsschutz verstanden wird,[374] stehen dem einzelnen Wohnungseigentümer bei zweckwidriger Nutzung des Sonder- und des Gemeinschaftseigentums durch andere Miteigentümer im Falle seiner Beeinträchtigung Beseitigungs- und Unterlassungsansprüche nach § 1004 Abs. 1 BGB in Verbindung mit §§ 14 Nr. 1, 15 Abs. 3 WEG als Individualansprüche zu.[375] Beseitigungs- und Unterlassungsansprüche aus § 1004 Abs. 1 BGB in Verbindung mit den wohnungseigentumsrechtlichen Vorschriften stehen auch dem Sondernutzungsberechtigten am Gemeinschaftseigentum zu.[376]

Kraft seines Herrschaftsrechts kann der Eigentümer sein Sondereigentum bestimmungsgemäß nutzen und die Nutzung auch ändern, soweit §§ 14, 15 WEG dem nicht entgegenstehen.[377] Auch kann er sein Wohnungseigentum vermieten und insoweit den ihm zustehenden Mitgebrauch am Gemeinschaftseigentum dem Mieter überlassen[378]. Hinsichtlich des Sondereigentums genießt der Wohnungseigentümer also den vollen Eigentumsschutz aus § 1004 BGB. Er kann auch gegen Beeinträchtigungen, die von einem Nachbargrundstück zu erwar-

---

373 Alheit, Nachbarrecht, 11. Aufl. 2006, S. 93.
374 So etwa Wellkamp, Rechtshandbuch – Wohnungseigentum, 1998, T. 5, Rdnr. 347, S. 150.
375 Allgemeine Meinung vgl. nur: BayObLG, Beschluss vom 18.03.1997 – 2 Z BR 116/96, NJWE-MietR 1997, S. 297 f.; KG Berlin, Beschluss vom 17.02.1993 – 24 W 3563/92, NJW-RR 1993, S. 909 = OLGZ 1993, S. 427 = WuM 1993, S. 292 = ZMR 1993, S. 289; Bielefeld, S. 167, der dem Wohnungseigentümer vollen Eigentumsschutz im Sinne von § 903 BGB zuerkennt, sowie S. 151 ff.
376 OLG Hamm, Beschluss vom 15.08.1996 – 15 W 58/96, DWE 1997, S. 119.
377 Wellkamp, T. 5, Rdnr. 346, S. 150.
378 Wellkamp, a. a. O.; dazu näher unter Punkt VIII.

ten sind, mit der öffentlich-rechtlichen Nachbarklage vorgehen[379]. Dies gilt auch bei Beeinträchtigungen durch das Sondereigentum eines anderen Eigentümers derselben Wohnanlage, nicht jedoch bei Einwirkungen durch Gebäudeteile, die im Gemeinschaftseigentum stehen. In letzterem Fall ist der Sondereigentümer gleichzeitig als Miteigentümer des Gemeinschaftseigentums Störer und damit nicht „Nachbar"[380].

Auch hinsichtlich des Gemeinschaftseigentums kann jeder Wohnungseigentümer nach § 1011 BGB mit Ansprüchen aus § 1004 BGB gegen den Störer vorgehen[381] und ist – im Gegensatz zur Geltendmachung von Forderungen – allein aktivlegitimiert.

Ansprüche bei Störung des Sondereigentums durch andere Wohnungseigentümer oder die Gemeinschaft oder Störungen des Miteigentums durch andere Wohnungseigentümer sind gem. § 43 WEG geltend zu machen. Das gilt auch für Streitigkeiten um Sondernutzungsrechte am Gemeinschaftseigentum (BGH, MDR 1990, 529). Bei den Pflichten des Wohnungseigentümers nach § 14 Nr. 1 WEG ist zu beachten, dass Nachteil i. S. der Vorschrift nicht nur eine erhebliche Beeinträchtigung oder Gefährdung umfasst[382]. Nachteil kann im Gegensatz zum Anwendungsbereich des § 1004 BGB auch eine ästhetische Beeinträchtigung sein, so das Aufstellen von Gartenzwergen im gemeinschaftlichen Gartenbereich[383].

Darüber hinaus kann eine Beeinträchtigung im Sinne von § 14 WEG auch darin bestehen, dass ein zwar gesetzlich erlaubter, aber mit einem sozialen Unwerturteil breiter Bevölkerungskreise behafteter Betrieb sich negativ auf den Verkehrswert oder den Mietpreis einer Eigentumswohnung auswirkt (z. B. Beratungs- und Betreuungsstellen für Drogenabhängige und Unterkünfte für nicht Sesshafte)[384].

2. Besitzschutz

Im Hinblick auf das Sondereigentum ist der Wohnungseigentümer Teilbesitzer im Sinne des § 865 BGB. Er hat dieselben Rechte aus den §§ 859 f. BGB wie der

---

379 OVG Berlin, BRS 29 Nr. 143.
380 BGH, Urteil vom 21.05.2010 – V ZR 10/10, NJW 2010, 2347 = DWW 2010, 271 = NZM 2010, 556; VGH Mannheim, NJW 1985, 990.
381 BayObLGZ 1977, 177 f.
382 BayObLGZ 1979, 267.
383 OLG Hamburg, NJW 1988, 2052.
384 OLG Düsseldorf, ZMR 2004, S. 447.

Alleinbesitzer. Dagegen ist er beim gemeinschaftlichen Eigentum Mitbesitzer. Soweit es um die Grenzen des dem Einzelnen zustehenden Gebrauchs geht, findet ein Besitzschutz nicht statt (§ 866 BGB). Bei Besitzstörungen durch andere Wohnungseigentümer ist der Eigentümer auf Ansprüche nach §§ 13 bis 15 WEG verwiesen.[385] Er kann verlangen, dass er das gemeinschaftliche Eigentum im Rahmen der geltenden Gebrauchsregelungen[386] benutzen kann. Wird der Besitz völlig vorenthalten, so besteht ein Anspruch auf Einräumung des Mitbesitzes.[387] Handelt es sich um eine Besitzstörung durch Dritte, die außerhalb der Wohnungseigentümergemeinschaft stehen, so gilt der Besitzschutz nach §§ 859 f. BGB uneingeschränkt.[388]

3. Beeinträchtigung

Anders als im Nachbarrecht, das die Verhältnisse zwischen Grundstücksnachbarn regelt, kommt es für die Bejahung eines Abwehr- und Beseitigungsanspruchs unter Wohnungseigentümern nur darauf an, dass eine nicht ganz geringfügige, konkret spürbare und objektiv feststellbare Beeinträchtigung vorliegt[389].

Für das Verhältnis der Wohnungseigentümer untereinander gelten die allgemeinen Vorschriften des Nachbarrechts nicht schrankenlos.[390] Diese Wertung trägt der in der Regel größeren räumlichen Nähe zwischen Wohnungseigentümern Rechnung. Sie entspricht der wechselseitigen Rücksichtnahme sowie der Schutz- und Treuepflicht innerhalb einer Eigentümergemeinschaft. Dies gilt auch, wenn Ansprüche aus der Rechtsposition des Sondereigentümers oder des Sondernutzungsberechtigten hergeleitet werden.[391]

---

385 BGH, Urteil vom 26.03.1974 – VI ZR 103/72, BGHZ Bd. 62, 248.
386 Z. B. für Waschküche und für Trockenräume.
387 BGH, Urteil vom 14.01.1959 – V ZR 82/57, BGHZ, Bd. 29, 372 (377).
388 Zu dem Vorstehenden vgl. Alheit, Nachbarrecht, S. 52 – 53.
389 Kritisch und auf die Schwelle des allgemeinen Nachbarrechts abstellend: Lechner, NZM 2005, S. 604 (607).
390 Für §§ 1004, 906 BGB: BayObLG, Beschluss vom 12.08.2004, 2 Z BR 148/04, NZM 2005, S. 69; für § 922 BGB: OLG München, Beschluss vom 13.09.2005 – 32 Wx 71/05, MDR 2006, S. 258 f.
391 OLG Köln, Beschluss vom 07.06.1996 – 16 Wx 88/96, NJW-RR 1997, S. 14; OLG Köln, Beschluss vom 12.05.1997 – 16 Wx 67/97, NJW-RR 1998, S. 83 f.; OLG Hamburg, Beschluss vom 20.04.1988 – 2 W 7/87, DWE 1998, S. 31 = MDR 1988, S. 867 = NJW 1988, S. 2052 = NJW-RR 1988, S. 1043 = OLGZ 1988, S. 308 = VersR 1988, S. 1027; BayObLG, vom 23.10.1992 – 2 Z BR 78/92, DWE 1993, S. 38 = WuM 1992, S. 705; anderer Ansicht: AG Weinheim, Beschluss vom 22.10.1990 – UR II 23/88, DWE 1991, S. 84.

4. Beseitigungs- und Unterlassungsanspruch intern im Verhältnis der Wohnungseigentümer zueinander

Aufgrund der vom BGH mit Beschluss vom 02.06.2005[392] zuerkannten und vom WEG-Reformgesetzgeber in § 10 Abs. 6 WEG implementierten Teilrechtsfähigkeit der Wohnungseigentümergemeinschaft ist fraglich geworden, ob ursprünglich individuelle Unterlassungs- und Beseitigungsansprüche aus § 1004 Abs. 1 Satz 1 BGB in Verbindung mit §§ 14, 15, 22 Abs. 1 Ziff. 2, 21 Abs. 4 WEG weiterhin nur dem einzelnen beeinträchtigten Mitglied[393] oder daneben auch der Eigentümergemeinschaft als Verband zustehen können, die den Verwalter dann mit der Geltendmachung dieser Ansprüche beauftragen kann.[394] Die gesetzliche Anerkennung und inhaltliche Ausprägung der Teilrechtsfähigkeit der WEG in § 10 Abs. 6 WEG ist aber im Zusammenhang mit Abs. 1 der Vorschrift zu lesen, der die grundsätzlichen Rechte und Pflichten aus dem Eigentum dem einzelnen Wohnungseigentümer vorbehaltlich abweichender ausdrücklicher gesetzlicher Bestimmungen zuordnet. § 10 Abs. 6 Satz 2 und 3 WEG beschränkt aber die eigene Kompetenz der WEG als Verband auf die Wahrnehmung nur gemeinschaftsbezogener Rechte und Pflichten der Wohnungseigentümer. Individualrechte sind dagegen ausdrücklich nicht erfasst. Folgerichtig hat der BGH in seiner Entscheidung vom 30.03.2006[395] die Teilrechtsfähigkeit und damit die Sachkompetenz des WEG-Verbandes auf Fälle beschränkt, in denen zur Bewirtschaftung des gemeinschaftlichen Gebäudes und des Grundstücks der Abschluss von Rechtsgeschäften mit Dritten erforderlich ist. Insoweit sei dem Verband auch das Betreiben gerichtlicher Verfahren wegen Ansprüchen aus solchen Verträgen zugewiesen. Im Verhältnis der Wohnungseigentümer zueinander sind nur die Ansprüche auf Erfüllung der regelmäßigen und besonderen Beiträge dem Verband zugeordnet und daher von diesem gegenüber den Wohnungseigentümern gerichtlich geltend zu machen. Dies ist logisch, denn hier geht es um gemeinschaftsbezogene Rechte wie zum Beispiel Angelegenheiten des Hausgeldes, der Instandhaltungsrücklage oder sonstiger Kostenumlagen. Individuelle Ansprüche hat der BGH aber den Wohnungseigentümern ausdrücklich als Anspruchsinhaber belassen; dazu zählen nachbarrechtliche Unterlassungsansprüche aus § 1004 BGB.

---

392 BGH, Beschluss vom 02.06.2005 – V ZB 32/05, NJW 2005, S. 2061 = NZM 2005, S. 543.
393 So: OLG München, Beschluss vom 27.07.2005 – 34 Wx 69/05, NJW 2005, S. 3006 = NZM 2005, S. 672.
394 So: OLG München, Beschluss vom 17.11.2005 – 32 Wx 77/05, MietRB 2006, S. 102.
395 BGH, Beschluss vom 30.03.2006 – V ZB 17/06, NJW 2006, S. 2187 (2188).

Beispiel: Beide Parteien sind Mitglieder einer Wohnungseigentümergemeinschaft. Der Kläger wendet sich gegen den Beklagten mit dem Antrag, eine von diesem auf der Grundlage der Gemeinschaftsordnung errichtete Mobilfunkantenne abzubauen und den weiteren Betrieb dieser Antenne zu unterlassen.

Zur Klagebefugnis und zur materiellen Anspruchsinhaberschaft (Aktivlegitimation) führt der BGH aus: „Der Verband (gemeint ist die Wohnungseigentümergemeinschaft) ist jedoch weder Mitglied der Eigentümergemeinschaft noch Miteigentümer des Grundstücks. Unterlassungsansprüche aus dem Miteigentum an dem Grundstück stehen daher weder dem Verband zu, noch können sie ohne einen entsprechenden Beschluss der Wohnungseigentümer von dem Verband gerichtlich geltend gemacht werden. Dem entspricht die Inanspruchnahme der Antragsgegnerin durch die Antragstellerin. Ein den Verband ermächtigender Beschluss der Wohnungseigentümer, von der Antragsgegnerin gerichtlich zu verlangen, die Errichtung weiterer Mobilfunkantennen auf dem Dach des Gebäudes zu unterlassen, ist nicht getroffen."[396]

Daraus folgt, dass zwar die Eigentümergemeinschaft als Verband durch Beschluss ermächtigt werden kann, nachbarrechtliche Unterlassungsklage im Innenverhältnis zu anderen beeinträchtigenden und störenden Mitgliedern der Gemeinschaft zu führen. Das kann auch auf Initiative eines einzelnen betroffenen Mitgliedes der Wohnungseigentümergemeinschaft als Anspruchsberechtigter hin erfolgen. Grundsätzlich stehen diese Unterlassungsansprüche aber weiterhin dem einzelnen anspruchsberechtigten Mitglied zu.

Folgerichtig bedarf es auch zur Wahrnehmung dieser individualbezogenen Ansprüche auch keines bestandskräftigen Mehrheitsbeschlusses der Versammlung,[397] so dass als Grundfall der Verfolgung nachbarrechtlicher Beseitigungs- und Unterlassungsansprüche aus § 1004 BGB in Verbindung mit §§ 15 Abs. 3, 14 Nr. 1 WEG auf das folgende Beispiel zurückgegriffen werden kann:

Beispiel: Die Beteiligten streiten um die Verpflichtung der Antragsgegnerin, das Aufstellen eines mobilen Schwimmbeckens auf der ihr ihrer Eigentumswohnung zugewiesenen Gartenfläche zu unterlassen.[398]

---

396 BGH, a. a. O., S. 2188.
397 OLG Zweibrücken, Beschluss vom 05.06.2007 – 3 W 98/07, MDR 2008, S. 78; BayObLG, Beschluss vom 11.04.2005 – 2 Z BR 240/04, BayObLGR 2005, S. 610.
398 Beispiel, gebildet nach KG Berlin, Beschluss vom 19.06.2007 – 24 W 5/07, NZM 2007, S. 847.

Dem Unterlassungsanspruch wurde stattgegeben. Denn mit dem Aufstellen eines mobilen Schwimmbeckens mit einem Durchmesser von 3,5 m und einer Höhe von ca. 90 cm auf der einer Eigentumswohnung zugewiesenen Gartenfläche kann objektiv eine optisch nachteilige Veränderung der Wohnanlage mit der Folge verbunden sein, dass einem Miteigentümer ein entsprechender Unterlassungsanspruch zusteht.

Jeder Miteigentümer kann gemäß § 15 Abs. 3 WEG einen Gebrauch des gemeinschaftlichen Eigentums verlangen, der dem Gesetz, den Vereinbarungen und Beschlüssen und – soweit sich die Regelung hieraus nicht ergibt – dem Interesse der Gesamtheit der Wohnungseigentümer nach billigem Ermessen entspricht. In Verbindung mit § 14 Nr. 1 WEG erwachse daraus ein Unterlassungsanspruch, soweit dieser von dem gemeinschaftlichen Eigentum in der Weise Gebrauch mache, dass dem anderen Wohnungseigentümer über das bei einem geordneten Zusammenleben unvermeidliche Maß hinaus ein Nachteil entstehe. Unter einem Nachteil im Sinne von § 14 Nr. 1 WEG – so das Gericht – sei jede nicht ganz unerhebliche Beeinträchtigung zu verstehen, wozu auch eine Änderung des optischen Gesamteindrucks der Wohnungsanlage zähle.[399] Ob im konkreten Einzelfall ein solcher Nachteil aufgrund der optischen Veränderung gegeben sei, sei Tatfrage und unterliege deshalb tatrichterlicher Würdigung.

Fraglich ist dann aber, ob im Falle einer gerichtlichen Auseinandersetzung zwischen einzelnen Wohnungseigentümern die Wohnungseigentümergemeinschaft als Rechtsperson, vertreten durch deren Verwalter als Organ, an einer wohnungseigentumsrechtlichen Auseinandersetzung überhaupt zu beteiligen ist. Weitergehend ist dann auch zu untersuchen, ob eine außergerichtliche und gerichtliche Geltendmachung solcher Ansprüche durch die Wohnungseigentümergemeinschaft als Rechtsperson, vertreten durch den Verwalter, gegenüber einzelnen Wohnungseigentümern überhaupt durch Beschluss geregelt werden kann.[400]

Fritsch[401] nimmt zumindest eine Beschlusskompetenz zur Konzentration der bei den Wohnungseigentümern selbst liegenden Ansprüche bei der Gemeinschaft an. Folglich könne der Verwalter ermächtigt werden, die Abwehr- und Beseitigungsansprüche mehrerer Einzelmitglieder namens der rechtsfähigen

---

399   KG, a. a. O.
400   Dazu Fritsch, Nachbarrechtliche Besonderheiten im Bereich des Wohnungseigentums, WE 2007, S. 284 (284).
401   Fritsch, a. a. O., S. 20.

Gemeinschaft geltend zu machen.[402] Der BGH hat sich dieser Auffassung mit Beschluss vom 30.03.2006[403] in einem obiter dictum angeschlossen.

Beispiel: *In einer Wohnungseigentumsanlage ist ein Eigentümer berechtigt einen Laden zu führen. Dies ist in der Teilungserklärung so festgelegt. Als er in dem Laden ein Wettbüro einrichtet, sind die anderen Eigentümer damit nicht einverstanden und sagen, die Nutzung als Wettbüro sei nun einmal keine vereinbarte Ladennutzung. Ja, diese Nutzung ist zu unterlassen[404].*

Beispiel: *Nimmt der Wohnungseigentümer eigenmächtig bauliche Veränderungen vor, stört er durch unerlaubte Tierhaltung oder durch Musiklärm, so steht jedem beeinträchtigten Wohnungseigentümer ein Anspruch aus § 1004 Abs. 1 Satz 1 BGB zu. Die Gemeinschaft kann als Verband durch Beschluss zur Rechtsverfolgung ermächtigt werden, ebenso der Verwalter. Individualansprüche und gemeinschaftliche Ansprüche bestehen nebeneinander. Individualansprüche können dem Einzelnen durch Mehrheitsbeschluss nicht entzogen werden.[405] Dazu zählen*

- *Beseitigungs- und Unterlassungsansprüche,[406]*
- *Ansprüche auf ordnungsgemäße Verwaltung, es sei denn, ihre Umsetzung erfordert ein gemeinsames Tätigwerden,[407]*
- *Schadensersatzansprüche gegen Miteigentümer,*
- *Schadensersatzansprüche gegen Dritte,*
- *Schadensersatzansprüche gegen den Verwalter, z. B. bei zu Unrecht verweigerter Zustimmung zur Veräußerung und*

---

402 So auch OLG München, Beschluss vom 12.12.2005 – 34 Wx 83/05, ZMR 2006, S. 304 f.; OLG München, Beschluss vom 17.11.2005 – 32 Wx 77/05, NZM 2006, S. 106 (107); OLG München, Beschluss vom 27.07.2005 – 34 Wx 69/05, ZMR 2005, S. 733; Elzer, Vom Zitter- zum Zwitterbeschluss, ZMR 2005, S. 683 (684); Häublein, Wohnungseigentum – quo vadis?, ZMR 2006, S. 1 (6); Wenzel, Die Verfolgung von Beseitigungsansprüchen durch die Wohnungseigentümergemeinschaft, ZMR 2006, S. 245 f.; zur Problematik umfassend auch: Riecke/Schmidt, Anspruchsbegründung und Anspruchsvernichtung durch Mehrheitsbeschluss – kann die Wohnungseigentümergemeinschaft mit Miteigentümern „kurzen Prozess" machen?, ZMR 2005, S. 252 ff.
403 BGH, Beschluss vom 30.03.2006 – V ZB 17/06, NJW 2006, S. 2187 (2188).
404 AG München, Urteil vom 18.04.2012 – 482 C 24227/11, zitiert nach juris.
405 OLG Hamburg, Beschluss vom 24.10.2008 – 2 Wx 115/08, ZMR 2009, 306; OLG München, Beschluss vom 16.11.2007 – 32 Wx 111/07, MietRB 2008, S. 43 f.; BT-Drucks. 16/887, S. 62; a. A. AG Hamburg-Wandsbek, Beschluss vom 20.07.2007 – 702 II 88/06, WE 2008, S. 9, Wenzel, NZM 2006 S. 321 (323); Elzer, in: Riecke/Schmidt, Kompakt-Kommentar WEG, 2. Aufl. 2007, § 10 WEG Rn. 430, vgl. dazu auch BGH, Urteil vom 12.04.2007 – VII ZR 236/05, NZM 2007, 403.
406 Wenzel, ZWE 2006, S. 2 (7).
407 BGH, Urteil vom 12.04.2007 – VII ZR 236/05, NJW 2007, S. 1952: in diesem Fall ist der Verband ausschließlich zuständig und kann den Individualanspruch durch Mehrheitsbeschluss an sich ziehen.

- *Beschlussanfechtungen, weil sie die Willensbildung innerhalb der Gemeinschaft und nicht ihren Rechtsverkehr betreffen.*[408]

Allerdings kann die WE-Gemeinschaft solche Ansprüche an sich ziehen („vergemeinschaften"), wenn die dafür notwendigen Voraussetzungen erfüllt sind. Sie sind in § 10 Abs. 6 Satz 3 WEG niedergelegt.

Die Vorschrift lautet: „Sie (die Gemeinschaft der Wohnungseigentümer) übt die gemeinschaftsbezogenen Rechte der Wohnungseigentümer aus und nimmt die gemeinschaftsbezogenen Pflichten der Wohnungseigentümer wahr, ebenso sonstige Rechte und Pflichten der Wohnungseigentümer, soweit diese gemeinschaftlich geltend gemacht werden können oder zu erfüllen sind."

Hat dann die Gemeinschaft einen individuell geltend zu machenden Anspruch durch Beschluss zur Ausübung an sich gezogen, entfällt bei den einzelnen Eigentümern die zur Durchsetzung des Anspruchs notwendige Klagebefugnis (Aktivlegitimation)[409]. Hat also die WE-Gemeinschaft den Anspruch an sich gezogen, kann und darf der Einzelne nicht mehr klagen (Verbot der doppelten Rechtshängigkeit).[410]

Die Wohnungseigentümergemeinschaft kann auf Grund ihrer Teilrechtsfähigkeit aber auch Immobilien erwerben (§ 10 Abs. 6 Satz 2 und 4 WEG). Dann wird sie Eigentümerin mit der Folge, dass Ansprüche aus § 1004 BGB auch dem Verband zustehen, ebenso die Abwehransprüche aus Besitz. Sie kann weiter Gemeinschaftsflächen an Dritte vermieten (§ 10 Abs. 1 Satz 1 bis 3 WEG). Auch dann ist sie Trägerin der genannten Ansprüche. Additiv stehen ihr als Vermieterin die mietvertraglichen Ansprüche zu.

Für den Fall vermieteten Wohnungs- und Teileigentums ist festzustellen, dass sich der Abwehr- und Beseitigungsanspruch nicht nur gegen den einzelnen Eigentümer selbst, sondern ebenso gegen den Nutzer dessen Sonder- oder Teileigentums richtet.[411] Unabhängig von Vermietungslagen besteht eine sol-

---

408 Deshalb richtet sich der Anfechtungsantrag immer gegen die übrigen Wohnungseigentümer, nicht gegen den Verband (BGH, Beschluss vom 02.06.2005 – V ZB 32/05, NJW 2005, S. 2061; OLG München, Beschluss vom 02.02.2006 – 32 Wx121/05, ZMR 2006, S. 550.

409 LG Köln, Urteil vom 14.03.2013 – 29 S 181/12.

410 Vgl. dazu im Einzelnen unter 6.

411 BGH, Urteil vom 01.12.2006 – V ZR 112/06, NZM 2007, S. 130 = NJW 2007, S. 432; KG Berlin, Urteil vom 21.03.2006 – 4 U 97/05, DWE 2006, S. 138 = NZM 2006, S. 636, jeweils zur Eigenschaft des Mieters einer Eigentumswohnung als Zustandsstörer und damit als Anspruchsverpflichteter aus § 1004 BGB neben dem Wohnungseigentümer; vgl. auch: AG Frankfurt/Main, Beschluss vom 11.04.2003 – 65 UR 168/02, NZM 2003, S. 447 zur Pflicht des vermietenden Eigentümers, gegen seinen Mieter einzuschreiten, der andere Mieter ständig drangsaliert; OLG Düsseldorf, Beschluss vom 13.02.2007 – 3 Wx 181/05, NZM 2006, S. 782 zur Beseitigungspflicht eines vermietenden Wohnungseigentümers aus dem Gemeinschaftsverhältnis, die durch den Mieter angebrachte Werbefolie zu beseitigen.

che Pflicht aber in jedem Fall eines Nutzungsverhältnisses, egal, ob es vertraglich begründet oder rein tatsächlicher Natur ist. Der korrespondierende Unterlassungsanspruch wird dabei durch eine anzunehmende Einwirkungspflicht des Wohnungseigentümers auf den Wohnungsnutzer, sein störendes Verhalten abzustellen, zusätzlich untermauert.

Beispiel: „Umgangsformen I"

Der Lebensgefährte eines Wohnungseigentümers „pöbelt" andere Mieter und Eigentümer der Anlage mit dauerhaften massiven Verbalattacken an. Einzelne Mieter kündigen daraufhin ihr Mietverhältnis. Die vermietenden übrigen Wohnungseigentümer machen Mietausfallschäden geltend.[412]

Beispiel: „Umgangsformen II"

„Ein Verhalten von Wohnungseigentümern muss dem unter zivilisierten Menschen üblichen Anstand entsprechen." Sie meinen, diese Feststellung sei absolut selbstverständlich und daher nicht erwähnenswert? Exakt so lautet die Quintessenz eines Urteils des AG Freising vom 26.01.2010[413] und belehrt uns damit eines Besseren. Der Amtsrichter gab einer Unterlassungsklage eines Wohnungseigentümers gegen ein anderes Mitglied der Gemeinschaft statt (§§ 1004, 823 BGB), das durch laute Musik, Ball spielen, trampeln, springen innerhalb der Wohnung mutwillig Lärm verursacht hatte und dazu noch häufig geräuschvoll die Haus- und Wohnungseingangstüren zugeworfen hatte. Der verdonnerte Wohnungseigentümer war noch „phantasievoller". Beim Gießen seiner Balkonpflanzen schüttete er mutwillig Wasser auf die Sondereigentums- und Sondernutzungsflächen des drangsalierten Nachbarn im Untergeschoss. Das Heizungsthermostat im Waschkeller entfernte er kurzerhand, nachdem er die Heizung zu hoch eingestellt hatte, damit seine Wäsche dort schneller trocknen konnte. Dazu gefiel er sich noch in Beleidigungen seines Unterliegers und unterließ es auch nicht, den Nachbarn und seine Gäste fortwährend zu fotografieren. All das wurde ihm jetzt gerichtlich untersagt. Damit er sich auch an den Urteilsspruch halten kann, wurde ihm für jeden Fall des Zuwiderhandelns Ordnungsgeld angedroht (§ 890 Abs. 1 ZPO) und für den Fall, dass er nicht zahlt, Ordnungshaft (§ 890 Abs. 2 ZPO).

Im Übrigen liegen den Streitfällen regelmäßig folgende Themenkreise zugrunde:

---

412 Beispiel, gebildet nach OLG Saarbrücken, Beschluss vom 04.04.2007 – 5 W 2/07, NZM 2007, S. 774 f.
413 AG Freising, Urteil vom 26.01.2010 – 6 C1660/07 WEG, ZMR 2010, S. 559.

- Tierhaltung
- Wohnlärm
- Hausmusik
- Schutz des Privat- und Intimbereichs[414]
- Nutzung der Wohnungen für gewerbliche oder freiberufliche Zwecke
- Beschlusskompetenz für Schnee- und Laubfegeplan[415]
- Haustürschließregelungen durch Mehrheitsbeschluss – (Einbruchschutz vs. Brandschutz) insbesondere in gemischt genutzten Objekten[416]
- Nutzung des Treppenhauses z. B. durch eigenmächtig dort aufgestellte Schränke und Möbelstücke[417]
- Nutzung von Kellerräumen
- Nutzungen von Außenanlagen mit Sondernutzungsrechten.

5. Beseitigungs- und Unterlassungsanspruch extern im Verhältnis zu außenstehenden Dritten

Mit Blick auf die obigen Ausführungen, nach denen das Wohnungseigentum „echtes Eigentum" ist, stehen dem Wohnungseigentümer grundsätzlich alle nachbarrechtlichen Ansprüche im Außenverhältnis zu. Aufgrund der gemeinschaftlichen Gebundenheit solcher Ansprüche sowie ebenfalls unter dem Aspekt der zuerkannten Teilrechtsfähigkeit der Wohnungseigentümergemeinschaft fragt es sich aber, ob der einzelne Eigentümer individuell oder die Gemeinschaft aktiv bzw. passiv zur Ausübung der nachbarrechtlichen Ansprüche berechtigt ist.[418]

Dabei kann nach den obigen Darlegungen zum Innenverhältnis in der Gemeinschaft sowohl der einzelne Wohnungseigentümer als auch nach entsprechender Beschlussfassung die Wohnungseigentümergemeinschaft nachbarrechtliche Ansprüche verfolgen.

Kontrovers wurde allerdings in der Instanzrechtsprechung entschieden, ob der einzelne Wohnungseigentümer gemeinsam mit der rechtsfähigen Gemein-

---

414 LG Köln, NZM 2009, 283; eingehend – auch zu nachbarlichen Verhältnissen im Mietrecht – Horst, DWW 2010, 2 ff.
415 OLG Düsseldorf, NZM 2009, 162.
416 OLG Frankfurt/Main, NZM 2009, 440, dazu ausführlich Horst, Verbietet der Brandschutz das Abschließen der Haustür?, DWE 2008, 110 ff.
417 Zur Beseitigung eigenmächtig dort aufgestellter Schränke und Möbelstücke, OLG Hamm NZM 2009, 624.
418 Fritsch, a. a. O., S. 21.

schaft oder diese an seiner Stelle in Anspruch zu nehmen ist, wenn es um die Verfolgung nachbarrechtlicher Ansprüche von dritter Seite gegen die Wohnungseigentümergemeinschaft geht.[419] Der BGH[420] hat die Streitfrage allerdings in der ersten Alternative beantwortet. Denn er betont deutlich, dass der teilrechtsfähige Verband der Wohnungseigentümergemeinschaft selbst nicht Miteigentümer des Grundstücks der Wohnanlage ist, ebenso nicht Mitglied der Wohnungseigentümergemeinschaft selbst. Wohnungseigentümer und Verband können aber bei der Verfolgung gemeinschaftsbezogener Ansprüche (z. B. beim Überbau)[421] gemeinsam vorgehen.

Wegen des grundstücksbezogenen Charakters der allgemeinen nachbarrechtlichen Beseitigungs- und Unterlassungsansprüche ergibt sich daraus, dass – auch in Verbindung mit § 10 Abs. 1 WEG – der störende Grundeigentümer selbst Anspruchsgegner Dritter ist, nicht aber die Gemeinschaft. Die Gemeinschaft ist in Bezug auf grundstücksbezogene Rechte und Pflichten daher weder aktiv- noch passivlegitimiert.[422] Geht die Störung Dritter dabei von mehreren oder von allen Miteigentümern der Anlage aus, so sind sie Klagegegner, aber nicht der Verband.

6. Die „Vergemeinschaftung" individueller Ansprüche im Einzelnen

Ansatz für ein solches Vorgehen der Gemeinschaft ist § 10 Abs. 6 Satz 3 WEG. Die Vorschrift lautet: „Sie (die Gemeinschaft der Wohnungseigentümer) übt die gemeinschaftsbezogenen Rechte der Wohnungseigentümer aus und nimmt die gemeinschaftsbezogenen Pflichten der Wohnungseigentümer wahr, ebenso

---

419 OLG Hamm, Beschluss vom 27.04.2006 – 15 W 92/05, ZWE 2007, S. 44; LG Würzburg, Urteil vom 13.12.2005 – 64 O 1887/05, ZMR 2006, S. 401; OLG München, Beschluss vom 13.07.2005 – 32 Wx 61/05, ZMR 2005, S. 729; OLG München, Beschluss vom 27.07.2005 – 34 Wx 96/05, ZMR 2005, S. 733.

420 BGH, Beschluss vom 30.03.2006 – 5 ZB 17/06, NJW 2006, S. 2187 (2188); BGH, Urteil vom 12.12.2006 – I ZB 83/06, NZM 2007, S. 164; ebenso: LG Wuppertal, Beschluss vom 04.09.2006 – 6 T 516/06, NZM 2006, S. 872.

421 OLG München, Beschluss vom 26.10.2010 – 32 Wx 26/10, WuM 2011, 306.

422 Ebenso: Fritsch, a. a. O., S. 21; Bub, Das Verwaltungsvermögen, ZWE 2007, S. 15 (19); Demharter, Die rechtsfähige Wohnungseigentümergemeinschaft – wer ist verfahrens- und materiell-rechtlich Beteiligter?, NZM 2006, S. 81 (82); ders. Der Beschluss des BGH zur Teilrechtsfähigkeit der Wohnungseigentümer, ZWE 2005, S. 357; Abramenko, Die Teilrechtsfähigkeit der Wohnungseigentümergemeinschaft, ZMR 2006, S. 409 (411); ders., Praktische Auswirkungen der neuen Rechtsprechung zur Teilrechtsfähigkeit der Wohnungseigentümergemeinschaft auf das materielle Wohnungseigentumsrecht, ZMR 2005, S. 585 (586); Sauren, Auswirkungen der Teilrechtsfähigkeit der Wohnungseigentümergemeinschaft für die Praxis, ZWE 2006, 258 (259); Wenzel, Die Verfolgung von Beseitigungsansprüchen durch die Wohnungseigentümergemeinschaft, ZMR 2006, S. 245 (246).

sonstige Rechte und Pflichten der Wohnungseigentümer, soweit diese gemeinschaftlich geltend gemacht werden können oder zu erfüllen sind."
Zunächst noch einmal die Grundregeln:

- Das Sondereigentum (die einzelne Wohnung oder die einzelne Teileigentumseinheit) wird durch einen außenstehenden Nachbarn gestört, der nicht Mitglied der Wohnungseigentümergemeinschaft ist – es handelt sich nicht um verbandsbezogene Ansprüche, sondern der Sondereigentümer ist allein berechtigt, die Störung abzuwehren. Die Eigentümergemeinschaft kann diese Ansprüche nicht an sich ziehen[423] oder die Rechtsverfolgungsbefugnis zur Gemeinschaftsangelegenheit machen.[424]
- Der einzelne Sondereigentümer stört durch die Art und Weise der Nutzung seiner Wohnung oder seiner Teileigentumseinheit außenstehende Dritte wie z. B. Nachbarn, die nicht Mitglied der Wohnungseigentümergemeinschaft sind – Ansprüche richten sich gegen ihn, nicht gegen die Gemeinschaft. Der störende Wohnungs- und Teileigentümer ist allein Beklagter.[425]
- Ein dritter und außerhalb der Wohnungseigentümergemeinschaft stehender Nachbar oder ein sonstiger Dritter stören die Wohnungseigentümergemeinschaft im Gebrauch des Gemeinschaftseigentums. Dann sind Berechtigte von Beseitigungs-, Unterlassungs- und Schadensersatzansprüchen die Wohnungs- und Teileigentümer.[426] Diese Beeinträchtigung des Gemeinschaftseigentums kann der einzelne Wohnungs- und Teileigentümer auch nicht im Rahmen einer Notgeschäftsführung (§ 21 Abs. 3 WEG) in Prozessstandschaft für die Eigentümergemeinschaft geltend machen.[427] Denn diese Ansprüche sind gemeinschaftsbezogen. Deshalb kann die Eigentümergemeinschaft die Befugnis der Ausübung auch an sich ziehen (§ 10 Abs. 6 Satz 3 Halbsatz 2 WEG).[428]

---

423 Grziwotz, Wohnungseigentum und Nachbarrecht, MietRB 2014, S. 122 ff. (128); Schmidt, DWE 2009, S. 78 (80); Bruns, Störungsabwehr und Wohnungseigentümergemeinschaft, NJW 2011, S. 337 f.; Hügel/Schell, Rechtshandbuch Wohnungseigentum, 3. Aufl. 2011, Teil 7, Rn. 7.

424 Grziwotz, Wohnungseigentum und Nachbarrecht, MietRB 2014, S. 122 ff. (128); Hügel/Schell, Rechtshandbuch Wohnungseigentum, 3. Aufl. 2011, Teil 7, Rn. 13, Wenzel, ZMR 2006, 245 f.

425 Grziwotz, Wohnungseigentum und Nachbarrecht, MietRB 2014, S. 122 ff. (128); Schmidt, DWE 2009, S. 78 (80).

426 Grziwotz, Wohnungseigentum und Nachbarrecht, MietRB 2014, S. 122 ff. (128).

427 Grziwotz, Wohnungseigentum und Nachbarrecht, MietRB 2014, S. 122 ff. (128), Bruns, Störungsabwehr und Wohnungseigentümergemeinschaft, NJW 2011, S. 337 (342).

428 Grziwotz, Wohnungseigentum und Nachbarrecht, MietRB 2014, S. 122 ff. (128); Wenzel, NZM 2008, S. 74 f.; Horst, DWE 2008, S. 4 (9); Schmidt, DWE 2009, S. 78 (80); Bruns, NJW 2011, S. 337 (340); Abramenko, ZMR 2007, S. 841 (844); Bärmann/Klein, WEG, 12. Aufl. 2013, § 13 Rn. 142.

• Durch die Nutzung des Gemeinschaftseigentums werden außenstehende Dritte gestört – der davon betroffene Dritte (zum Beispiel der Grundstücksnachbar) hat Ansprüche gegen sämtliche Wohnungs- und Teileigentümer.[429] Die Eigentümergemeinschaft ist nicht passiv legitimiert, also nicht die richtige Beklagte,[430] da sie nicht Eigentümer des Gemeinschaftseigentums ist. Eigentümer ist nicht der teilrechtsfähige Verband, sondern die einzelnen Wohnungseigentümer mit einem Anteil, der mit ihrem Sondereigentum verbunden ist. Zwar muss der Verwalter dafür sorgen, dass entsprechende Störungen nicht auftreten oder unverzüglich abgestellt werden,[431] doch handelt es sich hierbei lediglich um eine Frage ordnungsgemäßer Verwaltung, die das Innenverhältnis der Wohnungs- und Teileigentümer bzw. deren Verhältnis zu ihrem Verwalter betrifft und sich nicht auf die Rechtsposition außenstehender Dritter auswirkt.[432]

Anhand der folgenden Beispiele wird geklärt, wie weit die Vergemeinschaftungsbefugnis aus dieser Vorschrift reicht.

Beispiel: Wohnungseigentümer Q will Verwalter V dazu verpflichten, gegen den Eigentümer E vorzugehen und ihn aufzufordern, die von E angebrachte Markise am Balkon unverzüglich abzubauen. Q verlangt von V, unverzüglich mit aller gebotenen Härte gegen E vorzugehen, wenn er dem Verlangen nicht sofort nachkommt.

Das OLG Braunschweig[433] verweist Q als Eigentümer auf seine eigenen Klagemöglichkeiten. Er selbst und nicht V als Verwalter müsse auffordern und gegen E tätig werden. Denn der Anspruch auf Beseitigung einer baulichen Veränderung folge aus dem Wohnungseigentum gemäß §§ 1004 BGB, 15 Abs. 3 WEG und stehe grundsätzlich nur dem betroffenen Wohnungseigentümer individuell zu. Als Organ des rechtsfähigen Verbandes der Wohnungseigentümer sei der Verwalter zu einer außergerichtlichen oder gerichtlichen Anspruchsverfolgung nicht berechtigt.

---

429 Grziwotz, Wohnungseigentum und Nachbarrecht, MietRB 2014, S. 122 ff. (128); Abramenko, ZMR 2007, S. 841 (844); Bruns, NJW 2011, S. 337 (341); Schmidt, NZM 2010, S. 683 (685).
430 Grziwotz, Wohnungseigentum und Nachbarrecht, MietRB 2014, S. 122 ff. (128); BGH, Urteil vom 12.12.2006 – I ZB 83/06, NZM 2007, 286.
431 Grziwotz, Wohnungseigentum und Nachbarrecht, MietRB 2014, S. 122 ff. (128); Wenzel ZMR 2006, S. 245 f.
432 Grziwotz, Wohnungseigentum und Nachbarrecht, MietRB 2014, S. 122 ff. (128).
433 OLG Braunschweig, Urteil vom 08.02.2010 – 3 W 1/10, ZMR 2010, 626.

Beispiel: Q beantragt deshalb nun, dass die Eigentümerversammlung beschließen möge, gegen E wegen der von ihm angebrachten Markise außergerichtlich und gerichtlich vorzugehen und ihn zu zwingen, die Markise zu entfernen. Die Eigentümerversammlung beschließt mit Mehrheit, den Antrag abzulehnen.

Gemäß § 10 Abs. 6 Satz 3 WEG nimmt die WE-Gemeinschaft

- die gemeinschaftsbezogenen Pflichten der Wohnungseigentümer war (geborene Pflichten),
- ebenso sonstige Rechte und Pflichten, soweit
  - diese gemeinschaftlich geltend gemacht werden können oder
  - zu erfüllen sind (gekorene Pflichten).

Mit Urteil vom 17. Dezember 2010[434] bestätigt der BGH, dass zu den sonstigen gemeinschaftlich geltend zu machenden Rechten der Wohnungseigentümer (§ 10 Abs. 6 Satz 3 Alternative 2 WEG) auch Abwehransprüche nach §§ 1004, 1011 BGB gehören, die wegen der Verletzung des gemeinschaftlichen Eigentums entstanden sind, insbesondere wegen der Vornahme einer ungenehmigten störenden baulichen Veränderung. Da aber aus § 10 Abs. 6 Satz 3 WEG nur die Möglichkeit eines Vergemeinschaftungsbeschlusses folgt, nicht die Pflicht, können die übrigen Wohnungseigentümer zulässig einen Negativbeschluss („Nein, wir gehen nicht gegen E vor") fassen. Denn sie können auf den Antrag des Q beschließen, dessen etwaige Ansprüche an sich zu ziehen, müssen dies aber nicht.

Zu erörtern bleibt dann aber der Anspruch des Q auf Durchführung einer ordnungsgemäßen Verwaltung (§ 21 Abs. 4 WEG). Die Vorschrift lautet:

„Jeder Wohnungseigentümer kann eine Verwaltung verlangen, die den Vereinbarungen und Beschlüssen und, soweit solche nicht bestehen, dem Interesse der Gesamtheit der Wohnungseigentümer nach billigem Ermessen entspricht."

Weiter heißt es dazu in § 21 Abs. 5 Nr. 2 WEG:

„Zu einer ordnungsgemäßen, dem Interesse der Gesamtheit der Wohnungseigentümer entsprechenden Verwaltung gehört insbesondere ...

---

434 BGH, Urteil vom 17.12.2010 – V ZR 125/10, NZM 2011, 807; bestätigt durch BGH, Urteil vom 07.02.2014 – V ZR 45/13

Nr. 2

die ordnungsgemäße Instandhaltung und Instandsetzung des gemeinschaftlichen Eigentums."

Wären diese Vorschriften hier einschlägig und ergebe sich ein entsprechender Anspruch des Q auf Fassung eines Beschlusses, dann müssten die Eigentümer mit „ja" stimmen.

Dem ist aber mit den folgenden Argumenten entgegenzutreten: Bei der Regelung des § 10 Abs. 6 Satz 3 i Alternative 2 WEG handelt es sich um eine Norm, die es der Wohnungseigentümergemeinschaft gestattet, Individualrechte zur Ausübung an sich zu ziehen. Daraus folgt aber keine Pflicht, dies zu tun. Denn der Abwehranspruch aus § 1004 BGB steht dem einzelnen Eigentümer individuell zu. Zwar gehört die Beseitigung baulicher Veränderungen zur ordnungsgemäßen Verwaltung im Sinne von § 21 Abs. 4 WEG, doch war dies bisher nicht Beschlussgegenstand.[435]

Aus dieser Auffassung erwächst dem Q auch kein rechtlicher Nachteil. Denn er kann gegen E persönlich und individuell klagen. Seine Rechte werden ihm nicht abgeschnitten. Im Übrigen lässt sich diese Auffassung mit dem von Q begehrten Anspruchsinhalt stützen. Q will im Rahmen der ordnungsgemäßen Verwaltung die Markise beseitigt wissen. § 21 Abs. 4 WEG zielt aber auf Reparatur, Instandhaltung und Instandsetzung, nicht auf einen Unterlassungs- und Beseitigungsanspruch aus § 1004 BGB. Im Übrigen unterliegt der Anspruch auf Beseitigung der baulichen Veränderung aus § 1004 BGB der Verjährung von drei Jahren (195 BGB). Dagegen verjährt der Anspruch auf Instandsetzung nicht (§ 21 Abs. 4, Abs. 5 Nr. 2 WEG).[436]

Auch im Falle der Verjährung des Anspruchs auf Beseitigung einer störenden baulichen Veränderung bleibt die Rechtswidrigkeit des geschaffenen Zustands bestehen. Wenn auch der Einrede behaftete Anspruch auf Kosten des verpflichteten eigenmächtig verändernden Eigentümers nicht mehr durchgesetzt werden kann, so kann doch im Rahmen einer ordnungsmäßigen Instandhaltung und Instandsetzung beschlossen werden, den rechtswidrigen Zustand auf Gemeinschaftskosten zu beseitigen.[437] Wenn dies auch auf Kosten der Gemeinschaft erfolgen muss, so kann doch auch im Falle eines verjährten Individualanspruchs jede unzulässige bauliche Veränderung auf diese Weise weggebracht werden.

---

435 AG Solingen, Urteil vom 06.11.2013 – 15 a C 30/13.
436 BGH, Urteil vom 27.04.2012 – V ZR 177/11, NZM 2012, 508.
437 So: LG Hamburg, Urteil vom 06.02.2013 – 318 S 20/12, ZMR 2013, 462.

Beispiel: Wohnungseigentümer Q beantragt zu beschließen, gegen E wegen der von ihm angebrachten Markise gerichtlich vorzugehen mit dem Ziel, ihn zu verpflichten, die Markise zu entfernen. Die Eigentümergemeinschaft beschließt mehrheitlich, dem Antrag zu entsprechen. Da dem ungeduldigen Q aber alles zu lange dauert, erhebt er selbst Klage.

Im Prozess erhebt der beklagte E den Einwand der doppelten Rechtshängigkeit. Sein Einwand zieht: Da die Eigentümergemeinschaft den Anspruch an sich gezogen hat, kann der einzelne Eigentümer – hier Q – nicht mehr klagen.[438] Das wird teilweise aber auch anders gesehen: dem einzelnen Wohnungseigentümer sowie die Möglichkeit zur Durchsetzung seines Anspruchs erhalten bleiben. Denn sonst könne die Gemeinschaft von einer weiteren Verfolgung des Anspruchs Abstand nehmen oder dies sogar blockieren, nachdem sie den Anspruch des einzelnen Eigentümers an sich gezogen habe. Der Gefahr einer doppelten Inanspruchnahme könne durch Beiladung der Wohnungseigentümer begegnet werden.[439] Grundsätzlich sollen nach dieser Auffassung Individualansprüche und gemeinschaftliche Ansprüche nebeneinander bestehen können. Individualansprüche können dem Einzelnen durch Mehrheitsbeschluss nicht entzogen werden.[440]

Beispiel: Q verklagt E auf Beseitigung der angebrachten Markise. Danach zieht die Wohnungseigentümergemeinschaft die Angelegenheit an sich und beschließt, die Markise könne bleiben.

Das AG Reutlingen[441] betrachtet den Beschluss der WE-Gemeinschaft in diesem Fall als nichtig. Denn die Möglichkeit eines Beschlusses nach § 10 Abs. 6 Satz 3 Alternative 2 WEG entfalle, wenn ein einzelner Wohnungseigentümer den ihm individuell zustehenden Beseitigungsanspruch aus § 1004 BGB bereits rechtshängig gemacht habe.

---

438 So: LG Köln, Urteil vom 14.03.2013 – 29 S 181/12, ZWE 2014, 94.
439 OLG Hamburg, Beschluss vom 24.10.2008 – 2 Wx 115/08, ZMR 2009, 306; OLG München, Beschluss vom 16.11.2007 – 32 Wx 111/07, MietRB 2008, S. 43 f.
440 OLG Hamburg, Beschluss vom 24.10.2008 – 2 Wx 115/08, ZMR 2009, 306; OLG München, Beschluss vom 16.11.2007 – 32 Wx 111/07, MietRB 2008, S. 43 f.; BT-Drucks. 16/887, S. 62; a. A. AG Hamburg-Wandsbek, Beschluss vom 20.07.2007 – 702 II 88/06, WE 2008, S. 9, Wenzel, NZM 2006 S. 321 (323); Elzer, in: Riecke/Schmidt, Kompakt-Kommentar WEG, 2. Aufl. 2007, § 10 WEG Rn. 430, vgl. dazu auch BGH, Urteil vom 12.04.2007 – VII ZR 236/05, NZM 2007, 403.
441 AG Reutlingen, Urteil vom 22.03.2013 – 9 C 1614/12, ZMR 2013, 579.

Dies überzeugt nicht. Denn § 10 Abs. 6 Satz 3 Alternative 2 WEG besagt nichts zu der vom AG Reutlingen angenommenen fehlenden Beschlusskompetenz im Fall bestehender Rechtshängigkeit des vergemeinschafteten Anspruchs. Deshalb besteht die richtige Reaktion darin, den rechtshängigen Prozess zunächst zum Ruhen zu bringen, um den Genehmigungsbeschluss der WE-Gemeinschaft anzufechten. Wird dieser Prozess gewonnen, ist der Genehmigungsbeschluss „kassiert". Danach ist das individuelle Verfahren auf Beseitigung der Markise wieder aufzunehmen. Wird dagegen der Genehmigungsbeschluss im Anfechtungsprozess bestätigt, so ist das individuell gegen E betriebene Verfahren für erledigt zu erklären.

Beispiel: Eigentümer B tritt alkoholbedingt die Haustür ein, weil er sie anders nicht mehr öffnen kann. Eigentümer Q verklagt daraufhin allein den B auf Schadensersatz, da sich die übrigen Miteigentümer nicht trauen, gegen B vorzugehen.

Da es sich hier um einen Anspruch auf Ersatz von Schäden am Gemeinschaftseigentum handelt, gehört dieser Anspruch in die geborene Kompetenz der Gemeinschaft.[442] Deshalb gibt es keine Möglichkeit des Einzelnen, für die Gemeinschaft zu entscheiden und den Anspruch zu verfolgen. Ansonsten erhielte Q den Schadensersatz, die WE-Gemeinschaft müsse jedoch die Haustür als Gemeinschaftseigentum reparieren. Dieses Ergebnis wäre unbillig. Deshalb stellt der Anspruch auf Leistung von Schadensersatz wegen einer schuldhaften Beschädigung des Gemeinschaftseigentums wegen der Instandsetzungskompetenz aus § 21 Abs. 1 WEG einen gemeinschaftsgebundenen Anspruch dar, auf den § 1011 BGB keine Anwendung findet und der somit nur durch den rechtsfähigen Verband der Wohnungseigentümer geltend gemacht werden kann.[443]

Beispiel: Eigentümer Q erfährt, dass dem Grundstücksnachbarn eine Baugenehmigung zur Errichtung eines großen Anbaus an das Nachbarhaus erteilt wurde. Sofort erhebt Q Widerspruch gegen die erteilte Baugenehmigung und beantragt beim Verwaltungsgericht die Anordnung der aufschiebenden Wirkung des Widerspruchs.

---

442 Dazu auch BGH, Urteil vom 07.02.2014 – V ZR 25/13 und BGH, Urteil vom 08.02.2013 – V ZR 238/11, NZM 2013, 512 für die Kompetenz der WE-Gemeinschaft zum Beschluss des Einbaus von Rauchwarnmeldern.
443 AG Idstein, Urteil vom 22.04.2013 – 32 C 3/13, ZMR 2013, 667; Bärmann/Klein, WEG, 12. Aufl. 2013, § 10 WEG Rn. 254.

113

Q ist hierzu nur bei besonderer persönlicher Betroffenheit seines Sondereigentums berechtigt. Kann er das nicht vortragen und nachweisen, so stehen Abwehrrechte nach öffentlichem (Bau-)Recht gegen ein geplantes Bauvorhaben auf dem Nachbargrundstück nur der Wohnungseigentümergemeinschaft zu. Der WEG-Verwalter ist jedoch ohne Beschluss der Wohnungseigentümergemeinschaft gemäß § 10 Abs. 6 Satz 3 WEG nicht zur Geltendmachung von Ansprüchen berechtigt.[444]

Beispiel: Die Gemeinschaftsflächen der WEG-Anlage sind als Garten mit Baum- und Strauchbestand gestaltet. Daran bestehen Sondernutzungsrechte für einzelne Gartenstücke. Von ihrem Grundstück aus wachsen Zweige und Sträucher auf das Grundstück des Nachbarn N herüber. N verlangt die Beseitigung des Überwuchses vom sondernutzungsberechtigten Wohnungseigentümer WE (§ 910 BGB).

Hier handelt es sich um zivilrechtliche Nachbarrechte. Soweit das gemeinschaftliche Eigentum betroffen ist, sind diese Rechte durch und gegenüber dem rechtsfähigen Verband der Wohnungseigentümer geltend zu machen. Es handelt sich um eine „geborene" Pflicht des Verbandes.[445] Obwohl der Überwuchs vom Garten des WE aus in das Grundstück des N hineinragt, ist also WE der falsche Ansprechpartner.

Beispiel: Nachbar N errichtet eine Mauer zur Einfriedung seines Grundstücks. Damit überbaut er versehentlich das Grundstück der Wohnungseigentümergemeinschaft. Um den Überbau zu bereinigen, bietet N den Ankauf des überbauten Grundstücksteils von 7 m² für 5.000 Euro an. Die Wohnungseigentümergemeinschaft beschließt, das Angebot anzunehmen. Eigentümer Q unterschreibt den Notarvertrag nicht. Die Wohnungseigentümergemeinschaft klagt gegen Q.

Der BGH[446] weist die Klage ab. Denn eine Kompetenz der Wohnungseigentümergemeinschaft, durch Beschluss über den Verkauf von Grundstücksteilen zu entscheiden, besteht nicht, da die Veräußerung auch nur eines Teilstücks des gemeinschaftlichen Grundstücks einen Eingriff in die sachenrechtlichen Grundlagen der Gemeinschaft darstellt. Nach § 10 Abs. 1, Abs. 2 Satz 1 WEG

---

444   VGH Bayern, Urteil vom 12.07.2012 – 2 B 12.211; VG Freiburg, Urteil vom 19.03.2013 – 4 K 184/13, ZWE 2013, 294.
445   Bärmann/Klein, Kommentar zum WEG, 12. Auflage 2013, § 10 WEG Rn. 266.
446   BGH, Urteil vom 12.04.2013 – V ZR 103/12, NZM 2013, 514.

sind die Wohnungseigentümer Inhaber der Rechte und Pflichten nach den Vorschriften dieses Gesetzes (gemeint ist das WEG), insbesondere des Sondereigentums und des gemeinschaftlichen Eigentums, es sei denn, es ist ausdrücklich etwas anderes bestimmt. Dabei bestimmt sich das Verhältnis der Wohnungseigentümer zueinander nach den Vorschriften des WEG und mangels eingreifender besonderer Bestimmungen aus dem WEG nach den Vorschriften des BGB über die Gemeinschaft. Einschlägig könnte § 745 Abs. 1 und 2 BGB sein. Danach kann durch Stimmenmehrheit eine der Beschaffenheit des gemeinschaftlichen Eigentums entsprechende ordnungsgemäße Verwaltung und Benutzung beschlossen werden. Die Stimmenmehrheit ist nach der Größe der Anteile zu bestimmen. Jeder Teilhaber der Gemeinschaft kann, sofern die Verwaltung durch Vereinbarung oder Mehrheitsbeschluss nicht geregelt ist, eine dem Interesse aller Teilhaber nach billigem Ermessen entsprechende Verwaltung und Benutzung verlangen.

Der BGH versagt jedoch die Möglichkeit, einen Mitwirkungsanspruch gegen einzelne Eigentümer über § 10 Abs. 2 Satz 1 WEG auf § 745 Abs. 2 BGB zu stützen. Denn diese Vorschrift wird durch die besonderen Vorschriften des WEG verdrängt. Nur in besonderen Ausnahmefällen kann ein Mitwirkungsanspruch der Gemeinschaft gegen einen Einzelnen aus der Treuepflicht gemäß § 242 BGB folgen. Dafür gibt aber der zu entscheidende Fall nichts her.

Ebenso besteht keine Beschlusskompetenz, wenn es um den Verzicht auf öffentlich-rechtliche Ansprüche aus dem Eigentum (zum Beispiel Dispens betreffend den Bauwich als Voraussetzung für die Baugenehmigung des Nachbarn) geht (§ 10 Abs. 2 Satz 1 WEG).

Beispiel „ im Alleingang"

Eigentümer E verklagt die Wohnungseigentümergemeinschaft auf Erstattung eines Betrags i. H. v. 42.050,17 Euro, nachdem E einen gegen ihn ergangenen Heranziehungsbescheid des Abwasser- und Zweckverbands der Gemeinde zu den Herstellungskosten der öffentlichen Wasser- und Schmutzwasseranlage alleine bezahlt hat.

Der BGH[447] gibt ihm Recht. Denn eine von den Wohnungseigentümern als Miteigentümern des gemeinschaftlichen Grundstücks zu tragende Abgabenschuld stelle eine geborene gemeinschaftsbezogene Pflicht im Sinne des § 10 Abs. 6 Satz 3 Alt. 1 WEG dar. Die Wohnungseigentümergemeinschaft sei daher verpflichtet, den einzelnen Eigentümer von der Zahlung freizustellen; zahle der

---

447 BGH, Urteil vom 14.02.2014 – V ZR 100/13, NZM 2014, S. 277.

Eigentümer aus eigenen Mitteln, stehe ihm gegen die Gemeinschaft ein Erstattungsanspruch zu; dies zwar auch dann, wenn

- der Eigentümer ohne vorherige Abstimmung mit der WE-Gemeinschaft und ohne vorherige Prüfung des Bescheids zahlte, und
- sofern der Bescheid verwaltungsgerichtlich noch überprüfbar ist.

7. Störereigenschaft und Zurechnungsfragen

Nachbarrechtliche Beseitigungs- und Unterlassungsansprüche insbesondere aus § 1004 BGB setzen die Störereigenschaft des Anspruchsverpflichteten voraus. Das bedeutet für Anspruchsbeziehungen im Innenverhältnis der Wohnungseigentümergemeinschaft, dass neben dem unmittelbaren Handlungs- oder Zustandsstörer auch grundsätzlich der Wohnungseigentümer über die in § 278 BGB enthaltene Zurechnungsfunktion mit Anspruchsverpflichteter ist. Denn der Wohnungseigentümer hat im Rahmen seiner Sonderverbindung zu den übrigen Mitgliedern der Wohnungseigentümergemeinschaft für das Verschulden von Hilfspersonen nach § 278 BGB einzustehen.[448] Damit gehen die Sonderbeziehungen zwischen einzelnen Wohnungseigentümern in der Gemeinschaft über die normalen Grundsätze des nachbarlichen Gemeinschaftsverhältnisses hinaus, in denen eine Zurechnung störenden Verhaltens Dritter mit Erfüllungsgehilfeneigenschaft (§ 278 BGB) unterbleibt.[449] Immer dann, wenn eine Störung innerhalb der Wohnungseigentümergemeinschaft von einem Mitbenutzer der Wohnung oder von einem Nutzer der Wohnung ausgeht, der sie anstatt des Wohnungseigentümers allein bewohnt, ist der Wohnungseigentümer (zusätzlich) als Anspruchsverpflichteter „mit im Boot". Dabei trifft den Eigentümer als Zustandsstörer auch die Pflicht zur aktiven Störungsbeseitigung, nicht nur zur Duldung von Beseitigungsmaßnahmen durch Dritte[450].

Beispiel: *Der vermietende Eigentümer muss gegen seinen Mieter einschreiten, wenn dieser andere Mieter ständig drangsaliert.[451]*

---

448 BGH, Urteil vom 10.11.2006 – V ZR 62/06, WuM 2007, S. 33 (33); BGH, Beschluss vom 22.04.1999 – V ZB 28/98, WuM 1999, S. 542 (543).
449 BGH, a. a. O.; BGH, Urteil vom 27.01.2006 – V ZR 26/05, WuM 2006, S. 216 = GuT 2006, S. 161 = VersR 2006, S. 985 (986).
450 BGH, Beschluss vom 04.03.2010 – V ZB 130/09, ZMR 2010, 622.
451 AG Frankfurt/Main, Beschluss vom 11.04.2003 – 65 UR 168/02, NZM 2003, S. 447.

Beispiel: *Der Wohnungseigentümer muss Werbefolien beseitigen, die sein Mieter unzulässig angebracht hat.*[452]

Dazu folgender Fall: „Eigenmächtige Außenwerbung"
Einen Tag nach der letzten Wohnungseigentümerversammlung bringt der gewerbliche Mieter eines Ladengeschäfts, gelegen in der Parterre innerhalb einer Wohnungseigentumsanlage, eine großflächige Außenwerbung auf der Vorderseite und auf der Rückseite des Gebäudes an. Die Werbung reicht von der Oberkante seiner Schaufenster bis in die Gebäudeaußenhaut des ersten Stocks direkt unter die Fenster des darüber angesiedelten Eigentümers. Eine Genehmigung dafür wurde nicht erteilt. Der Eigentümer des ersten Stocks sieht sich als „Litfaßsäule" missbraucht und wehrt sich. Er moniert eine gravierende optische Veränderung der Fassade und sieht dies als „bauliche Veränderung" an. Der Verwalter leitet seine Schreiben einfach weiter, kümmert sich ansonsten nicht um die Angelegenheit. Der vermietende Eigentümer des Ladengeschäfts hält zu seinem Mieter und weist das Verlangen auf Entfernung der großflächigen Außenreklame zurück. Nun ist guter Rat teuer. Soll man direkt gegen den eigenmächtig handelnden Mieter vorgehen, gegen seinen Vermieter und Miteigentümer der Gemeinschaft oder gegen den Verwalter?

Gesichert ist zunächst, dass es sich bei der großflächigen optischen Veränderung der Fassade um eine bauliche Veränderung handelt, die nach dem Wohnungseigentumsgesetz der Zustimmung eines jeden davon betroffenen Eigentümers in der Gemeinschaft bedarf (§ 22 Abs. 1 Satz 1 WEG). Gesichert ist ebenfalls, dass zumindest der Oberlieger seine Zustimmung nicht erteilen wird. Für ihn leiten sich daraus Ansprüche gegen den Eigentümer, gegen den Mieter, gegen den Verwalter und auch gegenüber der Wohnungseigentümergemeinschaft ab. Vom vermietenden Eigentümer könnte er verlangen, mit den gebotenen rechtlichen Mitteln von seinem Mieter – dem Betreiber des Ladengeschäfts – die Entfernung der von ihm eigenmächtig angebrachten Außenwerbung zu verlangen (§§ 14 Nr. 4, 15 Abs. 3 WEG). Zusätzlich steht ihm gegenüber dem vermietenden Eigentümer ein Auskunftsanspruch zur Seite, gerichtet darauf, die ladungsfähige (Privat-)Anschrift des gesetzlichen Vertreters seines Mieters zu erhalten, um gegen den Mieter direkt vorgehen zu können. Denn er hat gegen den werbefreudigen Ladenbetreiber direkt Ansprüche aus Besitzstörung sowie auch einen wohnungseigentumsrechtlichen Beseitigungs- und Unterlassungsanspruch (§§ 862

---

452   OLG Düsseldorf, Beschluss vom 13.02.2006 – 3 Wx 181/05, NZM 2006, S. 782.

Abs. 1 Satz 1, 1004 BGB, 14 Nr. 4, 15 Abs. 3 WEG). Vom Verwalter sowie von der übrigen Wohnungseigentümergemeinschaft kann er die „ordnungsgemäße Verwaltung" der Einheit verlangen. Das bedeutet im Verhältnis zum Verwalter konkret, dass er sowohl die Einberufung einer außerordentlichen Versammlung als auch die Herbeiführung eines schriftlichen Umlaufbeschlusses mit dem Ziel der Verpflichtung des Mieters sowie des vermietenden Eigentümers auf Entfernung der störenden Außenwerbung fordern könnte. Beides macht aber wenig Sinn: Denn für einen wirksamen Umlaufbeschluss im schriftlichen Verfahren ist die Zustimmung eines jeden Eigentümers notwendig – der vermietende Eigentümer wird aber gegen seinen eigenen Mieter nicht mitziehen. Die Praxis zeigt überdies, dass auch die Neigung von Verwaltern zu außerordentlichen Wohnungseigentümerversammlungen mit aktuellen Streitthemen häufig begrenzt ist. Will der gestörte Eigentümer nicht direkt gegen den eigenmächtig handelnden Mieter oder gegen seinen Vermieter vorgehen, so bleibt ihm, sich gegenüber dem Verwalter und auch gegenüber den genannten Parteien seine Rechte vorzubehalten und seine Ansprüche auf Entfernung der ungenehmigten Außenwerbung als Tagesordnungspunkt zur nächsten regulären Wohnungseigentümerversammlung anzumelden. Der begehrte Beschluss sollte dabei schon im Antrag bei der Anmeldung dieses Tagesordnungspunktes mit formuliert werden. Dabei ist darauf zu achten, dass der vermietende Eigentümer verpflichtet wird, von seinem Mieter die Entfernung der Außenwerbung zu verlangen und rechtlich durchzusetzen. In zweiter Linie sollte der Beschluss auch enthalten, dass die Eigentümergemeinschaft den Beseitigungs- und Unterlassungsanspruch des gestörten Eigentümers an sich zieht, um ihn notwendigenfalls streitig zu verfolgen. Schließlich sollte der Beschluss die Ermächtigung des Verwalters enthalten, diesen Anspruch für die Gemeinschaft sowohl gegenüber dem vermietenden Eigentümer als auch direkt gegenüber dem Mieter geltend zu machen und rechtlich durchzusetzen sowie dazu auf Kosten der Gemeinschaft einen Rechtsanwalt zu beauftragen.

Beispiel: Pöbeleien

Der Wohnungseigentümer muss auf seinen Lebensgefährten, an den er nicht vermietet hat, einwirken, wenn dieser andere Mieter in der Anlage mit massiven und dauerhaften Verbalattacken anpöbelt. Er muss ebenso für psychische Beeinträchtigungen der Betroffenen einstehen wie für Mietausfälle haften, die andere vermietende Eigentümer aufgrund von Mietminderungen oder gar Mietkündigungen erleiden, die ihre Ursache in dem störenden Verhalten des Lebensgefährten haben.[453]

---

453 OLG Saarbrücken, Beschluss vom 04.04.2007 – 5 W 2/07, NZM 2007, S. 774.

Abgesehen von der Verantwortlichkeit für fremdes Verhalten durch Zurechnung haftet der einzelne Eigentümer – selbstverständlich – für eigenes störendes Verhalten. Dabei richtet sich der Umfang seiner Haftung danach, ob er als Handlungsstörer oder als Zustandsstörer in Anspruch genommen werden kann.

Beispiel: *Der Antragsgegner versah den Boden seiner Wohnung mit einem neuen Bodenbelag. Der Antragsteller beklagt einen erhöhten Trittschall. Gerichtlich will er den Antragsgegner verpflichten, seine Wohnung vollständig mit einem weich federnden Bodenbelag (textiler Bodenbelag u. a.) zu versehen. Er scheiterte.[454]*

Als Grundsatz formulierte das erkennende KG Berlin[455] zunächst, dass sich ein Wohnungseigentümer als Handlungsstörer Ansprüchen gemäß §§ 15 Abs. 3 WEG, 1004 Abs. 1 BGB aussetzt, wenn er durch die Vornahme baulicher oder sonstiger Veränderungen eine Beeinträchtigung anderer Wohnungseigentümer verursacht, die die Grenze des § 14 Nr. 1 WEG übersteigt. Hafte ein Wohnungseigentümer danach auf Unterlassung oder auf Beseitigung der Störung, so müsse die Auswahl unter den geeigneten Abwehrmaßnahmen grundsätzlich ihm überlassen bleiben.

Habe aber der Wohnungseigentümer – so das KG Berlin – nicht selbst zumindest mittelbar die Beeinträchtigung verursacht, so könne er nicht als Handlungsstörer in Anspruch genommen werden. Eine Rechtsnachfolge in Wiederherstellungsansprüche aus Handlungsstörung sei nicht anzuerkennen. Der betreffende Wohnungseigentümer könne in diesem Fall allenfalls Zustandsstörer sein. Als Zustandsstörer hafte aber der Wohnungseigentümer nicht auf Beseitigung einer störenden Einrichtung, sondern allenfalls auf Duldung der Beseitigung durch die Gemeinschaft. Bei dem Anspruch auf Duldung handele es

---

454 Beispiel, gebildet nach KG, Beschluss vom 19.03.2007 – 24 W 317/06, NZM 2007, S. 845 ff.; ebenso: BGH, Urteil vom 01.06.2012 – V ZR 195/11, NJW 2012, 2725 = NZM 2012, 611; die Leitsätze:
„1. Der DIN 4109 kommt ein erhebliches Gewicht zu, soweit es um die Bestimmung dessen geht, was die Wohnungseigentümer an Beeinträchtigungen durch Luft- und Trittschall zu dulden haben.
2. Der zu gewährende Schallschutz richtet sich grundsätzlich nach den im Zeitpunkt der Errichtung des Gebäudes geltenden Schutzwerten.
3. Der Umstand, dass ein vorhandener Bodenbelag durch einen anderen ersetzt wird, rechtfertigt nicht die Heranziehung der zur Zeit der Durchführung der Maßnahme geltenden Ausgabe der DIN 4109.
4. Es gibt keinen allgemeinen Anspruch auf Beibehaltung eines vorhandenen, die Mindestanforderungen überschreitenden Trittschallschutzes."

455 KG, a. a. O.

sich um einen von einem Beseitigungsanspruch zu unterscheidenden Verfahrensgegenstand, der grundsätzlich allein der Wohnungseigentümergemeinschaft zustehe. Die einzelnen beeinträchtigten Wohnungseigentümer können in diesem Fall nur eine ordnungsmäßige, dem Interesse der Gesamtheit der Wohnungseigentümer entsprechende Verwaltung verlangen, die sich unter anderem auf die ordnungsmäßige Instandhaltung und Instandsetzung des gemeinschaftlichen Eigentums richte.

Mit anderen Worten: Hat der einzelne Wohnungseigentümer selbst oder haben sein Mieter oder sonstige Nutzungsberechtigte in den Bodenbelag mit dem Ergebnis eingegriffen, dass erhöhte Trittschallimmissionen zu beklagen sind, dann haftet er als Handlungsstörer selbst auf Beseitigung.[456] Hat aber sein Rechtsvorgänger den Bodenbelag verändert, und hat der Eigentümer danach zum Beispiel gekauft, geerbt oder auf sonstige Weise als Rechtsnachfolger erworben, so ist er nicht selbst zu einer aktiven Handlung verpflichtet, sondern muss lediglich dulden, dass die Gemeinschaft eingreift. Das bedeutet weiter, dass der einzelne beeinträchtigte Wohnungseigentümer als Antragsteller nicht antragsberechtigt ist.

Wäre die Wohnung in dem vorhergehenden Beispielfall vermietet, so können neben dem Eigentümer auch seine Mieter als Zustandsstörer in Anspruch genommen werden.[457] Denn Mieter einer Eigentumswohnung sind dann Zustandsstörer, wenn sie durch ihre Weigerung, den Rückbau der vom Vermieter durchgeführten Baumaßnahmen zu dulden, den eigentumsbeeinträchtigenden rechtswidrigen Zustand entgegen den Regeln der Wohnungseigentümergemeinschaft aufrechterhalten. Der daraus folgende Beseitigungsanspruch ist darauf gerichtet, dass die Mieter die von einem anderen Wohnungseigentümer im Wege der Ersatzvornahme beabsichtigten Rückbaumaßnahmen dulden müssen.[458]

Diese Haftung des Mieters als Zustandsstörer besteht unabhängig davon, ob der eigene Vermieter oder sein Rechtsvorgänger einen Wohnungszustand geschaffen hat, der das Eigentum Dritter beeinträchtigt. Zur Veranschaulichung dient das folgende

Beispiel: Die Beklagten sind Wohnungsmieter. Der Eigentümer hatte ohne die erforderliche Zustimmung der übrigen Wohnungseigentümer einen Balkon der Wohnung zu einem Wintergarten umgebaut und Fenster durch einen Balkon ersetzt. Er wurde

---

456 OLG Schleswig, Beschluss vom 08.08.2007 – 2 W 33/07, MietRB 2008, S. 48.
457 Beispiel, gebildet nach KG Berlin, Urteil vom 21.03.2006 – 4 U 97/05, DWE 2006, S. 138 = NZM 2006, S. 636.
458 A. A. OLG München, Urteil vom 10.12.2002 – 5 U 4733/02, NZM 2003, S. 445 f.

zur Wiederherstellung des ursprünglichen Wohnungszustandes verpflichtet. Die Klägerin beabsichtigt, die hierfür erforderlichen Arbeiten im Wege der Ersatzvornahme durchführen zu lassen. Sie hat die beklagten Mieter der Wohnung deshalb auf Duldung des Rückbaus in Anspruch genommen – mit Recht, wie der BGH judizierte.[459]

Nach seiner Auffassung haften die beklagten Mieter ebenso neben dem Eigentümer der Wohnung als Zustandsstörer. Zustandsstörer ist derjenige, der die Beeinträchtigung zwar nicht verursacht hat, durch dessen maßgebenden Willen der beeinträchtigende Zustand aber aufrechterhalten wird. Dafür sei – so der BGH – zunächst notwendig, dass der Inanspruchgenommene die Quelle der Störung beherrsche, also die Möglichkeit zur Beseitigung habe. Das wurde hier angenommen. Denn die Mieter als unmittelbare Besitzer der Wohnung seien in der Lage, die Beeinträchtigung zu beseitigen. Der Einwand, die Beklagten seien als Mieter nicht berechtigt, wesentliche bauliche Veränderungen an der Wohnung vorzunehmen, stehe dieser Wertung nicht entgegen. Denn die Mieter werden nicht auf Beseitigung der Störung, sondern lediglich auf Duldung von Beseitigungsmaßnahmen in Anspruch genommen.
Eine Störereigenschaft setze weiterhin voraus, dass dem Inanspruchgenommenen die Beeinträchtigung zurechenbar sei. Dafür genüge es nicht, dass der in Anspruch genommene Eigentümer oder Besitzer der Sache sei, von der die Störung ausgehe. Vielmehr sei erforderlich, dass die Beeinträchtigung wenigstens mittelbar auf den Willen des Eigentümers oder Besitzers der störenden Sache zurückgehe. Zwar könne den Beklagten als Mieter die Verantwortung für den von ihnen nicht geschaffenen baulichen Zustand der Wohnung nicht auferlegt werden, doch komme eine Zurechnung der davon ausgehenden Beeinträchtigung deshalb in Betracht, weil sie die Beeinträchtigung willentlich aufrecht erhalten. Diese Zurechenbarkeit ließ der BGH letztlich offen, führte aber zu Recht aus, eine Störerhaftung komme bei einem rein passiven Verhalten der Mieter nur in Betracht, wenn eine Pflicht zum Handeln – hier zur Duldung – bestehe. Diese Duldungspflicht folgert der BGH aus dem Umstand, dass die beklagten Mieter ihr Besitzrecht an der Wohnung von dem Eigentümer und Vermieter ableiten und deshalb gegenüber Dritten, die dingliche Ansprüche in Bezug auf die Wohnung geltend machen, keine weitergehenden Rechte als der Eigentümer haben können. Sei aber der Eigentümer aus § 1004 BGB zur Beseitigung der Störung verpflichtet, so seien die Mieter aufgrund ihres abgeleiteten Besitzrechts zumindest zur Duldung einer von der Wohnung ausgehenden Störung verpflichtet.

---

459   BGH, Urteil vom 01.12.2006 – V ZR 112/06, NJW 2007, S. 432 f.

XIV. Nachbarrechtlicher Ausgleichsanspruch

Zum nachbarrechtlichen Ausgleichsanspruch aus § 906 Abs. 2 BGB analog, auch Aufopferungsanspruch genannt, vertrat die bisherige Rechtsprechung mehrheitlich den Standpunkt, dass eine analoge Anwendung auf das Wohnungseigentum im internen Verhältnis der Wohnungseigentümer zueinander ausgeschlossen sei.

Beispiel: Dies hatte insbesondere für die Abwicklung von unverschuldeten Wasserschäden im Bereich des Sonder- und Gemeinschaftseigentums Konsequenzen, wo Schadensersatzansprüche des geschädigten Mieters bzw. des geschädigten Wohnungseigentümers mangels Verschulden der Gemeinschaft bzw. des einzelnen Wohnungseigentümers regelmäßig verneint wurden.[460] *Vorsichtiger äußerte sich bereits das BayObLG*[461]*. Auch wenn § 906 BGB im Verhältnis zwischen Wohnungseigentümern zueinander nicht direkt und nicht analog anwendbar sei, so könne die Bestimmung doch Anhaltspunkte für die Zulässigkeit oder für die Unzulässigkeit von Einwirkungen geben. Damit lässt sich die Frage beantworten, ob durch den Gebrauch einem anderen Wohnungseigentümer ein Nachteil erwächst, der über das bei einem geordneten Zusammenleben unvermeidliche Maß hinaus geht.*

In einer zunächst vereinzelt gebliebenen Entscheidung erkannte das OLG Stuttgart[462] dann einen verschuldensunabhängigen nachbarrechtlichen Ausgleichsanspruch aus § 906 Abs. 2 Satz 2 BGB analog auch im Verhältnis der Wohnungseigentümer untereinander an und erlegte damit die Haftung für einen undichten Sanitäranschluss auf, der zu einem Wasserschaden in der darunterliegenden Wohnung führte.[463]
Mit Urteil vom 21. Mai 2010[464] äußert sich der BGH zur Geltung des nachbarrechtlichen Ausgleichsanspruchs innerhalb der Wohnungseigentümergemein-

---

460 BGH, Urteil vom 12.12.2003 – V ZR 180/03, NJW 2004, S. 775; BayObLG, Beschluss vom 10.03.1994 – 2 Z BR 13/94; OLG München, Beschluss vom 09.10.2006 – 32 Wx 116/06, ZMR 2007, S. 215, in der Aussage auf Immissionen in Folge einer nach Vereinbarung und Teilungserklärung zulässigen Nutzung beschränkt.

461 BayObLG, Beschluss vom 12.08.2004 – 2 Z BR 148/04, NZM 2005, S. 69.

462 OLG Stuttgart, Urteil vom 27.10.2005 – 7 U 135/05, WuM 2006, S. 108 = NZM 2006, S. 141; zuvor bereits: BGH, Urteil vom 19.04.1995 – V ZR 33/84, VersR 1985, S. 1041, für Schäden durch Bruch einer Wasserleitung beim Nachbarn, wenn eine Ersatzpflicht nach § 836 Abs. 1 BGB mangels Verschuldens nicht besteht.

463 Vgl. dazu eingehend: Dötsch, Analoge nachbarrechtliche Ausgleichshaftung innerhalb von Wohnungseigentümergemeinschaften?, in: MietRB 2006, S. 333 ff.

464 BGH, Urteil vom 21.05.2010 – V ZR 10/10, NZM 2010, 556.

schaft grundlegend und unterscheidet dabei zwischen einem aufgetretenen Schaden im Gemeinschaftseigentum und im Sondereigentum.

Beispiel: Die Dachterrasse des Eigentümers E ist undicht. Die fehlerhafte Abdichtung ist nicht erkennbar. Es kommt zu einem erheblichen Wasserschaden in der Unterlieger-wohnung des Eigentümers S. Geschädigt werden sowohl das Sondereigentum, als auch das Gemeinschaftseigentum. S verlangt von E, von den übrigen Eigentümern und von der Wohnungseigentümergemeinschaft Schadensersatz für den Schaden an seinem Eigentum, insbesondere an seiner wertvollen Briefmarkensammlung.

Der BGH verwarf einen Anspruch analog § 906 Abs. 2 BGB für den hier gegebenen Fall eines eingetretenen unverschuldeten Schadens im Bereich des Sondereigentums mit einer Schadensursache im Gemeinschaftseigentum. Eine verschuldensunabhängige Haftung komme nicht in Betracht. Weiteres

Beispiel: Zahnarzt Z betreibt seine Praxis im Teileigentum. Eine Schlauchverbindung zu den Behandlungsstühlen ist undicht. Daraus ergibt sich ein Wasserschaden in der darunter liegenden Teileigentumseinheit, die an die Tagesklinik K vermietet ist. Dort muss der OP-Betrieb über mehrere Wochen ruhen, bis die Wasserschäden beseitigt sind. Nachdem sie den Schaden gegenüber K reguliert hat, nimmt die Betriebsunterbre-chungsversicherung Z auf Ersatz des Schadens in Anspruch.

Ist ein unverschuldeter Schaden im Sondereigentum eingetreten und wurzelt die Schadensursache ebenfalls in einem Sondereigentum, so soll nach Auffassung des BGH eine verschuldensunabhängige Haftung des Eigentümers analog § 906 Abs. 2 BGB, in dessen Eigentum die Schadensursache liegt, ausgelöst werden. Dies soll auch im Verhältnis von Mietern solcher Räume gelten.[465] Auch wenn dieses Verdikt in der Praxis beachtet werden muss, so kann es dogmatisch nicht erklärt werden. Denn es gibt kein streng isoliert zu betrachtendes „gesondertes" Sondereigentum. Denn bei jedem Sondereigentum handelt es sich um eine unauflösbare Einheit mit dem Anteil am Gemeinschaftseigentum, so dass eine differenzierte Betrachtung weder geboten noch möglich erscheint. Daneben wird aus der analogen Anwendung von § 14 Nr. 4 WEG ein verschuldensunabhängiger Aufopferungsanspruch als Erstattungsanspruch hergeleitet. Dies setzt voraus, dass eine an sich erlaubte Beeinträchtigung für den betroffe-

---

465   BGH, Urteil vom 21.05.2010 – V ZR 10/10, NZM 2010, 556; BGH, Urteil vom 25.10.2013 – V ZR 230/12, NZM 2014, 37.

nen Wohnungseigentümer dazu führt, dass er sein Sondereigentum nicht mehr nutzen kann oder die Störung des Gebrauchs zumindest so nachhaltig ist, dass sie objektiv dem Entzug der Nutzung nahekommt und der Betroffene sich also bei vernünftiger Betrachtung eine Ersatzwohnung hätte beschaffen dürfen. Eine Beeinträchtigung unterhalb dieser Schwelle löst den Anspruch nicht aus.[466] In Bezug auf die Anwendbarkeit des nachbarrechtlichen Ausgleichsanspruchs zu dritten Grundstücksnachbarn ergeben sich dagegen keine Besonderheiten.

Beispiel – Grenzbebauung:

Die Kläger, Grundstücksnachbarn, erleiden einen Wasserschaden im Erdgeschoss sowie im Kellergeschoss ihres Anwesens, das direkt an den Baukörper der Wohnungseigentümergemeinschaft angrenzt. Bei den Sanierungsarbeiten wurde festgestellt, dass das Kehlblech zwischen den beiden Anwesen defekt ist, so dass Regenwasser nicht in das vorgesehene Rohr floss, sondern zwischen den beiden Anwesen versickerte. Der nachbarrechtliche Ausgleichsanspruch analog § 906 Abs. 2 Satz 2 BGB wurde zuerkannt.[467]

---

466 KG Berlin, Beschluss vom 21.01.1998 – 24 W 5061/97, DWE 1998, S. 136 f.; ebenso: KG, Beschluss vom 13.06.2005 – 24 W 115/04, NZM 2005, S. 745 ff.; BayObLG, Beschluss vom 11.02.1999 – 2 Z BR 167/98, NZM 1999, S. 848 f.
467 Beispiel, gebildet nach LG Würzburg, Urteil vom 13.12.2005 – 64 O 1887/05, ZMR 2006, S. 400 f.; dort auch zur – bejahten – Passivlegitimation mit Blick auf die Teilrechtsfähigkeit der Wohnungseigentümergemeinschaft für gesetzliche und für vertragliche Nachbaransprüche.

XV. Selbsthilferechte

Das in § 910 BGB geregelte Selbsthilferecht bei Überwuchs gestattet unter den dort geregelten näheren Voraussetzungen dem Eigentümer, Zweige und Wurzeln nachbarlicher Pflanzen und Bäume bis zur Grundstücksgrenze zu kürzen, wenn sie auf oder in das eigene Grundstück eingedrungen sind. Bislang vertraten Rechtsprechung und Literatur eine stark restriktive Auffassung im Hinblick auf die Anwendbarkeit der Vorschrift auf das Verhältnis zweier Wohnungseigentümer untereinander. So wurde vertreten, dass die besonderen Gebrauchsregelungen des WEG eine direkte und auch analoge Anwendung des § 910 BGB im Innenverhältnis der Wohnungseigentümer ausschließt.[468] Den Trend zur Anwendung nachbarrechtlicher Vorschriften vertritt mit der Gegenansicht das KG Berlin mit Beschluss vom 13.06.2005 für „benachbarte" Sondernutzungsberechtigte.[469] Zur Begründung seiner befürwortenden Ansicht stützte sich das KG Berlin auf die völlig gleich liegende Interessenlage in Bezug auf das Selbsthilferecht benachbarter Sondernutzungsberechtigter analog § 910 BGB mit den Eigentümern real geteilter benachbarter Grundstücke, was durch die identische Wertung der noch zu besprechenden Entscheidung des BGH zur Anwendbarkeit landesnachbarrechtlicher Grenzabstandsvorschriften für Pflanzen zwischen zwei Sondernutzungsberechtigten auf Gemeinschaftseigentum noch zusätzlich gestützt wird.[470] Im Übrigen wird man im Bezug auf die Anwendbarkeit von § 910 BGB im internen Verhältnis der Wohnungseigentümer zueinander danach zu differenzieren haben, ob es um mit real geteilten Grundstücken vergleichbare „benachbarte" Sondernutzungsflächen geht, deren Pflanzenbestand tatsächlich in der Erde wurzelt, oder um benachbarte Terrassen, auf denen ohne Erdverbindung Pflanzkübel als bewegliche Sachen aufgestellt sind. Im letzten Fall kann § 910 BGB nicht angewendet werden, wenn ein Nachbar eigenmächtig Pflanzen in Pflanzkübeln beschneidet, durch die er sich gestört fühlt. Denn das Selbsthilferecht im BGB ist als Ausnahmetatbestand in §§ 229, 231, 910 BGB abschließend geregelt. In allen anderen Fällen ist staatliche Hilfe zur Verfolgung von Ansprüchen in Anspruch zu nehmen. Ausdehnende Anwendungen von Selbsthilferechten über tatsächlich vergleichbare Fälle hinaus kommen deshalb nicht in Frage.[471] Vielmehr eröffnet sich hier die Frage der

---

468 OLG Düsseldorf, Beschluss vom 27.06.2001 – 3 Wx 79/01, ZWR 2002, S. 41; Bärmann/Pick/Merle, Kommentar zum WEG, 9. Aufl. 2003, § 13 WEG Rn. 158 ff.

469 KG Berlin, Beschluss vom 13.06.2005 – 24 W 115/04, DWE 2005, S. 178 = NZM 2005, S. 745 = KGR Berlin 2005, S. 694.

470 BGH, Urteil vom 28.09.2007 – V ZR 276/06, NJW 2007, S. 3636 (3636).

471 So zutreffend: OLG Düsseldorf, Beschluss vom 27.06.2001 – 3 Wx 79/01, ZWE 2002, S. 41.

Instandhaltungspflicht der Wohnungseigentümer, wenn es um die Vermeidung von überwuchernden Pflanzen geht.[472] Dafür stellt das Gesetz in § 21 Abs. 4 WEG in Verbindung mit §§ 21 Abs. 3, Abs. 5 Satz 2, 27 Abs. 1 Nr. 2 WEG dem beeinträchtigten Eigentümer einen Anspruch auf ordnungsgemäße Verwaltung zur Seite.

---

[472] So: BayObLG, Beschluss vom 26.05.2004 – 2 Z BR 63/04, ZMR 2004, S. 841.

XVI. Überfahrtsrechte

Geht es um Überfahrtsrechte am Grundstück der Wohnungseigentümergemeinschaft zu Gunsten eines Nachbarn, so sind daraus resultierende Streitigkeiten und Ansprüche nicht gegenüber dem Verband, sondern gegenüber den einzelnen (dinglichen) Eigentümern geltend zu machen[473].

Beispiel: Der benachbarte Grundstückseigentümer N nutzt sein Grundstück durch den Betrieb einer Tankstelle sowie einer Waschstraße. Zu Gunsten seines Grundstücks ist auf dem angrenzenden Grundstück der benachbarten Wohnungseigentümergemeinschaft ein Überfahrtsrecht eingetragen. Durch eine Mauer auf oder an der Grenze beider Grundstücke wird dieses Überfahrtsrecht tatsächlich vereitelt. Nachbar N verklagt den Verband.

Die Klage ist unzulässig, da sie gegen den falschen Beklagten erhoben worden ist. Die wörtliche Begründung des LG Mannheim[474]:

„Nach § 10 Abs. 6 WEG kann die Gemeinschaft der Wohnungseigentümer im Rahmen der gesamten Verwaltung des gemeinschaftlichen Eigentums selbst Rechte erwerben und Pflichten eingehen. Sie ist auch Inhaberin der als Gemeinschaft gesetzlich begründeten und rechtsgeschäftlich erworbener Rechte und Pflichten. Weiter übt sie die gemeinschaftsbezogenen Rechte der Wohnungseigentümer aus und nimmt die gemeinschaftsbezogenen Pflichten der Wohnungseigentümer wahr, ebenso sonstige Rechte und Pflichten der Wohnungseigentümer, soweit diese gemeinschaftlich geltend gemacht werden können oder zu erfüllen sind. Die Inanspruchnahme durch Dritte, hier durch den Nachbarn, kann daher grundsätzlich gegenüber der Wohnungseigentümergemeinschaft erfolgen, solange es sich um gemeinschaftsbezogene Angelegenheiten handelt. Dies ist aber in Bezug auf die durch Grunddienstbarkeit gesicherten Überfahrtsrechte nicht der Fall. Denn diese Grunddienstbarkeiten sind Belastungen des jeweiligen Wohnungseigentums. Sie betreffen zwar das Gemeinschaftseigentum, sind jedoch als Kern des Eigentums individuell gegenüber dem einzelnen Wohnungseigentümer geltend zu machen. Daher könnte der Kläger und Nachbar jeden der Wohnungseigentümer aus der eingetragenen Grunddienstbarkeit in Anspruch nehmen. Richtig ist aber, dass eine Ausübung

---

473   LG Mannheim, Urteil vom 14.04.2011 – 9 O 327/10, ZMR 2011, 902.
474   LG Mannheim, Urteil vom 14.04.2011 – 9 O 327/10, ZMR 2011, 902.

des Übergangsrechts für den Kläger nur dann rechtlich zulässig ist, wenn alle Wohnungseigentümer zur Duldung bereit oder rechtskräftig verurteilt sind. Allein dieser Gesichtspunkt macht aber die Inanspruchnahme aus der Grunddienstbarkeit nicht zu einer Verpflichtung, die nur gegenüber der Gemeinschaft geltend gemacht werden könnte. Denn die Entscheidung hierüber betrifft keine Rechte, die dem Verband selbst zustehen oder die er an sich ziehen kann."

XVII. Überbau

Zivilrechtlich ist der Überbau auf ein anderes Grundstück und die daran ge-
knüpften Rechte des überbauten Eigentümers in §§ 912, 913 BGB geregelt. Die
Vorschrift unterscheidet mehrere Formen des Überbaus, so unter anderem den
rechtswidrigen und unentschuldigten Überbau. Diese Form gibt dem Eigentümer des in Anspruch genommenen Grundstücks grundsätzlich einen Anspruch
auf Beseitigung des Gebäudes, soweit sein Grundstück durch Überbau in Anspruch genommen ist.

Diese Ansprüche sind wohnungseigentumsrechtlich betrachtet gemeinschaftsbezogen im Sinne von § 10 Abs. 6 Satz 3 WEG, können also von der Gemeinschaft als Verband geltend gemacht werden. Der einzelne Wohnungseigentümer hat gegenüber dem Verband, gestützt auf § 21 Abs. 4 WEG, einen Anspruch darauf, dass die Wohnungseigentümergemeinschaft über die Geltendmachung gemeinschaftsbezogener Ansprüche nach billigem Ermessen entscheidet. Reduziert sich dieses Ermessen der Gemeinschaft dahin, dass nur die
gerichtliche Geltendmachung des Anspruchs einer billigen Ermessensaus-
übung entspricht, so kann der einzelne Eigentümer die Gemeinschaft auf Geltendmachung der Ansprüche aus dem Überbau im Außenverhältnis gegenüber
dem Nachbarn verklagen.[475]

---

475 OLG München, Beschluss vom 26.10.2010 – 32 Wx 26/10, WuM 2011, 306, im Einzelnen
     zum Überbau im WEG: Grziwotz, Wohnungseigentum und Nachbarrecht, MietRB 2014,
     S. 122 ff. (124, 127).

XVIII. Notwegerecht

Auch das gesetzlich in § 917 BGB geregelte Notwegerecht ist innerhalb von Wohnungseigentümergemeinschaften gerade bei Sondernutzungsrechten an Teilflächen des Gemeinschaftseigentums zu berücksichtigen, kann aber durch die speziell eingreifenden Vorschriften, Vereinbarung und Beschlüsse überlagert werden.

Beispiel: Die Wohnung des Antragstellers kann nur über die Sondernutzungsfläche des Antraggegners mit Kraftfahrzeugen erreicht werden. Der Antragsteller reklamiert ein Notwegerecht.[476] *Das entscheidende BayObLG befand, das Sondernutzungsrecht eines Wohnungseigentümers an einer gemeinschaftlichen Grundstücksfläche unterliege einer immanenten Beschränkung nur insoweit, als eine Mitbenutzung durch andere Wohnungseigentümer zur ordnungsgemäßen Benutzung von anderem Gemeinschaftseigentum oder von Sondereigentum notwendig sei. Ein Anspruch auf Zufahrt mit Kraftfahrzeugen gebe es in diesem Zusammenhang nicht. Deshalb könne ein Notwegerecht ohne vertragliche oder gerichtliche Festlegung nicht ausgeübt werden. Anders seien nur verlangte außergewöhnliche Nutzungsarten wie Krankentransporte sowie die Möglichkeit zu bewerten, mit Feuerwehrfahrzeugen im Brandfall anzufahren. Hier könne sich ein Mitbenutzungsrecht allenfalls aus § 13 Abs. 2 Satz 1 WEG ergeben, wenn es an sonstigen Festlegungen in der Teilungserklärung oder anderen Vereinbarungen mangele.*[477] *Biete sich aber für die genannten Notfälle eine Zufahrtsmöglichkeit auch über das real getrennte Nachbargrundstück, dann könne das Nachbargrundstück auch für solche Notfälle ohne Rücksicht auf die hieran bestehenden Eigentumsverhältnisse nach § 904 BGB (übergesetzlicher Notstand) beansprucht werden.*[478] *Auf die Sondernutzungsfläche müsse dann nicht zurückgegriffen werden.*

In der Gemeinschaftsordnung kann durch Vereinbarung eine Einschränkung der Sondernutzung durch ein Notwegerecht zu Gunsten gemeinschaftlicher Anlagen vorgesehen werden. Der sondernutzungsberechtigte Eigentümer hat dann alle Maßnahmen für den Gebrauch gemeinschaftlich genutzter Anlagen,

---

476   Beispiel gebildet nach BayObLG, Beschluss vom 20.10.2004 – 2 Z BR 53/04, ZMR 2005, S. 889.
477   Dazu auch: LG Wuppertal, Beschluss vom 06.09.2000 – 6 T 369/00, ZMR 2001, S. 232.
478   Zum Notwegerecht über eine Sondernutzungsfläche vgl. auch: LG Wuppertal, Beschluss vom 06.09.2000 – 6 T 369/00, ZMR 2001, S. 232 – das Notwegerecht wurde über §§ 13, 15 WEG in einem Fall konstruiert, in dem tatsächlich keine andere Zugangsmöglichkeit zu einer als Kinderspielplatz bezeichneten Fläche im Gartenlageplan bestand, und mangels Notstandslage ein Ausweichen auf Flächen im Eigentum Dritter auf der Grundlage von § 904 BGB ausschied.

deren Instandhaltung, Instandsetzung und Erneuerung zu dulden.[479] Das gilt auch, wenn Sondernutzungsflächen zum Zwecke der Instandhaltung oder Instandsetzung solcher Anlagen und auch von im Gemeinschaftseigentum stehenden Gebäude- oder Grundstücksflächen von dem nicht sondernutzungsberechtigten Wohnungseigentümer/Teileigentümer oder im Auftrag der Wohnungseigentümergemeinschaft von dritten Personen betreten werden müssen.[480]

Greifen all diese Ausnahmen nicht, so kann ein gesetzliches Notwegerecht bei Sondernutzungsrechten, die über keine eigene Zugangsmöglichkeit verfügen, beachtlich werden; andererseits auch Sondernutzungsrechte so einschränken, dass anderen Wohnungs- und Teileigentümern zum Gemeinschaftseigentum und zu ihrem Sondereigentum Zugangswege eröffnet werden müssen.[481]

---

479   Grziwotz, Wohnungseigentum und Nachbarrecht, MietRB 2014, S. 122 ff. (126).
480   Grziwotz, Wohnungseigentum und Nachbarrecht, MietRB 2014, S. 122 ff. (126).
481   Grziwotz, Wohnungseigentum und Nachbarrecht, MietRB 2014, S. 122 ff. (126).

XIX. Instandhaltung und Instandsetzungen

1. Gemeinschaftseigentum

Besonderer nachbarlicher Verdruss wohnt dem Thema „Instandhaltung und Instandsetzung" inne. Dies verwundert nicht. Ursache hierfür sind unterschiedliche Auffassungen zu den Fragen:

Wer erledigt das?
Wer bezahlt das?

Auch dazu wieder ein

Beispiel: Der an einen Rollstuhl gefesselte Mieter einer Eigentumswohnung war auf dem Rückweg nach Hause. Über Handy rief ihn der Hausverwalter an und teilte ihm mit, der Aufzug des Hauses sei wieder kaputt. Der Mieter könne deshalb seine im dritten Stock gelegene Mietwohnung nicht erreichen. Die Eigentümerversammlung müsse erst über die Instandsetzungen (Kosten ca. 8.000 Euro) beschließen. Auf die Frage, was denn nun mit ihm geschehen solle, hatte der Verwalter keine brauchbare Antwort: Er könne ja so lange ins Hotel ziehen, wie der Aufzug kaputt sei. Der Verwalter mutmaßte sogar, der Mieter habe den Aufzug, der in den letzten zwei Jahren ständig defekt war, manipuliert. Und vor allem: Wenn der Mieter aufgrund seiner wiederholten Beschwerden über den wiederholt defekten Aufzug keine Lust mehr habe, seine Wohnung zu bewohnen, dann könne er ja ausziehen. Dem Mieter reichte es.

Zur einstweiligen Sicherung seines Quartiers und seiner Lebensbedürfnisse wandte er sich an Polizei und Feuerwehr. Man erklärte sich jeweils für unzuständig mit dem Hinweis, man erkenne keine Notlage, die ein Eingreifen rechtfertige! Schließlich wurde er doch von der Besatzung eines Rettungswagens in seine Wohnung im dritten Stock getragen. Dort saß er nun sechs Tage lang gefangen. Termine mussten abgesagt, notwendige Einkäufe zur Deckung des täglichen Lebensbedarfs konnten nur über hilfsbereite Nachbarn abgewickelt werden. Außerdem drohte eine saftige Rechnung für den Einsatz der Notrettungsbesatzung.

Nachdem der Mieter die Medien eingeschaltet hatte, wurde seine unglückliche Situation öffentlich. Auf einmal ging alles ganz schnell – der Aufzug funktionierte wieder; dies, nachdem er seit zwei Jahren immer wieder ausfiel und den an den Rollstuhl gefesselten Mieter ständig in eine arge Bredouille brachte. Mal kam er in seine Wohnung nicht mehr hinein und musste stundenlang in der Kälte ausharren, mal war er in ihr gefangen.

Ein Stück aus dem Tollhaus? Nein beileibe nicht, sondern reale Praxis! Das ist das Los eines gelähmten und auf seinen Rollstuhl dringend angewiesenen Mieters, der sich zwischen Vermieter, Wohnungseigentümergemeinschaft und deren Verwalter aufgerieben fühlt. Der Vermieter wollte immerhin helfen und bis zur Reparatur des Aufzugs ein Hotelzimmer für seinen Mieter anmieten. Auch dies gelang wegen einer aktuellen Messesituation in der Stadt nicht – Hotelzimmer waren nicht zu bekommen. Was ist in solchen Fällen zu tun? Wie können sich Vermieter, Verwalter und Wohnungseigentümergemeinschaft profilieren, um solche menschlichen Schicksale zu vermeiden?

Die Rechtslage nach dem WEG: Das WEG gibt gesetzliche Regelungen zur Verteilung der Instandsetzungslast vor. Danach ist für die Instandsetzung des Gemeinschaftseigentums die Wohnungseigentümergemeinschaft im Zuge ordnungsgemäßer Verwaltung zuständig. Die dafür anfallenden Kosten sind im Grundsatz gemeinsam zu tragen und nach Miteigentumsanteilen umzulegen (§§ 21 Abs. 3, 21 Abs. 5 Nr. 2, 16 Abs. 2 WEG)[482]. Was die Kompetenzen des Verwalters dabei angeht, so enthält § 27 Abs. 1 Nr. 1, 2 WEG eine Auflistung der Verwalterpflichten im Innenverhältnis.

Danach ist er gegenüber den Wohnungseigentümern berechtigt und verpflichtet,

- Nr. 1. Beschlüsse der Wohnungseigentümer durchzuführen und für die Durchführung der Hausordnung zu sorgen;
- Nr. 2. die für die ordnungsgemäße Instandhaltung und Instandsetzung des gemeinschaftlichen Eigentums erforderlichen Maßnahmen zu treffen.

Damit ist keine Vertretungsmacht nach außen verbunden. Nach außen handelt der Verwalter stets und nur in fremdem Namen für die Wohnungseigentümergemeinschaft. Im Innenverhältnis regelt sich nur die Pflicht zur Durchführung der Beschlüsse der Eigentümer.

Deshalb: Ohne Beschluss macht der Verwalter gar nichts. Ausschließlich so ist die Nr. 2 zu lesen, nicht als Vollmacht im Außenverhältnis!

Die Regelungskompetenz der Wohnungseigentümergemeinschaft ist also immer vorrangig. Dies zeigt sich aus § 21 Abs. 3 WEG und aus § 21 Abs. 5 Nr. 2 WEG. Die Vertretungskompetenz des Verwalters ist folglich nachrangig. Seine Vertretungsmacht – das Außenverhältnis betreffend – ist in § 27 Abs. 3 Satz 1 Nr. 7 WEG angesprochen:

---

482   Bestätigend: BGH, Urteil vom 22.11.2013 – V ZR 46/13, ZWE 2014, S. 125 ff.

„Der Verwalter ist berechtigt, im Namen der Gemeinschaft der Wohnungseigentümer und mit Wirkung für und gegen sie,

7. sonstige Rechtsgeschäfte und Rechtshandlungen vorzunehmen, soweit er hierzu durch Vereinbarung oder Beschluss der Wohnungseigentümer mit Stimmenmehrheit ermächtigt ist;"

Nur wenn ihm eine Vertretungsmacht nach außen durch Vereinbarung oder durch Beschluss der Wohnungseigentümergemeinschaft eingeräumt ist, darf der Verwalter nach außen tätig werden![483] Derartige Ermächtigungen sind häufig im Verwaltervertrag geregelt.

Zur nachmaligen Vertretungsmacht des Verwalters im Außenverhältnis heißt es in § 27 Abs. 3 Satz 1 Nr. 3 i WEG:

„Der Verwalter ist berechtigt, im Namen der Gemeinschaft der Wohnungseigentümer und mit Wirkung für und gegen sie,

3. die laufenden Maßnahmen der erforderlichen ordnungsgemäßen Instandhaltung und Instandsetzung gem. Abs. 1 Nr. 2 zu treffen;"

Der Begriff „laufende Maßnahmen" ist auszulegen[484]: „Bei der Auslegung des Begriffs der laufenden Maßnahmen wird trotz der Unschärfe des Begriffs davon auszugehen sein, dass es sich hierbei um solche Maßnahmen handelt, die erfahrungsgemäß regelmäßig als untergeordnete, nicht außergewöhnliche Instandhaltungen oder Instandsetzungen geringen Umfangs anfallen. Dabei handelt es sich um eine Ausnahmevorschrift, die wegen des Vorrangs der Beschlusskompetenz der Gemeinschaft eng auszulegen ist." Nicht laufend und daher außergewöhnlich dürfte daher, obwohl vom Betrag her geringfügig, die Reparatur auch eines tropfenden Wasserhahns sein, da diese nicht regelmäßig wiederkehrend ist." Soweit die Aussagen des WEG.

Jetzt zunächst zum Vermieter – schließlich ist er als Vertragspartner der unmittelbare Ansprechpartner.

Selbst beauftragen darf der Vermieter die Reparatur des Aufzugs nicht. Denn der Aufzug als Gemeinschaftseinrichtung gehört zweifellos zum Gemeinschaftseigentum. Damit ist die ausschließliche Kompetenz der Eigentümergemeinschaft

---

483   Bestätigend LG Hamburg, Urteil vom 10.04.2013 – 318 S 91/12, ZWE 20114, S. 129 ff.
484   So die herrschende Auffassung: Bärmann/Merle, WEG, 11. Aufl. 2010, § 27 Rn. 188; Spielbauer/Then, WEG, 2. Aufl. 2012, § 27 Rn. 35.

begründet. Als Mitglied der Wohnungseigentümergemeinschaft hat der Vermieter aber gegen die restliche Gemeinschaft einen Anspruch auf ordnungsgemäße Verwaltung. Er kann die Instandsetzung des Aufzugs aus § 21 Abs. 4, 5 Nr. 2 WEG verlangen[485], obgleich den übrigen Mitgliedern der Gemeinschaft grundsätzlich das Ermessen zusteht, den Beschluss zu fassen oder nicht. Hier aber ist das Ermessen auf „null" reduziert: Der Beschluss muss – schnellstens – gefasst werden, weil die Wohnung sonst für den Mieter unbenutzbar wird. In diesem Fall gesteht auch der BGH ausdrücklich einen solchen Anspruch zu[486]. Über eine Notmaßnahme kann allerdings nicht argumentiert werden (§ 21 Abs. 2 WEG), auch wenn sein Mieter als Rollstuhlfahrer unverzichtbar auf den Aufzug angewiesen ist. Denn Notmaßnahmen umfassen nur einstweilige Sicherungsmaßnahmen zur Abwendung eines drohenden Schadens, nicht die Reparatur selbst.

Dann zum Verwalter: Ist der Verwalter in seinem Verwaltervertrag mit Kostenlimit wirksam zur selbstständigen Beauftragung von Instandsetzungsmaßnahmen in Vertretungsmacht für die Wohnungseigentümergemeinschaft nach außen ermächtigt worden, so muss er handeln. Handelt er nicht oder verzögert und entstehen daraus Schäden, so macht er sich schadensersatzpflichtig (§§ 280 Abs. 1 und 2, 286 BGB[487]). Zu denken ist etwa an den Ersatz der Kosten für den Notrettungsdienst. Der Verwalter kann sich allerdings im Falle der hier notwendigen umfangreicheren Reparaturmaßnahmen (Kostenvolumen ca. 8.000 Euro) darauf zurückziehen, selbst bei unmittelbarem Handeln wären die Kosten verursacht gewesen. Denn der Mieter hätte ja sofort in seine Wohnung verbracht werden müssen.

Verfügt er nicht über eine vertragliche Ermächtigung und gibt es auch keinen Instandsetzungsbeschluss der Wohnungseigentümergemeinschaft, sind dem Verwalter über die Durchführung von Notmaßnahmen (§ 21 Abs. 2 WEG) hinaus die Hände gebunden. Notmaßnahmen umfassen nur die Sicherung des defekten Aufzugs, nicht seine Reparatur. Eigenmächtig beauftragen darf er dann die Reparatur nicht. Der Verwalter muss dann den Instandsetzungsbeschluss vorbereiten und eine Eigentümerversammlung dazu einberufen. Aufgrund der Eilbedürftigkeit hätte es nahe gelegen, sofort einen schriftlichen Umlaufbeschluss (§ 23 Abs. 3 WEG) fassen zu lassen. Das Problem: Bei einem schriftlichen Umlaufbeschluss müssen alle Eigentümer zustimmen, bei einem Instandsetzungsbeschluss innerhalb einer einberufenen Versammlung nur die einfache Mehrheit (§ 21 Abs. 3 und 5 Nr. 2 WEG).

---

485 Dazu LG Hamburg, Urteil vom 10.04.2013 – 318 S 91/12, ZWE 20114, S. 129 ff.
486 BGH, Urteil vom 13.07.2012 – V ZR 94/11, NZM 2012, S. 685.
487 Dazu LG Hamburg, Urteil vom 10.04.2013 – 318 S 91/12, ZWE 20114, S. 129 ff.

Das Folgeproblem: Werden alle Eigentümer erreicht? Reagieren sie umgehend? Stimmen alle zu?

Nun ist es in der Praxis häufig, dass selbst bei einer Verpflichtung zur ordnungsgemäßen Verwaltung notwendige Instandsetzungsbeschlüsse blockiert werden. Der Streit muss dann unter den Wohnungseigentümern ausgefochten werden, der Verwalter darf dann aber in dieser Konstellation nichts tun.

Zu guter Letzt zur Wohnungseigentümergemeinschaft: Aus § 21 Abs. 4, 5 Nr. 2 WEG besteht die Verpflichtung, den Instandsetzungsbeschluss wegen besonderer Eilbedürftigkeit als Umlaufbeschluss zu fassen. Wird er nicht gefasst oder kommt es sogar zu einem Negativbeschluss (ausdrückliche Ablehnung der Reparatur), muss der Vermieter als Mitglied der Wohnungseigentümergemeinschaft seinen Anspruch auf Durchführung einer ordnungsgemäßen Verwaltung und damit auf die Fassung des Beschlusses notfalls gerichtlich durchsetzen. Wird er nicht oder schuldhaft verzögert gefasst und entstehen dem Vermieter als Mitglied der WEG deshalb Schäden, macht sich die WEG schadensersatzpflichtig (§§ 280 Abs. 1 und 2, 286 BGB[488]). In Betracht kommen Kosten der Hotelunterbringung, Differenzen zu einer höheren Miete bei Anmietung einer anderen Ersatzwohnung u. a. Bezüglich der Kosten des Rettungsdienstes können sie sich allerdings wie der Verwalter freizeichnen.

Was kann der Mieter als Rollstuhlfahrer selbst tun?

Zweifelsohne hat er gegen seinen Vermieter als Vertragspartner einen Erfüllungsanspruch, d. h. einen Anspruch auf Ermöglichung des Wohnungszugangs und der Wohnungsnutzung. Dieser Anspruch nützt ihm wenig, denn der Vermieter ist wie dargelegt nicht in der Lage, diesen Anspruch ohne Mitwirkung der übrigen Mitglieder der Wohnungseigentümergemeinschaft zu erfüllen. Zweifelsohne kann der Mieter deshalb die Miete mindern für die Zeit, in der er seine Wohnung nicht nutzen kann. Auch dies nützt ihm aber nichts, denn er benötigt dringend Quartier, will er zum Beispiel nicht auf der Straße übernachten. Deshalb ist fraglich, ob der Mieter direkt gegen die Wohnungseigentümergemeinschaft vorgehen und die umgehende Reparatur des Aufzugs verlangen kann.

Vertragliche Beziehungen, aus denen ein solcher Anspruch hergeleitet werden könnte, bestehen nicht. Ebenso wenig kann der Mieter wohnungseigentumsrechtlich gegen die übrigen Mitglieder der Gemeinschaft vorgehen. Denn er ist zwar Mitbesitzer, jedoch nicht Miteigentümer. Deshalb könnte man nur erwägen, dem Mieter gegen den Verwalter oder gegen die übrigen Mitglieder der

---

488   Dazu BGH, Urteil vom 13.07.2012 – V ZR 94/11, NZM 2012, S. 685.

Gemeinschaft einen Anspruch auf Wiedereinräumung des Wohnungsbesitzes zuzugestehen (§§ 861, 862, 865 BGB), je nachdem, wer handlungsbefugt und damit handlungspflichtig ist. Die Argumentation:
Er ist zum Erreichen seiner Wohnung dringend auf den defekten Aufzug angewiesen. Der Verwalter oder die Wohnungseigentümergemeinschaft stört ihn in seinem Wohnungsbesitz, indem er/sie den Aufzug nicht reparieren lässt (verbotene Eigenmacht, begangen durch Unterlassen[489]). Daraus kann sich sachenrechtlich ein Anspruch des Mieters gegen die übrigen Mitglieder der Wohnungseigentümergemeinschaft bzw. gegen den Verband (§ 10 Abs. 6 WEG) auf Beseitigung der eingetretenen Besitzstörung und Unterlassung weiterer Besitzstörungen ergeben. Aufgrund der Dringlichkeit der Maßnahme muss eine einstweilige Verfügung zur Sicherung der einstweiligen Unterbringungsmöglichkeit trotz der Vorwegnahme in der Hauptsache zu Gunsten des Mieters möglich sein.

Es bleiben die Transportkosten. Verwalter und Wohnungseigentümergemeinschaft können einwenden, die Kosten wären auch bei unverzüglichem Handeln angefallen. Gegen den Vermieter können Sie ebenso nicht liquidiert werden. Zwar zeigen sich die Kosten für den Mieter als Schaden aus einem Mangel der Mietsache, doch trägt der Vermieter am entstandenen Mangel kein Verschulden. Ein Verschulden aber ist für einen Schadensersatzanspruch notwendig, wenn es sich – wie hier – um einen Mangel handelt, der erst im Verlauf des Mietverhältnisses aufgetreten ist (§ 536 a Abs. 1 Satz 1 BGB). Aus Sicht des Vermieters insgesamt ein unbefriedigendes Ergebnis. Denn er läuft Gefahr, auf den Transportkosten sitzen zu bleiben.

In unserem Fall wählte der Mieter einen offensichtlich schnelleren und erfolgreichen Weg – den Kontakt zu den Medien und die Veröffentlichung der hier geschilderten Fallumstände. Traurig genug, dass Rechte heute über Mediendruck effektiver durchsetzbar sind als vor Gericht.

2. Grenzeinrichtungen

Das OLG München[490] hat die Regelungen über die Grenzwand in §§ 921, 922 BGB innerhalb einer WEG für anwendbar gehalten, wenn weder das WEG, noch die Vereinbarung der Wohnungseigentümer hierüber Regelungen treffen.

---

489   Dazu Lorenz in Erman, Kommentar zum BGB, Band II, 13. Aufl. 2011, § 858 BGB Rn. 3.
490   OLG München, Beschluss vom 13.09.2005 – 32 Wx 71/05, NZM 2006, S. 344.

Das sei für nicht tragende Zwischenwände zwischen Sondereigentumseinheiten der Fall. Diese Entscheidung ist mit Blick darauf anzuzweifeln, dass im Innenverhältnis der Gemeinschaft §§ 21, 16, 28 WEG Regelungen in Bezug auf die Instandhaltung und Instandsetzung von „Grenzeinrichtungen" zwischen Sondernutzungsflächen oder auch einzelnen Teileigentumssegmenten sowie die hierfür anfallenden Kosten und Kostenquoten bereithalten.[491] Daneben ist eine analoge Anwendung von §§ 921 und 922 BGB nur zuzulassen, soweit die besonderen Rechtsbeziehungen und daraus folgend die gesteigerten Rücksichtnahmepflichten innerhalb der Wohnungseigentümergemeinschaft nicht entgegenstehen, was bereits bei einer abweichend zum Gesetz geregelten Kostenverteilung der Fall sein kann.

---

491   Zu Recht hinweisend: OLG Hamm, Urteil vom 27.04.2006 – 15 W 92/05, DWE 2006, S. 147 (149).

XX. Duldungspflichten

§ 14 Nr. 3 WEG erlegt dem Wohnungseigentümer auf, die Einwirkungen auf sein Sondereigentum zu dulden, die auf einen zulässigen, also ordnungsgemäßen Gebrauch der anderen Wohnungseigentümer beruhen. Diese Einwirkungen kann der Wohnungseigentümer weder ausschließen noch verhindern. Wellkamp[492] nennt als Beispiele die Betriebsgeräusche einer Heizung, das regelmäßige Klavierüben in den zulässigen Zeiten sowie das Lärmen und Bohren beim Umzug. Nur unter engen Voraussetzungen kann sich ausnahmsweise ein Notwegerecht anderer Miteigentümer über eine Sondernutzungsfläche des Duldungspflichtigen auf der Grundlage von §§ 13, 15 WEG ergeben.[493] § 917 BGB kann dafür nicht herangezogen werden.[494] Denn die Vorschrift formuliert im Verhältnis zu real geteilten Grundstücksnachbarn niedrigere Voraussetzungen, die dem besonderen Näheverhältnis sowie auch den rechtlichen Sonderbeziehungen innerhalb der Wohnungseigentümergemeinschaft nicht Rechnung trägt. § 21 Abs. 5 Nr. 6 WEG bestimmt zusätzlich, dass der Wohnungseigentümer verpflichtet ist, alle Maßnahmen zur Installation von Telefoneinrichtungen, Rundfunkempfangsanlagen und Energieversorgungsanlagen zu dulden.

Zusätzlich trifft den Wohnungseigentümer die Pflicht, dass er das Betreten und Benutzen seines Sondereigentums dulden muss, soweit dies zur Instandhaltung und Instandsetzung des gemeinschaftlichen Eigentums erforderlich ist.[495] Diese in § 14 Nr. 4 WEG normierte Verpflichtung erinnert an das landesnachbarrechtlich geregelte Hammerschlags- und Leiterrecht. Wellkamp[496] nennt als Beispiele die Durchführung von Dachreparaturen, die Instandsetzung von durchgehenden Leitungen und Rohren, das Streichen von Fenstern und Balkonen sowie Maßnahmen an der Außenwand. Umfasst sind auch die Entfernung und Zerstörung des Balkonplattenbelages, der im Sondereigentum des einzelnen Miteigentümers steht, zur Reparatur der darunter befindlichen Isolierschicht als Teil des Gemeinschaftseigentums. Schließlich hat der Wohnungseigentümer die Herstellung eines ordnungsgemäßen Trittschallschutzes zu dulden.

---

492 Wellkamp, Teil 5, Rdnr. 369, S. 155.
493 LG Wuppertal, Beschluss vom 06.09.2000 – 6 T 369/00, ZMR 2001, S. 232.
494 Vgl. unter I. 6.
495 Vgl. zum Betretungsrecht bei oder zur Vorbereitung von Instandhaltungs- und Instandsetzungsmaßnahmen sowie zur Klärung unklarer Schadensursachen: OLG München, Beschluss vom 22.02.2006 – 34 Wx 133/05, NZM 2006, S. 635; OLG Celle, Beschluss vom 04.12.2001 – 4 W 313/01, ZMR 2002, S. 293; OLG Hamburg, Beschluss vom 14.03.2000 – 2 Wx 31/98, ZMR 2000, S. 479; BayObLG, Beschluss vom 21.01.1999 – 2 Z BR 156/98, GE 1999, S. 779.
496 Wellkamp, Teil 5, Rdnr. 371, S. 155.

Allerdings ist er nicht verpflichtet, Arbeiten mit erheblichem Zeitaufwand auf seine Kosten vorzunehmen.[497] Es ist Frage des Einzelfalls, ob diese Duldungspflicht auch besteht, um der Gemeinschaft die Kosten für die Aufstellung eines Gerüstes zu ersparen.[498] So ist z. B. das Betreten und Benutzen des Balkons zu gewähren, wenn von dort aus Malerarbeiten ausgeführt werden können, ohne dass ein Gerüst vor der Fassade aufgestellt wird. Dagegen kann der in Anspruch genommene Wohnungseigentümer auf die Möglichkeit verweisen, über ein Gerüst Arbeiten zu erledigen, wenn er ansonsten unzumutbar beeinträchtigt würde und die entstehenden Kosten hierzu nicht außer Verhältnis stehen. Dies wurde in einem Fall angenommen, in dem über einen Zeitraum von drei bis vier Arbeitstagen rund 20 Schubkarrenladungen Schutt zu entfernen waren. In einem solchen Fall ist es der Gemeinschaft zuzumuten, die Kosten für die Anbringung eines Gerüstes aufzubringen, um den Abtransport des Schutts durch die Wohnung zu verhindern. Die anteilige Kostenbeteiligung regelt sich auch hier wiederum nach § 16 Abs. 2 WEG.[499]

Der Wohnungseigentümer ist auch duldungspflichtig, wenn festgestellt werden muss, ob Maßnahmen der Instandsetzung oder Instandhaltung in Betracht kommen, dies aber noch nicht endgültig feststeht. Voraussetzung ist hierbei, dass ausreichende Anhaltspunkte für die Notwendigkeit solcher Maßnahmen vorliegen.[500]

---

497 BayObLG, Beschluss vom 12.10.1995 – 2 Z BR 66/95, DWE 1996, S. 15 u. 41 = NJWE-MietR 1996, S. 36 = WuM 1995, S. 728.
498 BayObLG, Beschluss vom 12.10.1995, a. a. O.
499 So: Bielefeld, Streit bei Balkon- und Terrassensanierung, DWE 1996, S. 15.
500 BayObLG, Beschluss vom 27.06.1996 – 2 Z BR 16/96, MDR 1996, S. 1006.

XXI. Verkehrssicherungspflichten

Schon aus §§ 21 Abs. 5 Nr. 2, 27 Abs. 1 Nr. 2 WEG folgt, dass sowohl der Verwalter als auch der einzelne Wohnungseigentümer für die ordnungsgemäße Instandhaltung und Instandsetzung der Anlage zu sorgen haben. Das Gesetz weist ihnen damit gleichzeitig die Verkehrssicherungspflicht zu. Danach hat jeder, der Gefahrenquellen schafft, die notwendigen Vorkehrungen zum Schutz Dritter zu treffen. So müssen insbesondere der Baukörper, die gemeinschaftlichen Anlagen und Einrichtungen sowie generell das Grundstück in einem Zustand gehalten werden, der Gefahren für Dritte möglichst ausschließt. Allerdings stellt die Verkehrssicherungspflicht auch eine gemeinschaftsbezogene Verpflichtung dar, was die Zuständigkeit des Verbandes nach § 10 Abs. 6 Satz 3 WEG begründet.

Beispiel: *Der Antragsteller parkt mit seinem Pkw auf dem ihm zur Sondernutzung zugewiesenen Stellplatz auf der Gemeinschaftsfläche der Wohnungseigentumsanlage. Er verlangt Ersatz für einen Schaden, der an seinem Pkw durch einen sturmbedingt abgebrochenen Ast eines Baumes entstanden ist, der auf der Gemeinschaftsfläche nahe seinem Parkplatz steht. Bei dem Ast habe es sich um sogenanntes „Todholz" gehandelt. Der Antragsteller ist der Auffassung, die Antragsgegner seien wegen schuldhafter Verletzung der Verkehrssicherungspflicht zum Schadensersatz verpflichtet.[501]*

Das erkennende OLG München äußert sich zunächst zu den Grundstrukturen einer Verkehrssicherungspflicht in Wohnungseigentümergemeinschaften. Sie obliegt in erster Linie den Wohnungseigentümern und der Wohnungseigentümergemeinschaft.[502] Sie kann aber die Verkehrssicherungspflicht mit dessen Einverständnis auf den Verwalter übertragen. Auch dieser kann die Verkehrssicherungspflicht auf Hausmeister, Subunternehmer u. a. zum Beispiel mit einem „Betreuungsvertrag" delegieren. Hat der Verkehrssicherungspflichtige die Verkehrssicherungspflicht auf einen Dritten übertragen, so trifft ihn zwar die Pflicht zur Überwachung des Dritten. Der Verkehrssicherungspflichtige darf jedoch im Allgemeinen darauf vertrauen, dass der ordnungsgemäß ausgewählte Dritte den ihm übertragenen Verpflichtungen auch nachkommt, so lange nicht konkrete Anhaltspunkte bestehen, die dieses Vertrauen erschüttern. Lässt

---

501   Beispiel gebildet nach OLG München, Beschluss vom 24.10.2005 – 34 Wx 82/05, NJW 2006, S. 1293 = NZM 2006, S. 110 = ZMR 2006, S. 226.

502   Ebenso: BayVGH, Beschluss vom 11.05.2006 – 8 ZB 06.485, ZMR 2006, S. 729; a. A. noch: OLG München, Beschluss vom 24.10.2005 – 34 Wx 82/05, NJW 2006, S. 1293.

sich die Verletzung einer Auswahl- oder Überwachungspflicht nicht nachweisen, so müssen die Eigentümergemeinschaft oder auch der Verwalter für das Verschulden des unmittelbar Verkehrssicherungspflichtigen, also das „End-Kettenglied", nach § 831 BGB nicht einstehen. An diesen Haftungsgrundsätzen hat sich auch aufgrund der nun anerkannten Teilrechtsfähigkeit der Wohnungseigentümergemeinschaft nichts geändert.

Neben einer deliktischen Haftung aus § 823 Abs. 1 BGB wegen verletzter Verkehrssicherungspflicht kommt auch eine Haftung des endgültig mit der Wahrnehmung von Instandhaltungs- und Instandsetzungsmaßnahmen Betrauten aus § 280 Abs. 1 BGB wegen Verletzung von Verpflichtungen aus dem „Betreuungsvertrag" in Betracht. Daneben ist es denkbar, dass der mit der nunmehr teilrechtsfähigen Wohnungseigentümergemeinschaft geschlossene Betreuungsvertrag über Instandhaltungsmaßnahmen auf dem Grundstück dem einzelnen geschädigten Grundstückseigentümer unmittelbare Ansprüche gibt, da er als Vertrag mit Schutzwirkung für Dritte eingeordnet werden könnte. Mit diesem Ansatz ist die Zurechnungsmöglichkeit über § 278 BGB eröffnet, wenn man den unmittelbar Handelnden als Erfüllungsgehilfen des Verwalters und der WEG versteht. Dann haften die Genannten als Gesamtschuldner, was auch Schmerzensgeldansprüche nach § 253 Abs. 2 BGB einbindet.

Schließlich spricht viel dafür, einzelne Wohnungseigentümer aus dem Kreis der Anspruchsverpflichteten auszusondern und stattdessen nur die Wohnungseigentümergemeinschaft als Verband neben dem Verwalter und dem beauftragten Subunternehmer als passiv legitimiert zu betrachten.[503] Denn es handelt sich hier um eine gemeinschaftsbezogene Anspruchsverpflichtung im Sinne von § 10 Abs. 6 Satz 3 WEG, die die Zuständigkeit der Wohnungseigentümergemeinschaft als Verband eröffnet.[504] Die Verkehrssicherungspflicht betrifft die gesamte Anlage, sodass ein gemeinsames Tätigwerden von Nöten ist. Deshalb verdrängt die Zuständigkeit des Verbandes die Rechtsposition des einzelnen Mitglieds.[505]

Beispiel: Winterdienst: Im Alter untauglich?
In jedem Winter kommt es bei entsprechender Wetterlage zu Glatteisunfällen mit der Folge von Schadensersatzansprüchen der Geschädigten. Diesmal traf es eine Woh-

---

503 So bereits OLG München, Beschluss vom 24.10.2005 – 34 Wx 82/05, NJW 2006, S. 1293, 1295.
504 Ebenso: OLG München, Beschluss vom 24.10.2005 – 34 Wx 82/05, NJW 2006, S. 1293; a. A. BayVGH, Beschluss vom 11.05.2006 – 8 ZB 06.485, ZMR 2006, S. 729.
505 BGH, Urteil vom 12.04.2007 – VII ZR 236/05, NJW 2007, S. 1952.

nungseigentümergemeinschaft, die den Winterdienst auf dem Bürgersteig vor ihrem Haus einem 82-jährigen Rentner übertragen hatte. Dies ist rechtlich durchaus zulässig. Am Unfalltag hatte der seit mehr als 20 Jahren mit dem Winterdienst beauftragte Rentner nicht geräumt und nicht gestreut, weil er durch einen Wasserrohrbruch in seinem eigenen Haus daran gehindert war. Ein Passant stürzte und verletzte sich erheblich. Die Unfallversicherung des Geschädigten trug die Operations- und Behandlungskosten in Höhe von ca. 16.000 Euro, die sie nun von der Wohnungseigentümergemeinschaft zurückverlangt.

In letzter Instanz gab das Oberlandesgericht (OLG) Oldenburg dem Unfallversicherer dem Grunde nach Recht und erkannte ihm mit Urteil vom 13. Februar 2014 (1 U 77/13) die eingeklagte Regressforderung um 40 % gekürzt zu. Die kommunale Satzung habe die Pflicht zum Winterdienst zulässig auf die Straßenanlieger – hier die beklagte Wohnungseigentümergemeinschaft – übertragen. Zwar habe sie zulässig die Ausführung des Winterdienstes übertragen, doch obliege ihr eine Kontrollpflicht. Sei der Beauftragte älter als 80 Jahre, bedürfe es einer kritischen Überprüfung, ob der mit dem Winterdienst Beauftragte trotz seines Alters der Räum- und Streupflicht auch sicher und zuverlässig nachkommen könne. Diese kritische Überprüfung habe die Wohnungseigentümergemeinschaft am Unfalltag unterlassen. Auch in der Vergangenheit sei es bereits mehrfach zu Unregelmäßigkeiten bei der Ausführung des Winterdienstes gekommen. Auch deshalb hätte die Wohnungseigentümergemeinschaft eine eingehende Überwachung des Beauftragten organisieren müssen. Der Klageanspruch sei allerdings wegen eines Mitverschuldens des Geschädigten um 40 % zu kürzen gewesen. Denn für den geschädigten Passanten sei es offensichtlich gewesen, dass der Weg vor dem Haus nicht geräumt und nicht gestreut war.

Die Entscheidung mutet in der Begründung zunächst befremdlich an: Was hat das Alter des mit der Ausführung des Winterdienstes beauftragten Rentners mit dem unterlassenen Abstreuen des Wegs vor dem Haus am Unfalltag zu tun? Ein gebrochenes Wasserrohr, und nicht das Lebensalter des Rentners, war schuld daran, dass er sich an der Ausführung des Winterdienstes gehindert sah. Der einzige Vorwurf in diesem Zusammenhang: Er hätte sich bei der Wohnungseigentümergemeinschaft melden und den Wasserrohrbruch im eigenen Hause als Hinderungsgrund mitteilen müssen. Dass er dies unterlassen hat, muss aber keinesfalls seinem Lebensalter geschuldet sein. Auch wesentlich jüngere Menschen, die durch einen Wasserrohrbruch geschädigt sind, können das in der ersten Aufregung vergessen. Aber: Diese Erwägungen betreffen nicht das Verhältnis zum geschädigten Passanten, sondern nur intern zur Wohnungseigentümergemeinschaft. Würde also die Wohnungseigentümergemeinschaft nunmehr Regress von dem 82-jährigen Rentner für ihre eigene Inanspruchnahme verlangen, so würden diese Gesichtspunkte im Rahmen eines Schadensersatzanspruches zu diskutieren sein. Hier aber ging es um das Außenverhältnis der Wohnungseigentümergemeinschaft als Hauseigentümer zum geschädigten Passanten.

Beispiel: Einbau von Rauchwarnmeldern – Beschlusskompetenz der WEG oder Individualrecht?

Verwalter V empfiehlt der Wohnungseigentümergemeinschaft, Rauchwarnmelder zu installieren, da aufgrund der Änderung der Landesbauordnung Ausrüstungspflicht besteht.[506] Eigentümer Q erklärt daraufhin, dass

- *er sich nicht vorschreiben lasse, ob und wann Rauchwarnmelder in seiner Wohnung eingebaut werden, und dass*
- *dies dem jeweiligen Eigentümer, die Wartung den Eigennutzern bzw. Mietern überlassen werden solle.*

Mit Urteil vom 09.03.2012[507] gibt der BGH der WEG Recht. Der Beschluss zum Einbau der Rauchwarnmelder sei rechtmäßig und wirksam. Denn die Erfüllung der Verkehrssicherungspflichten der Wohnungseigentümer habe nicht der einzelne Eigentümer, sondern der Verband sicher zu stellen (§ 10 Abs. 6 Satz 3 WEG).

---

506 Vgl. dazu § 44 Abs. 5 NBauO, und insgesamt Bielefeld: Einbau von Rauchwarnmeldern – Pflichten der Wohnungseigentümergemeinschaft, DWE 2011, S. 53 ff.
507 BGH, Urteil vom 09.03.2012 – V ZR 161/11, ZMR 2012, 646.

XXII. Geltung landesrechtlicher Nachbarrechtsvorschriften

Im Verhältnis des sondernutzungsberechtigten Wohnungseigentümers zur übrigen Wohnungseigentümergemeinschaft kommt über das in § 14 Nr. 1 WEG verankerte Rücksichtnahmegebot allgemeines Nachbarrecht zur Anwendung. Dies gilt z. B. für Pflanzabstände (Bäume und Sträucher) zur Grenze einer Sondernutzungsfläche, die im landesrechtlichen Nachbarrecht geregelt sind[508]. Zwischen sondernutzungsberechtigten Wohnungseigentümern „benachbarter" Flächen auf dem Gemeinschaftseigentum können folglich auf das dadurch entstandene nachbarliche Verhältnis die bundes- und landesrechtlichen Vorschriften des Nachbarrechts entsprechend angewendet werden, weil eine ähnliche Interessenlage wie zwischen Grundstücksnachbarn besteht.[509] Umfasst sind neben den landesrechtlichen Grenzabstandsvorschriften für Grenzabstände von Bäumen und Sträuchern sowie ihren Rückschnitt auch entsprechende landesrechtliche Vorschriften über den Überhang, Einfriedung, und für Ausschlussfristen für die Geltendmachung von Beseitigungsansprüchen[510].

Das folgt daraus, dass aufgrund der Aufteilung der im Gemeinschaftseigentum stehenden Gartenfläche durch die Einräumung von Sondernutzungsrechten zwischen den Wohnungseigentümern als Nutzungsberechtigten im Hinblick auf die Gartenbepflanzung eine ähnliche Interessenlage geschaffen wird, wie zwischen Nachbarn real geteilter Grundstücke. Die im Verhältnis zum allgemeinen Nachbarrecht zwischen Wohnungseigentümern bestehenden weitergehenden Rücksichtnahmepflichten stehen nicht entgegen. Denn mit der gegenseitigen Einräumung des Alleingebrauchs im Vollzug der Sondernutzungsrechte haben die Eigentümer nicht nur zu erkennen gegeben, dass sie die Rechtsverhältnisse der Gartenfläche tatsächlich wie die an einem real geteilten Grundstück ansehen. Zugleich haben sie damit auf ihre Befugnis verzichtet, die gesamte Fläche des gemeinschaftlichen Eigentums zu nutzen. Der BGH stellt seine Grundsatzentscheidung unter den zutreffenden Vorbehalt, dass mit Blick auf § 14 WEG im konkreten Einzelfall keine weiteren Nutzungsbeschränkun-

---

508   OLG Hamm, NZM 2003, 156 ff.
509   BGH, Urteil vom 28.09.2007 – V ZR 276/06, NJW 2007, S. 3638 (3638); zuvor bereits: BayObLG, Beschluss vom 10.05.1989, 2 Z 121/88, WuM 1989, S. 451 = ZMR 1989, S. 347; BayObLG, Beschluss vom 16.12.1993 – 2 Z BR 82/93, DWE 1994, S. 87 = NJW-RR 1994, S. 781 = WuM 1994, S. 154; BayObLG, Beschluss vom 11.02.1999 – 2 ZBR 167/98, ZMR 1999, S. 347 f.
510   Grziwotz, Wohnungseigentum und Nachbarrecht, MietRB 2014, S. 122 ff. (126).

gen oder einschlägigen Anordnungen in Bezug auf die Streitfrage in der Wohnungseigentümergemeinschaft getroffen worden sind.[511] Ebenso gelten die landesrechtlichen Abstandsflächenvorschriften für Bauwerke.[512]

---

511 A. a. O., S. 3637; ebenso bereits für die Anwendung landesrechtlicher Grenzabstandsvorschriften zwischen Sondernutzungsberechtigten: BayObLG, Beschluss vom 11.02.1999 – 2 Z BR 167/98, NZM 1999, S. 848.
512 Grziwotz, Wohnungseigentum und Nachbarrecht, MietRB 2014, S. 122 ff. (126).

XXIII. Grundstücksbezogenes öffentliches Nachbarrecht

Auch bei den nachbarbezogenen öffentlich-rechtlichen Beziehungen ist wiederum danach zu unterscheiden, ob es sich um Nachbarschutzansprüche innerhalb der Gemeinschaft der Wohnungseigentümer oder im Verhältnis zum Grundstücksnachbarn handelt.

1. Grundstücksbezogene Ansprüche

Schon das Bundesverfassungsgericht[513] hatte festgestellt, dass Sondereigentum nach dem Wohnungseigentumsgesetz öffentlich-rechtliche Nachbarschutzansprüche innerhalb der Gemeinschaft der Miteigentümer desselben Grundstücks ausschließt. Abwehrrechte gegen ein Vorhaben anderer Miteigentümer sind ausschließlich im Wege einer gegen diese gerichteten Klage vor den Wohnungseigentumsgerichten geltend zu machen. Eine im Verhältnis zwischen Wohnungseigentümern erhobene Baunachbarklage ist danach von den Verwaltungsgerichten wegen fehlender Klagebefugnis abzuweisen.[514]

Schon die bisher herrschende Meinung verwies den Wohnungseigentümer in diesen Fällen auf den Zivilrechtsweg, soweit in der Wohnungseigentümergemeinschaft zu den streitig gewordenen Fragen besondere Regelungen bestanden oder die anspruchsbegründend herangezogenen öffentlich-rechtlichen Normen keinen drittschützenden Charakter haben.[515]

Beispiel: *Wohnungseigentümer W errichtet im Anschluss an sein Wohnzimmer einen Wintergarten, ohne die Zustimmung der übrigen Wohnungseigentümer einzuholen. Die Gemeinschaftsordnung sieht für die Reihenhausanlage vor, dass die einzelnen Wohnungseigentümer hinsichtlich des ihrem Sondereigentum zugeordneten Baukörpers keine Zustimmung im Sinne von § 22 Abs. 1 WEG benötigen. W klagt auf Beseitigung des Wintergartens wegen nicht eingehaltenem Bauwich und beruft sich auf die nachbarschützende Drittwirkung der baurechtlichen Grenzabstandsvorschriften.*[516]

---

513 Bundesverfassungsgericht, Beschluss vom 07.02.2006 – 1 BvR 2304/05, NZM 2006, S. 510 f.
514 Vgl. auch VGH Bayern, Beschluss vom 08.03.2013 – 15 CE 13.236, IMR 2013, S. 247; VG Hamburg, Urteil vom 05.04.2011 – 11 K 1866/10; OVG Koblenz, Beschluss vom 10.07.2007 – 8 A 10279/07, NZM 2007, S. 776: keine öffentlich-rechtlichen Abwehransprüche eines Wohnungseigentümers gegen „gemeinschaftsbezogene" Baugenehmigung.
515 Dazu: BayObLG, Beschluss vom 14.12.2000 – 2 Z BR 60/00, ZMR 2001, S. 362 und Beschluss vom 29.03.2000 – 2 Z BR 3/00, ZMR 2000, S. 546 (547).
516 Beispiel, gebildet nach Fritsch: WE 2007, S. 20 (21).

Beispiel: Die Gemeinschaft der Wohnungseigentümer beschließt, eine Dachterrasse innerhalb des Gemeinschaftseigentums der Wohnanlage zu errichten. Es handelt sich ebenso um eine Baumaßnahme an Teilen des Gebäudes. Ein Eigentümer des oberen Stockwerks, der zusätzlichen Lärm befürchtet, ficht die erteilte – und zumindest früher notwendige – Baugenehmigung an.[517]

Beispiel: Der Eigentümer der Unterliegerwohnung ficht die erteilte Nutzungsänderungsgenehmigung für die über ihm liegende Wohnung als Geschäft an.[518]

Beispiel: Eigentümer E beantragt eine Nutzungsänderung seines Teileigentums von Büro in Wohnraum.

Lösung: Sowohl die Wohnungseigentümergemeinschaft als Verband als auch der einzelne Wohnungseigentümer können sich durch öffentlich-rechtliche Nachbarklagen gegen Dritte wenden, die nicht Mitglied der Wohnungseigentümergemeinschaft sind und Beeinträchtigungen aus deren Bauvorhaben abwehren. Dies gilt z. B. dann, wenn es um die rechtliche Anfechtung behördlicher Genehmigungen geht, bei denen die Baubehörde innerhalb ihrer Entscheidung auch den Schutz der nachbarrechtlichen Interessen des Wohnungseigentums zu beachten hat. Unterlaufen der Baubehörde hier Fehler und werden Verband oder einzelner Wohnungseigentümer dadurch in ihren Rechten verletzt, so ist eine solche baunachbarrechtliche Klage begründet. Innerhalb der Gemeinschaft der Wohnungseigentümer bestehen solche öffentlich-rechtlichen Nachbarschutzansprüche jedoch nicht. Sie sind hier aufgrund des räumlichen und des rechtlichen Näheverhältnisses der Wohnungseigentümer zueinander grundsätzlich ausgeschlossen. Deshalb kann ein Wohnungseigentümer gegenüber einer Baubehörde auch nicht geltend machen, durch die einem anderen Eigentümer derselben Eigentümergemeinschaft erteilte Nutzungsänderungsgenehmigung für seine Wohnung in seinen Rechten verletzt zu sein. Darauf weist das Verwaltungsgericht (VG) Hamburg mit Urteil vom 05.04.2011 (11 K 1866/10; ZMR 2011, 1002) hin. Einerseits fehle es an der Klagebefugnis. Denn die Wohnungseigentümer könnten den Gebrauch des Sondereigentums und des gemeinschaftlichen Eigentums durch Vereinbarung regeln. Ferner sei das Zivilgericht – Wohnungseigentumsgericht – für Streitigkeiten zuständig, die sich aus der Gemeinschaft der Wohnungseigentümer ergeben. Der Zivilrechtsweg gehe also bei diesem Streitgegenstand dem Verwaltungsrechtsweg vor.

---

517 Beispiel, gebildet nach BVerwG, Beschluss vom 28.02.1990 – 4 B 32/90, NVwZ 1990, S. 655.
518 Beispiel, gebildet nach BVerwG, Urteil vom 04.10.1988 – 4 C 1/86, NVwZ 1989, S. 250.

Beispiel: *Eine Wohnungseigentümerversammlung beschloss, einen Baum auf einem gemeinschaftlichen Grundstück zu entfernen. Dazu wurde eine Genehmigung nach der örtlichen Baumschutzsatzung eingeholt. Allerdings ordnete die Genehmigung auch eine Ersatzpflanzung an. Gegen diese Auflage wandte sich der Wohnungseigentümer W mit einer Klage vor dem Verwaltungsgericht.*[519]

Klagebefugt ist aber nur die Wohnungseigentümergemeinschaft in ihrer Gesamtheit. Der klagende Einzeleigentümer war in seinen persönlichen Rechten aus dem Sondereigentum nicht in einer Weise betroffen, die ihm eine Klagemöglichkeit vor dem Verwaltungsgericht gegen den angegriffenen Bescheid eröffnete.

Öffentlich-rechtliche Genehmigungen, die Wohnungseigentümergemeinschaften oder einzelnen Mitgliedern erteilt werden, können folglich durch einzelne Wohnungseigentümer nicht angefochten werden. Dabei ist ohne Belang, ob es sich um Befreiungsgenehmigungen von öffentlichen Ge- und Verboten, um Nutzungsänderungsgenehmigungen oder um Baugenehmigungen für Veränderungen an Teilen des Gebäudes handelt. Der einzelne Sondereigentümer ist darauf angewiesen, in dem nach dem Wohnungseigentumsgesetz vorgesehenen Verfahren geltend zu machen, die Eigentümergemeinschaft überschreite die ihr zustehenden Befugnisse. Dies gilt auch, soweit ein Behördenbescheid z. B. mit Nebenbestimmungen weitere Regelungen enthält. [520]
Dies gilt auch gegenüber Mietern.

Beispiel: *Der Mieter erhält auf Antrag eine Genehmigung zum Bau einer Lagerhalle auf dem Grundstück des Vermieters. Der Vermieter ficht an. Auch hier fehlt die Klagebefugnis. Sie besteht nur gegenüber dem „baurechtlichen Nachbarn", also gegenüber dem Eigentümer oder dem sonst dinglich Berechtigten eines benachbarten anderen Grundstücks. Die drittschützende Wirkung baurechtlicher Vorschriften besteht nicht für Konfliktlagen auf demselben Grundstück. Denn der Vermieter hätte durch entsprechende Vertragsgestaltung privatautonom darüber entscheiden können, welche Befugnisse er dem Mieter im Rahmen seiner Nutzung einräumen und welche Rechtsmacht er zur Durchsetzung seiner Ansprüche behalten will.*[521]

---

519 Beispiel gebildet nach VG Düsseldorf, Gerichtsbescheid vom 17.04.2001 – 4 K 5274/00.
520 Vgl. für die grundstücksbezogene Nachtragsbaugenehmigung des errichtenden Bauträgers nach dem Verkauf einiger Wohnungseinheiten, gegen die sich einzelne Wohnungseigentümer mit einer Klage an das Verwaltungsgericht wandten: OVG Koblenz, Beschluss vom 10.07.2007 – 8 A 10279/07, NZM 2007, S. 776 – Klage unzulässig.
521 Beispiel, gebildet nach BayVGH, Beschluss vom 06.06.2005 – 25 ZB 04.924, BauR 2005, S. 1901.

2. Ansprüche im Außenverhältnis zu Dritten

Von diesen Fällen sind Überlegungen zur Klagebefugnis eines Wohnungseigentümers gegen Bauvorhaben auf dem Nachbargrundstück zu unterscheiden. Innerhalb dieser Gruppe ist wiederum danach zu differenzieren, ob
der einzelne Wohnungseigentümer seine Klagebefugnis aus einer Beeinträchtigung des Gemeinschaftseigentums oder des Sondereigentums ableiten
will.

Im Einzelnen gilt: Ein einzelner Wohnungseigentümer ist aufgrund seines ide-
ellen Anteils am gemeinschaftlichen Eigentum (§ 1 Abs. 2 u. 5 WEG) nicht berechtigt, wegen Beeinträchtigung des gemeinschaftlichen Eigentums eigenen
Namens Abwehrrechte gegen ein Bauvorhaben auf einem Nachbargrundstück
geltend zu machen.[522] Er kann solche Abwehrrechte nur in den engen Grenzen
der Notgeschäftsführung (§ 21 Abs. 2 WEG) und nur namens der teilrechtsfähigen Wohnungseigentümergemeinschaft erheben.[523]

*Beispiel: Der Kläger, Wohnungseigentümer einer im 2. OG gelegenen Wohnung,
wendet sich gegen die dem Nachbarn erteilte Baugenehmigung für den Umbau des
Gebäudes auf dem angrenzenden Grundstück. Der Kläger behauptet, die Abstandsflächenvorschriften seien nicht eingehalten und befürchtet, dass ein Notwegerecht entstehe. Mit beiden das Gemeinschaftseigentum betreffenden Argumenten konnte sich der
Kläger nicht durchsetzen.[524]*

Baurechtliche Nachbarrechte wegen Beeinträchtigung seines Sondereigentums
kann der Wohnungseigentümer auch allein in vollem Umfang und aus eigenem Recht geltend machen.[525] Aus dem Sondereigentum können sich also Abwehransprüche gegen eine Baugenehmigung ergeben, soweit damit Vorschriften verletzt werden, die nachbarschützenden Charakter haben.

*Beispiel: Der Wohnungseigentümer macht geltend, durch ein genehmigtes Bauvorha-
ben entstehe die Gefahr seiner verstärkten Beobachtung in seiner Wohnung durch ge-
zieltes Hineinsehen der Nachbarn. Er rügt die Verletzung des baurechtlichen Rück-
sichtnahmegebots und beruft sich auf sein Fenster- und Lichtrecht.*

---

522 BayVGH, Beschluss vom 12.09.2005 – 1 ZB 05.42, BauR 2006, S. 501 = NVwZ-RR 2006,
S. 430; vgl. auch: BGH, Urteil vom 11.12.1992, NJW 1993, S. 727.
523 BayVGH, a. a. O.
524 Beispiel, gebildet nach BayVGH, Beschluss vom 12.09.2005 – a. a. O.
525 BayVGH, Beschluss vom 02.10.2003 – 1 CS 03.1785, BayVBl 2004, S. 665.

Beispiel: Auf Antrag des Nachbarn wird behördlich genehmigt, dass er oder sein Mieter in seinem Gebäude zukünftig einen Bordellbetrieb einrichten können.

In allen Beispielen stehen ihm Abwehrrechte aus seinem Sondereigentum zu. Ist durch den Nachbarn jeder Wohnungseigentümer betroffen, kommt auch eine Beschlusskompetenz der Gemeinschaft in Betracht, die über das Schicksal des Anspruchs entscheidet („an-sich-ziehen" durch Beschluss); so etwa dann, wenn es um die Frage der Zustimmung der Wohnungseigentümergemeinschaft zur Unterschreitung des Grenzabstands beim Bau von Nachbargebäuden (Bauwich) geht.[526]

Beispiel: Wohnungseigentümer E erhält vom Bauamt die Nachricht, dass der Eigentümer des Nachbargrundstücks neu bauen will. Er wird zur Stellungnahme aufgefordert. Dies würde er gerne über den Verwalter abwickeln, der sich aber für unzuständig erklärt.

Da aufgrund der Nachbarbebauung jedes Mitglied der Wohnungseigentümergemeinschaft betroffen ist, dürfte eine Stellungnahme oder gar eine Zustimmung zur Unterschreitung von Abstandsflächen in die Zuständigkeit der Gemeinschaft fallen. Denn Nachbarn im baurechtlichen Sinne sind alle Wohnungseigentümer gemeinsam. Bei den Entscheidungen hat die Gemeinschaft Rücksicht auf die Interessen derjenigen Wohnungseigentümer zu nehmen, deren Wohnungen am dichtesten zu dem Baugrundstück liegen, um sie möglichst vor unzumutbaren Beeinträchtigungen zu schützen. Da es sich um eine allgemeine Angelegenheit mit Bedeutung für alle Wohnungseigentümer handelt, ist auch der Verwalter zuständig.

---

526 Dazu BGH, Urteil vom 06.11.2009 – V ZR 73/09, ZMR 2010, 210 zur notwendigen Beschlussmehrheit und zur Anfechtbarkeit eines zustimmenden Beschlusses.

XXIV. Rechtsmissbrauch

Alle erörterten Ansprüche der Wohnungseigentümer untereinander und auch im Verhältnis zu Dritten stehen unter dem Verbot unzulässiger Rechtsausübung.[527] Daher sind Beseitigungsansprüche „nur aus Prinzip" dem Einwand unzulässiger Rechtsausübung ausgesetzt.[528] Allerdings wurde ein Beseitigungsverlangen innerhalb einer Wohnungseigentümergemeinschaft zur „Disziplinierung" von Mitbewohnern noch nicht als rechtsmissbräuchlich betrachtet.[529] Die Entscheidung bleibt dem besonderen Sachverhalt des Einzelfalls vorbehalten.

Für Grundstücke außerhalb des gemeinschaftlichen Grundstücks besteht für den Wohnungseigentümer Nachbarrechtsschutz auch dann, wenn er zugleich WEG-Mitglied ist. Rechtsmissbräuchlich ist es aber, durch den Kauf eines kleinen angrenzenden Grundstücks im Zeitpunkt des entstehenden Streits mit der WEG über die öffentlich rechtliche Zulässigkeit geplanter Baumaßnahmen im Innenverhältnis dort der „Blockade" öffentlich rechtlichen Nachbarschutzes auszuweichen und sich auf die Position eines außen stehenden Grundstücksnachbarn zu berufen, um öffentlichen Rechtsschutz zu erlangen. Lässt sich aber rechtsmissbräuchliches Verhalten mangels zeitlicher Nähe des Erwerbs eines angrenzenden Grundstücks zum Streit mit der WEG nicht nachweisen, kann er sich auf seine Position als Nachbareigentümer öffentlich rechtlich gegen ein Vorhaben der WEG stützen. Ebenso bestehen gegen das eigenständige Vorgehen eines tatsächlichen Grundstücksnachbarn auch auf Veranlassung eines WEG-Mitglieds keine Bedenken.

---

527 Zur Verwirkung des Beschlussanfechtungsrechts: KG, Beschluss vom 24.03.2004 – 24 W 83/03, ZMR 2005, S. 223; zu eigenem vorangegangenen und rechtswidrigen Tun: AG Hannover, Beschluss vom 03.02.2004 – 71 II 426/03, ZMR 2005, S. 234; zur Verwirkung eines Beseitigungs- und Unterlassungsanspruchs nach 8 bis 15 Jahren: OLG Hamburg, Beschluss vom 26.07.2006 – 2 Wx 9/05, ZMR 2005, S. 805; zur Schadensersatzpflicht des rücksichtslosen Wohnungseigentümers: BayObLG, Beschluss vom 24.10.2001 – 2 Z BR 120/01, NZM 2002, S. 167.

528 OLG Oldenburg, Beschluss vom 11.03.1997 – 5 W 18/97, DWE 1997, S. 127 = WuM 1997, S. 391.

529 BayObLG, Beschluss vom 19.02.1998 – 2 Z BR 135/97, NZM 1998, S. 336.

XXV. Ansprüche wegen Verletzung des Persönlichkeitsrechts

Ansprüche eines Wohnungseigentümers aus der Verletzung seines Persönlichkeitsrechts durch einen anderen Wohnungseigentümer können nicht Gegenstand eines Eigentümerbeschlusses sein. Denn der Beschlussfassung der Wohnungseigentümer unterliegen nur solche Angelegenheiten, die das WEG oder eine Vereinbarung der Wohnungseigentümer der Beschlussfassung unterstellen (§ 23 Abs. 1 WEG). Für Beschlüsse anderer Bereiche fehlt die Beschlusskompetenz. Folge ist, dass rechtmäßige Beschlüsse nicht ergehen können. Behauptete Verletzungen einzelner Persönlichkeitsrechte zählen nicht zu den Rechten und Pflichten eines Wohnungseigentümers aus seiner Stellung als Mitglieder der Eigentümergemeinschaft. Daran ändert sich auch dann nichts, wenn durch den Streit mittelbar der Gemeinschaftsfriede gestört wird.[530]

Ebenso wie in anderen Lebensbereichen nachbarschaftlicher Verhältnisse hatte die Rechtsprechung vielfach Gelegenheit, sich zu Persönlichkeitsrechtsverletzungen auch innerhalb von Wohnungseigentümergemeinschaften zu äußern. So stellt das gezielte Hineinschauen in die Fenster der im Sondereigentum stehenden Wohnung von einer im gemeinschaftlichen Eigentum stehenden Grünfläche eine unzulässige Gebrauchsüberschreitung dar und kann nach § 1004 BGB in Verbindung mit § 14 Nr. 1 WEG abgewehrt werden.[531]

Im WEG lassen sich im Ergebnis Videoanlagen nur bei Einigkeit installieren und halten. Für das Anbringen einer Videoüberwachungsanlage am Eingang benötigen Wohnungseigentümer die Zustimmung aller anderen Hauseigentümer. Anderenfalls verletze eine solche Anlage an der Klingel das Persönlichkeitsrecht der Mitbewohner, wie das OLG Köln[532] klarstellt. Außerdem sei die Installation eine zustimmungsfähige bauliche Veränderung. Dafür sei die Zustimmung aller Eigentümer notwendig. In dem entschiedenen Fall wurde in einem Haus eine Videoanlage installiert, die es ermöglichte, den Eingangsbereich bis zu drei Minuten nach dem Klingeln zu beobachten. Andere Wohnungseigentümer klagten dagegen erfolgreich.

Beispiel: Der Eingangsbereich des Gebäudes wird frisch renoviert, nachdem sein Aussehen durch einen Farbanschlag erheblich in Mitleidenschaft gezogen wurde. Unmit-

---

530   BayObLG, Beschluss vom 30.10.1990 – BReg 2 Z 122/90, WM 1991, S. 57.
531   OLG München, Beschluss vom 27.09.2005, ZMR 2006, S. 71 = MDR 2006, S. 144 = NZM 2005, S. 949: Grimmassen schneidende Kinder vor dem Erdgeschossfenster.
532   OLG Köln, Beschluss vom 09.05.2007 – 16 Wx 13/07, WuM 2007, 646.

telbar nach Abschluss der Renovierungsarbeiten kommt es zum wiederholten Farbanschlag. Die Wohnungseigentümer beschließen jetzt, zur „Verhinderung von Schadensfällen und kriminellen Handlungen" eine Videoüberwachungsanlage zu installieren. Sie ließ deshalb den Eingangsbereich und das Treppenhaus der Wohnungseigentumsanlage durch eine Videokamera überwachen. Durch die Videoaufzeichnungen konnten erhebliche Schadensfälle aufgeklärt werden, so zum Beispiel wiederholte Fahrraddiebstähle. Später wird beschlossen, die Anlage weiter zu betreiben, um „einen Überblick über mögliche Prostitution" zu haben. Einer Wohnungseigentümerin wurde es zu bunt: Dagegen zog sie zu Felde – bis zum BGH.

Der BGH erklärte mit Urteil vom 24.05.2013[533], die Eigentümergemeinschaft dürfe zwar grundsätzlich den Eingangsbereich der Wohnungseigentumsanlage durch Video überwachen lassen, wenn sie zu dieser Maßnahme einen wichtigen Anlass habe. Dies dürfe jedoch nur zeitlich befristet geschehen. Vor allem dürfe nur der Eingangsbereich, keinesfalls aber der Bereich des Treppenhauses oder die Wohnungseingangstüren selbst in die Überwachung mit einbezogen werden. Werden diese Grenzen beachtet, sei gegen eine Videoüberwachung nichts einzuwenden, wenn sie zum Beispiel zur Verhinderung von Straftaten erfolge. Im verhandelten Fall waren diese Grenzen überschritten, ein Verstoß gegen § 6 b BDSG[534] evident – die Klägerin bekam deshalb Recht – die Gemeinschaft blieb „zweite Siegerin."

---

533 BGH, Urteil vom 24.05.2013 – V ZR 220/12, NZM 2013, S. 618 = NJW 2013, S. 3089; dazu: Elzer, Videoüberwachung in Wohnraummiete und Wohnungseigentum, NJW 2013, S. 3537 ff.
534 Die Vorschrift lautet:
§ 6 b Beobachtung öffentlich zugänglicher Räume mit optisch-elektronischen Einrichtungen
(1) Die Beobachtung öffentlich zugänglicher Räume mit optisch-elektronischen Einrichtungen (Videoüberwachung) ist nur zulässig, soweit sie
1. zur Aufgabenerfüllung öffentlicher Stellen,
2. zur Wahrnehmung des Hausrechts oder
3. zur Wahrnehmung berechtigter Interessen für konkret festgelegte Zwecke erforderlich ist und keine Anhaltspunkte bestehen, dass schutzwürdige Interessen der Betroffenen überwiegen.
(2) Der Umstand der Beobachtung und die verantwortliche Stelle sind durch geeignete Maßnahmen erkennbar zu machen.
(3) Die Verarbeitung oder Nutzung von nach Absatz 1 erhobenen Daten ist zulässig, wenn sie zum Erreichen des verfolgten Zwecks erforderlich ist und keine Anhaltspunkte bestehen, dass schutzwürdige Interessen der Betroffenen überwiegen. Für einen anderen Zweck dürfen sie nur verarbeitet oder genutzt werden, soweit dies zur Abwehr von Gefahren für die staatliche und öffentliche Sicherheit sowie zur Verfolgung von Straftaten erforderlich ist.
(4) Werden durch Videoüberwachung erhobene Daten einer bestimmten Person zugeordnet, ist diese über eine Verarbeitung oder Nutzung entsprechend den §§ 19 a und 33 zu benachrichtigen.
(5) Die Daten sind unverzüglich zu löschen, wenn sie zur Erreichung des Zwecks nicht mehr erforderlich sind oder schutzwürdige Interessen der Betroffenen einer weiteren Speicherung entgegenstehen.

Beispiel: *Der Austausch des bisher vorhandenen Jägerzauns an der Grundstücksgrenze durch eine Zaunanlage mit integrierter Überwachungssensorik in einer geplanten Höhe von 2 m mit Übersteige- und Untergrabschutz ist eine bauliche Veränderung (§§ 14 Nr. 1, 16 Abs. 6, 22 Abs. 1 WEG), die des notwendigen Zustimmungsquorums bedarf und ansonsten als eigenmächtig abgewehrt werden kann.*[535]

Aber: Für die installierte Kameraattrappe an der Balkonunterseite wurde zwar eine bauliche Veränderung angenommen, die aber die übrigen Wohnungseigentümer nicht über Gebühr beeinträchtigt und deshalb nach Auffassung des LG Frankfurt/Main[536] nicht abwehrfähig ist. Denn sie sei nicht funktionstüchtig. In einem solchen Fall genüge die bloße Befürchtung der Überwachung durch eine Videokamera nicht für die Beeinträchtigung des allgemeinen Persönlichkeitsrechts.

Merke: Die Einführung einer Videoüberwachung des Hauseingangsbereichs einer Wohnungseigentumsanlage ohne technische Beschränkung derart, dass Besucher nur von den Wohnungen aus identifiziert werden können, die der Videoüberwachungsanlage angeschlossen sind und deren Klingel betätigt wurde, verstößt gegen den Grundsatz ordnungsgemäßer Verwaltung. Ein diesbezüglicher Beschluss zur Einführung einer Videoüberwachung muss klar zum Ausdruck bringen, dass die Videoüberwachung nur die Besucher der Wohnungen identifizieren kann, die dem System angeschlossen sind und deren Klingel betätigt wurde. Außerdem muss der Eigentümerbeschluss die durch § 6 Abs. 2, 5 BDSG vorgeschriebenen Einschränkungen berücksichtigen.[537] Umgekehrt entspricht ein Eigentümerbeschluss, der die dauernde, unkontrollierte Videoüberwachung von Flächen, die im Gemeinschaftseigentum stehen, durch einen der Wohnungseigentümer verbietet, ordnungsgemäßer Verwaltung.[538]
Auch als Einzelmaßnahme ohne Beschlussgrundlage stellt die gezielte Videoüberwachung einer gemeinschaftseigenen Hoffläche durch einen Wohnungseigentümer einen nicht hinzunehmenden Nachteil für einen benachbarten Eigen-

---

535   AG Berlin-Charlottenburg, Urteil vom 14.01.2011 – 73 C 145/10, ZMR 2012, S. 48.
536   LG Frankfurt/Main, Beschluss vom 11.11.2013 – 2-13 S 44/13, ZWE 2014, S. 98 = ZMR 2014, S. 306 = WuM 2014, S. 162.
537   BayObLG, Beschluss vom 27.10.2004 – 2 Z BR 124/04, NZM 2005, S. 107 = ZMR 2005, S. 299.
538   OLG München, Beschluss vom 11.03.2005 – 32 Wx 2/05, NZM 2005, S. 668 = ZMR 2005, S. 474; Beachte aber OLG Zweibrücken, Beschluss vom 20.06.2003 – III W 126/03, der den Betrieb von Überwachungskameras zum Schutz eines an Leib und Leben bedrohten Staatsanwalts innerhalb einer Wohnungseigentumsanlage auch gegen den Willen der Eigentümergemeinschaft für zulässig hält: Zur Unverwertbarkeit von Bildern heimlicher Videoaufnahmen als Beweismittel vor Gericht: OLG Köln, Urteil vom 05.07.2005 – 24 U 12/05, NZM 2005, S. 758.

tümer dar, wenn dieser nur über den überwachten Teil der Hoffläche zu seiner Wohnung gelangen kann.[539] Das berechtigte Interesse, Eigentum vor Beschädigung durch Dritte zu schützen, muss in diesem Fall hinter dem allgemeinen Persönlichkeitsrecht zurücktreten, denn die Installation einer Videokamera, die nicht nur den eigenen Sondernutzungsbereich erfasst, sondern darüber hinaus Gemeinschaftseigentum bzw. Sondernutzungsbereiche anderer Wohnungseigentümer, ist unverhältnismäßig.[540]

Die Einführung einer dauernden und unkontrollierten Videoüberwachung in einer Mehrfamilienhausanlage ist also in aller Regel unzulässig[541]. Das gilt für eine dauernde, schrankenlose heimliche Videoüberwachung selbst dann, wenn damit der Täter von Vandalismus ermittelt werden soll. Mit der Unzulässigkeit der Videoaufnahme gehen entsprechende gerichtliche Beweisverwertungsverbote einher[542]. Überwachungsmaßnahmen durch Einsatz einer Videoanlage zum Schutz eines im selben Mehrfamilienhaus wohnenden Staatsanwalts sind dagegen von den anderen Mitbewohnern als zulässig hinzunehmen[543].

Diese Grundsätze gelten auch für das Fotografieren von Umständen in der Intimsphäre anderer Personen oder für das Belauschen, soweit nachvollziehbare Gründe für das Verhalten nicht gegeben sind und als Absicht nur eine Belästigung oder aber sexuelle Motive in Betracht kommen[544].

---

539 OLG Düsseldorf, Beschluss vom 05.01.2007 – I 3 Wx 199/06, NJW 2007, S. 780 = MDR 2007, S. 946 = ZMR 2007, S. 290.

540 Vgl. ebenso zur – unzulässigen – Videoüberwachung einer Waschküche aufgrund früherer Beschädigungen von Waschmaschinen: OLG Köln, Urteil vom 05.07.2005 – 24 U 12/05, NJW 2005, S. 2997 ff. = NZM 2005, S. 758 ff.

541 OLG München, Beschluss vom 11.03.2005 – 32 Wx 2/05, NZM 2005, S. 668 = ZMR 2005, 474; BayObLG, Beschluss vom 27.10.2004 – 2 Z BR 124/04, NZM 2005, S. 107 = ZMR 2005, S. 299; KG, Beschluss vom 26.06.2002 – 24 W 309/01, NJW 2002, S. 2798 f. = NZM 2002, S. 702 f. = ZMR 2002, S. 864 f. = GE 2002, S. 1271 f.

542 OLG Köln, Urteil vom 05.07.2005 – 24 U 12/05, NZM 2005, S. 758 f. für die heimliche Videoüberwachung einer Waschküche nach dauernden Beschädigungen an Waschmaschinen; OLG Karlsruhe, Urteil vom 08.11.2001 – 12 U 180/01, NJW 2002, S. 2799 = VersR 2002, S. 590 für die verdeckte Videoüberwachung einer Tiefgarage nach fortlaufend aufgetretenen Beschädigungen an den abgestellten KFZ; a. A. AG Zerbst, Urteil vom 31.03.2003 – 6 C 614/02, NZM 2003, S. 897 zur Aufklärung wilden Urinierens im Keller eines Mehrfamilienhauses.

543 OVG Rheinland-Pfalz, Urteil vom 06.12.2005 – 12 A 10951/04.OVG, n. v.

544 BGH, Urteil vom 07.07.1995 – V ZR 213/94, NJW 1995, S. 2633 = VersR 1996, S. 501 = MDR 1995, S. 1118 = BB 1995, S. 1927; zum Fotografieren einer Privatsauna durch den WEG-Verwalter: LG Köln, Urteil vom 08.01.2009 – 29 S 67/08, NZM 2009, 283 = NJW 2009, 1825 – unzulässig, selbst wenn dies zur Dokumentation von bauwidrigen Zuständen und Bauschäden erfolgt und sexuelle Motive ausscheiden; zum Fotografieren von Grundstücken und Gebäuden: Beater, Der Schutz von Eigentum und Gewerbebetrieb vor Fotografien, JZ 1998, S. 1101 ff., mit weiteren Nachweisen zur Rechtsprechung; zur gewerbsmäßigen fotografischen Erfassung von Häusern und Gebäuden mit der Absicht zur Errichtung und Veräußerung von Bilddatenbanken: VG Köln, Beschluss vom 11.03.1999 – 20 L 3757/98, n. v.; zum Recht des Vermieters, sein Haus von außen zu fotografieren: AG Hannover, Urteil vom 22.08.2000 – 561 C 03582/00, ZMR 2001, S. 282.

So wie das Fotografieren und Belauschen anderer Personen in aller Regel unzulässig ist, so kann auch das gezielte Hineinschauen in die Fenster einer Wohnung von der gemeinschaftlichen Grünfläche der Mehrfamilienhausanlage aus mit § 1004 Abs. 1 BGB abgewehrt werden[545]. Dies gilt erst recht, wenn das Hineinschauen mit dem Schneiden von Grimassen einhergeht[546].

---

545 Zur öffentlich-rechtlichen Bewertung verstärkter Einsichtnahmemöglichkeiten durch Bauvorhaben und durch nachträglich angebaute Balkone und durch Dachterrassen vgl. VG Aachen, Beschluss vom 27.05.2008 – 5 L 146/08, zitiert nach juris-Datenbank – gewonnene Einsicht in Nachbargrundstück durch „nachträglich angebrachten Fassadenvorsatzbalkon" toleriert; OVG NRW, Beschluss vom 01.06.2007 – 7 A 3852/06, BauR 2007, 1557 – gewonnene Einsicht in Nachbargrundstück durch Dachterrasse auf einer Penthousewohnung als in bebauten innerörtlichen Bereichen üblich toleriert; OVG NRW, Urteil vom 22.08.2005 – 10 A 3611/03, BauR 2006, 342 ff. – nachträglich errichteter Balkon als „Aussichtsplattform" für das nur 1m entfernte Schlafzimmerfenster der Nachbarn – unzulässig.

546 OLG München, Beschluss vom 27.09.2005 – 32 Wx 65/05, NZM 2005, S. 949 = MDR 2006, S. 144 = ZMR 2006, S. 71 = NJW 2006, S. 627; zur Mietminderung bei nachbarlichen Einblickmöglichkeiten in das Wohnzimmer aus 5 m Entfernung: AG Berlin-Köpenick, Urteil vom 03.05.2000 – 7 C 524/99, NZM 2001, S. 334.

XXVI. Beleidigung, Gewalt und Sachbeschädigung sowie sonstige Eigentumsverletzungen

Zunächst ist auf die Möglichkeit der Entziehung des Wohnungseigentums bei besonders schweren Verfehlungen eines Wohnungseigentümers gegenüber den übrigen Wohnungseigentümern als letztes Mittel hinzuweisen. Aus nachbarrechtlicher Sicht interessiert die in § 18 Abs. 2 Nr. 1 WEG geregelte Alternative. Danach kann die Veräußerung des Wohnungseigentums vom störenden Wohnungseigentümer verlangt werden, wenn er trotz Abmahnung wiederholt gröblich gegen die Pflichten verstößt, die ihm nach § 14 WEG obliegen. Dabei muss die Verletzung so schwer sein, dass den betroffenen Wohnungseigentümern die Fortsetzung der Gemeinschaft mit dem Störer nicht mehr zugemutet werden kann. Dies ist Frage des Einzelfalls. Beispiele aus der Rechtsprechung sind die Duldung bordellartiger Zustände in einer vermieteten Eigentumswohnung, dauernde Beleidigungen anderer Wohnungseigentümer, wiederholte Sachbeschädigungen und Beschmutzungen, Streitigkeiten, Randalieren und Gewalttätigkeiten gegenüber anderen Wohnungseigentümern, Hausbewohnern oder der Verwaltung,[547] nicht aber bei einem regelmäßigen und notorischen Abstellen von Mülltüten und ähnlichen Abfällen vor der Wohnungstür im gemeinschaftlichen Eingangsbereich des Hauses. Hier kommt nur ein Unterlassungsanspruch nach § 1004 BGB in Verbindung mit § 14 Nr. 1 WEG in Betracht.[548]

Das Verhalten seines Mieters ist dem Wohnungseigentümer wie eigenes Verhalten zuzurechnen. Der Störer muss grundsätzlich schuldhaft handeln. Dennoch ist anerkannt, dass nicht schuldhaft handelnde oder nur eingeschränkt schuldfähige Personen durch ihr Verhalten den Ausschluss aus der Gemeinschaft gebieten und rechtfertigen können. Dies gilt für volljährige Wohnungseigentümer, die wegen schwerer geistiger Gebrechen nach § 104 Nr. 2 BGB schuldunfähig sind genauso wie für partiell geschäftsunfähige volljährige oder minderjährige Wohnungseigentümer.

Obgleich der Text des § 18 Abs. 2 Nr. 1 WEG eine wiederholte gröbliche Pflichtverletzung fordert, kann eine einmalige Pflichtverletzung als Grundlage eines Entziehungsbeschlusses ausreichend sein, wenn weitere schwere Verletzungen zu befürchten sind. Ist eine Wiederholungsgefahr nicht anzunehmen, so kann

---

547 AG Reinbek, Urteil vom 24.02.1993 – 5 C 87/91, DWE 1993, S. 127; LG Passau, Urteil vom 12.04.1984 – 1 S 151/83, Rechtspfleger 1984, S. 412 f.

548 Dazu: OLG Düsseldorf, Beschluss vom 22.05.1996 – 3 Wx 88/96, WM 1996, S. 436 = ZMR 1996, S. 446.

eine Verpflichtung zur Veräußerung dennoch in Frage kommen, wenn die einmalige Verletzung derart schwer wiegt, dass dem anderen Wohnungseigentümer das weitere gemeinsame Bewohnen einer Wohnungseigentumsanlage zusammen mit dem Störer nicht mehr zugemutet werden kann.

Immer ist aber zu beachten, dass die Entziehung des Wohnungseigentums einen schweren Eingriff in das geschützte Eigentum darstellt. Diese Maßnahme muss daher das letzte Mittel sein, um unzumutbare Verhältnisse zu beseitigen. Liegen im Zeitpunkt der richterlichen Entscheidung die unzumutbaren Verhältnisse nicht mehr vor, so müssen besondere Gründe – insbesondere Wiederholungsgefahr – vorliegen, wenn allein auf Grund vergangener Verletzungen eine Verpflichtung zur Veräußerung erfolgen soll. Denn die Entziehung ist nicht Sanktion für vergangene Verletzungen, sondern will künftige Störungen verhindern.[549]

Liegen die Voraussetzungen vor, so kann die Wohnungseigentümergemeinschaft (§ 18 Abs. 1 Satz 2 WEG) mit einer Stimmenmehrheit von mehr als der Hälfte (§ 18 Abs. 3 Satz 2 WEG) der stimmberechtigten Wohnungseigentümer beschließen, vom Störer die Veräußerung seines Wohnungseigentums zu verlangen. Hierbei hat der Störer kein Stimmrecht (§ 25 Abs. 5 WEG). Der Störer kann diesen Beschluss im Verfahren nach § 43 WEG anfechten.[550] Der Geschäftswert eines solchen Antrags beläuft sich in der Regel auf 20 % des Verkehrswertes der zu veräußernden Eigentumswohnung.[551] Auf der Grundlage des Beschlusses kann Entziehungsklage gem. § 19 Abs. 1 WEG mit der Versteigerung der Eigentumswohnung nach §§ 1, 19 Abs. 3 ZVG erhoben werden, wenn der Wohnungseigentümer seine Wohnung nicht selbst veräußert.

---

549 LG Augsburg, Urteil vom 25.08.2004 – 7 S 1401/04, ZMR 2005, S. 230; § 18 Abs. 3 WEG als dispositives Recht in Bezug auf eine Erleichterung des Mehrheitserfordernisses für den Entziehungsbeschluss durch die Gemeinschaftsordnung: OLG Hamm, Beschluss vom 01.04. 2004 – 15 W 71/04, ZMR 2004, S. 701.
550 KG, Beschluss vom 24.08.1967 – 1 W 1140/67, NJW 1967, S. 2268 f.
551 BayObLG, Beschluss vom 16.08.1991 – 2 Z 106/91, DWE 1991, S. 164 = WE 1992, S. 180 = WM 1991, S. 633.

XXVII. Verwirkung

Verwirkung setzt nach einhelliger Rechtsauffassung voraus, dass seit der Möglichkeit, ein Recht geltend zu machen, längere Zeit verstrichen sein muss (Zeitmoment) und zusätzlich besondere Umstände hinzu kommen, die das verspätete Geltendmachen eines Rechts als Verstoß gegen Treu und Glauben erscheinen lassen (Umstandsmoment).[552]

So reicht es für die Annahme einer Verwirkung nicht aus, wenn ein Beseitigungsanspruch im Hinblick auf eine unzulässige bauliche Veränderung im Sinne von § 22 Abs. 1 WEG erst nach fünf Jahren geltend gemacht wird. Zu dem reinen Zeitablauf müssen erhebliche Umstände hinzutreten, die das Vertrauen in die weitere unterlassene Ausübung des Beseitigungsanspruchs rechtfertigen können. Zudem muss das Vertrauen des zur Beseitigung der baulichen Veränderung verpflichteten Wohnungseigentümers auf ein Fortbestehen der bisherigen Lage schutzwürdig sein. Die bisherige bloße Untätigkeit der übrigen Wohnungseigentümer, die jetzt nach fünf Jahren einen Beseitigungsanspruch geltend machen, reicht dazu nicht aus.[553]

Anders wurde im Fall einer baulichen Veränderung durch Errichtung eines 1 m hohen Jägerzauns im Gemeinschaftsbereich entschieden. Der Jägerzaun diente auch als Sichtschutz. Dadurch hat er auch dem jetzt nach sechs Jahren klagenden benachbarten Wohnungseigentümer einen Nutzen bei der Abgrenzung seines Wintergartens gebracht. Es kam hinzu, dass der Verwalter innerhalb dieser sechs Jahre bis zur Klage wiederholt, aber vergeblich aufgefordert worden war, die Beseitigung des Sichtschutzes zu betreiben. Dennoch ist der Beseitigungsanspruch nicht rechtshängig gemacht worden. Aufgrund dieses Umstands wurde im Zusammenhang mit dem Ablauf von sechs Jahren zwischen der Errichtung des Zauns und dem gerichtlich geltend gemachten Anspruch auf Beseitigung eine Verwirkung als rechtshemmende Einrede angenommen.[554]

Im Fall einer unzulässigen Nutzung von Kellerräumen zu Wohnzwecken wurde die rechtshemmende Einrede der Verwirkung eines Unterlassungsanspruchs verworfen, wenn der Anspruch längere Zeit nicht geltend gemacht wurde und somit der jetzt klagende Wohnungseigentümer die Wohnnutzung des Kellerraums bisher stillschweigend geduldet hat. Das entscheidende OLG Düsseldorf[555] verneinte das zu einer Verwirkung notwendige Umstandsmo-

---

552 Statt aller: OLG Oldenburg, Beschluss vom 11.03.1997 – 5 W 18/97, DWE 1997, S. 108.

553 OLG Köln, Beschluss vom 22.01.1997 – 16 Wx 238/96, DWE 1997, S. 29 f.

554 KG, Beschluss vom 10.02.1997 – 24 W 6582/96, DWE 1997, S. 64.

555 OLG Düsseldorf, Beschluss vom 24.03.1997 – 3 Wx 426/95, NJW-RR 1997, S. 907 (907).

ment. Wenn ein bestimmtes störendes Verhalten eines Wohnungseigentümers von seinen Miteigentümern nicht ausdrücklich beanstandet werde, so seien hierfür verschiedene Gründe möglich. Sie könnten in der Vermeidung von Streit sowie darin liegen, dass der jetzt klagende Wohnungseigentümer bisher gehofft hatte, die Bauaufsichtsbehörde werde durch Ordnungsverfügung gegen die zweckwidrige Wohnnutzung des Kellerraums einschreiten.

Lässt sich im Falle eines Beseitigungsanspruchs wegen zweckwidriger Nutzung des Gemeinschaftseigentums oder des Sondereigentums aber Verwirkung annehmen, so wirkt dies sowohl für wie gegen einen Rechtsnachfolger.[556]

---

556 OLG Düsseldorf, Beschluss vom 21.05.1997 – 3 Wx 566/96, DWE 1998, S. 48 (49); zu weiteren Fällen der Verwirkung eines Unterlassungs- und Beseitigungsanspruchs: OLG Hamburg, Beschluss vom 26.07.2005 – 2 Wx 9/05, ZMR 2005, S. 805 (widerspruchslose Hinnahme einer Veränderung über 8 bis 15 Jahre); BayObLG, Beschluss vom 19.09.1999 – 2 Z BR 68/99, NZM 1999, S. 1150 (rechtsmissbräuchliches Beseitigungs- und Wiederherstellungsverlangen); BayObLG, Beschluss vom 26.05.2004 – 2 Z BR 56/04, ZMR 2005, S. 213 (Pflicht der Ausübung eigener Rechte derart, dass Streit fördernde Begegnungen vermieden werden); AG Hannover, Beschluss vom 03.02.2004 – 71 II 426/03, ZMR 2005, S. 234 (rechtsmissbräuchliches Unterlassungsbegehren im Falle eigenen rechtswidrigen Ausbaus der Wohnung mit Unzulässigkeit der Berufung auf einen festgestellten Unterlassungsanspruch in einem gleich gelagerten Fall); OLG Zweibrücken, Beschluss vom 24.08.1999, ZMR 1999, S. 853 (keine „Aufrechnung" des gegenseitigen Verhaltens beteiligter Wohnungseigentümer); BayObLG, Beschluss vom 14.05.2003 – 2 Z BR 30/03, WM 2003, S. 525 (kein rechtsmissbräuchlicher Beseitigungsanspruch im Falle eines vorher selbst rechtswidrigen Verhaltens); OLG Köln, Beschluss vom 18.04.2005 – 16 Wx 40/05, NZM 2005, S. 790 („Das Maß ist voll" – kein Rechtsmissbrauch beim Vorgehen gegen neue Beeinträchtigungen des optischen Gesamteindrucks durch bauliche Veränderung im Falle vorheriger Duldung ähnlich gelagerter Fälle); KG, Beschluss vom 24.03.2004 – 24 W 83/03, ZMR 2005, S. 223 (keine Verwirkung des Beschlussanfechtungsrechts, wenn die Beteiligten lange Zeit über eine gütliche Beilegung des Streits verhandeln, auch wenn der anfechtende Wohnungseigentümer zunächst weder eine Anfechtungsbegründung einreicht noch den erforderten Kostenvorschuss einzahlt); OLG Düsseldorf, Beschluss vom 10.12.2004 – I-3 Wx 311/04, ZMR 2005, S. 303 (keine Verwirkung beim Beschluss eines Hundehaltungsverbots bei entgegengesetzter Regelung in der Teilungserklärung); AG Berlin-Neukölln, Beschluss vom 25.01.2005 – 70 II 191/04 WEG, ZMR 2005, S. 315 (kein Anspruchsverzicht durch Eigentümerbeschluss).

XXVIII. Zum guten Schluss

„Zum guten Schluss" eine kleine Themenauswahl, die in Zusammenhang mit Nachbarstreitigkeiten in der WEG immer wieder von Bedeutung ist:

1. Ausbremsen erfolglos

Einem Wohnungseigentümer reichte es – zwischen ihm und dem Verwalter der Eigentümergemeinschaft gab es auch sachlich starke Zerwürfnisse. Deshalb trat er an den Verwalter heran mit dem Begehren, die folgenden beiden Tagesordnungspunkte in die Tagesordnung einer Eigentümerversammlung aufzunehmen, die unverzüglich einzuberufen sei: Terminierung der Eigentümerversammlung, aktuelle Aufgaben und Neubesetzung der Hausverwaltung. Der Verwalter rührte sich nicht, der Eigentümer klagte direkt gegen den Verwalter – und bekam vor dem Landgericht (LG) Hamburg Recht (Urteil vom 27. Juni 2012 – 318 S 196/11). Jeder Wohnungseigentümer könne nach § 21 Abs. 4 WEG vom Verwalter die Aufnahme aller der Tagesordnungspunkte in die Tagesordnung einer ordentlichen Wohnungseigentümerversammlung verlangen, wenn deren Behandlung ordnungsgemäßer Verwaltung entspreche, und wenn er den Anspruch im Fall pflichtwidriger Weigerung des Verwalters nach § 43 Nr. 3 WEG auch gerichtlich geltend machen könnte. Dies sei im Hinblick auf die hier verlangten TOPs der Fall. Die Hamburger Landrichter wörtlich: „Die Eigentümerversammlung ist keine bloße Informations- und Austauschrunde."

2. Beschlüsse wegen missachteter Einberufungsfrist zur Versammlung unwirksam?

Gesetzlich beträgt die Einberufungsfrist zu einer Wohnungseigentümerversammlung mindestens zwei Wochen (§ 24 Abs. 4 Satz 2 WEG). Die Teilungserklärung der Wohnungseigentümergemeinschaft kann davon aber abweichen und eine eigene Einberufungsfrist vorgeben. So war es auch in dem Fall, den das LG Frankfurt (Oder) mit Urteil vom 18. September 2012[557] zu entscheiden hatte. Hier sah die Teilungserklärung eine Einberufungsfrist von einem Monat vor, sofern nicht aus besonderen Gründen eine kürzere Frist sachlich geboten

---

557   LG Frankfurt (Oder), Urteil vom 18.09.2012 – 16 S 9/12, IMR 2013, Seite 151.

erscheint. Der Verwalter beachtete dies nicht und lud mit einer Frist von zwei Wochen zu einer außerordentlichen Wohnungseigentümerversammlung ein. Die dort gefassten Beschlüsse zur Abberufung des bisherigen und zur Übertragung der Verwaltung auf einen neuen Verwalter erfolgten mehrheitlich. Der klagende Eigentümer hatte ebenfalls für die Beschlüsse gestimmt. Dennoch ficht er diese Beschlüsse nun an mit der Begründung, die Einberufungsfrist sei nicht eingehalten gewesen. Deshalb habe er sich nicht um alternative Verwaltungen kümmern können. Eine Eilbedürftigkeit habe auch entgegen der Auffassung des Verwalters nicht vorgelegen.

Das LG Frankfurt (Oder) verwirft die Klage. Auch wenn der Verwalter die nach der Teilungserklärung längere Einberufungsfrist hätte beachten müssen, so rechtfertige deren Missachtung nicht, die gefassten Beschlüsse für ungültig zu erklären. Dazu hätten die Beschlüsse formell fehlerhaft sein müssen. Davon aber könne nicht ausgegangen werden. Denn der Kläger sei in der Versammlung anwesend gewesen und konnte sich an der Diskussion und der Beschlussfassung beteiligen. Aufgrund des Versammlungsverlaufes stehe zur Überzeugung des Gerichts fest, dass die angefochtenen Beschlüsse auch bei ordnungsgemäßer Einberufung ebenso gefasst worden wären, zumal auch der Kläger selbst die Beschlüsse mit getragen habe.

Nachzutragen ist, dass die Rechtsauffassung des LG Frankfurt (Oder) nicht unstreitig ist. So hat das AG Berlin-Lichtenberg in seinem Urteil vom 14. Mai 2012[558] die Gegenansicht vertreten und Beschlüsse verworfen, die in einer Eigentümerversammlung gefasst worden sind, zu der nicht fristgerecht eingeladen wurde.

3. „Schwadronierverbot" in der WEG-Versammlung

Weitschweifende Reden, Lamentos und Schwadroniereien – das waren die „Markenzeichen" eines Wohnungseigentümers, der die Wohnungseigentümerversammlung wohl offensichtlich als private Bühne für seinen großen Auftritt sah. Kurz gesagt: Er war ein Vielredner „ohne Punkt und Komma", der seinen geplagten WEG-Mitgliedern, dem Beirat und dem Hausverwalter kräftig auf die Nerven ging. Irgendwann reichte es der Versammlung. Man führte eine „Redeordnung" ein, die weitschweifige Beiträge und „erkenntnisarme Fragen" ächtete. Der beschnittene Vielredner zog vor das AG Koblenz[559]. Der

---

558   AG Berlin-Lichtenberg, Urteil vom 14.05.2012 – 12 C 3/11.
559   AG Koblenz, Urteil vom 18.05.2010 – 133 C 3201/09, NZM 2010, 710 = NJW-RR 2010, 1526 = ZMR 2011, 591.

Koblenzer Amtsrichter schrieb mit Courage in sein Urteil: Der befürchtete Redeschwall eines Wohnungseigentümers auf einer Wohnungseigentümerversammlung darf zeitlich beschränkt werden, zumindest dann, wenn überlange Sitzungen drohen. Eine entsprechende Redeordnung sei rechtmäßig. Vielmehr sei es Ziel einer Wohnungseigentümerversammlung, dass die zur Verfügung stehende Zeit von möglichst vielen Mitgliedern der Wohnungseigentümergemeinschaft genutzt werden könnte.

4. Bezeichnung als „Querulant" schadet

Auch „schwierige" Wohnungseigentümer, die durch vielfältige Eingaben an den Verwalter auffallen und es auch nicht unterlassen können, beim Rechtsstreit dem Gericht ihre persönliche wenig sachorientierte und kaum fallbezogene Einlassung vorzulegen, dürfen nicht mit dem Begriff „Querulant" betitelt werden. Dies stelle grundsätzlich eine Beleidigung dar, die – durch einen Verwalter geäußert – einen wichtigen Grund gegen seine Wiederwahl ausfüllt. Dies entschied das LG Lüneburg[560] in einem Fall, in dem sich der als Querulant bezeichnete Wohnungseigentümer gegen einen Beschluss der übrigen Eigentümergemeinschaft wandte, mit dem der Verwalter mehrheitlich wieder bestellt wurde. Durch die Bezeichnung als „Querulant" bestünden Zweifel an der gebotenen Neutralität des Verwalters, die seiner Wiederbestellung entgegenstehen. Das Landgericht wies in dem hier entschiedenen Fall eindringlich darauf hin, dass es Aufgabe der Verwaltung sei, auch mit schwierigen Wohnungseigentümern umzugehen, ohne diese zu beleidigen. Inwieweit die übrigen Wohnungseigentümer gegebenenfalls berechtigt seien, den schwierigen Wohnungseigentümer in seiner Rede- und Antragsflut zu stoppen, müsse nicht entschieden werden. Gleichwohl soll dem so bezeichneten Eigentümer gegen den Verwalter kein Schmerzensgeldanspruch zustehen.[561]

5. Erst schlichten, dann richten

Mitglieder einer Wohnungseigentümergemeinschaft können sich verpflichten, Streitigkeiten zunächst nicht vor Gericht auszutragen. Entsprechende Regelungen können in einer Gemeinschaftsordnung zwischen den Wohnungseigentü-

---

560   LG Lüneburg, Urteil vom 25.10.2000 11 – 5 S 36/11, ZMR 2012, 133.
561   AG Tostedt, Urteil vom 03.04.2012 – 5 C 316/11, NZM 2012, 840.

mern vereinbart werden. Dies bestätigte jetzt das OLG Frankfurt[562]. Die Richter sehen keine rechtlichen Bedenken, wenn ein internes Schlichtungsverfahren der gerichtlichen Klage lediglich vorgeschaltet ist und bei dessen Scheitern die Klagemöglichkeit weiter bestehen bleibt. Solange das vereinbarte Schlichtungsverfahren nicht durchgeführt und erfolglos geblieben sei, sei ein gerichtlicher Antrag bei dem Wohnungseigentumsgericht unzulässig.

Im Gegensatz zum Amts- und Landgericht wies das OLG Frankfurt damit eine Klage als „zur Zeit" unzulässig ab. Zwischen den Wohnungseigentümern war es zum Streit wegen einer Pergola gekommen, durch die sich die Bewohner im zweiten Obergeschoss gestört fühlten. Die Gemeinschaftsordnung sah vor, dass bei solchen Streitigkeiten zunächst ein Schlichtungsverfahren vor dem Verwaltungsbeirat betrieben werden müsse. Die betroffenen Wohnungseigentümer gingen jedoch sofort zum Gericht. Das OLG Frankfurt verwies darauf, die Regelung in der Gemeinschaftsordnung sei zulässig. Sie schließe den gerichtlichen Schutz nicht völlig aus. Außerdem hätten alle Wohnungseigentümer freiwillig auf ein sofortiges Klagerecht verzichtet.

---

562 OLG Frankfurt/Main, Beschluss vom 11.06.2007 – 20 W 108/07, NZM 2008, S. 290.

Abkürzungsverzeichnis

a. A.	anderer Ansicht
a. a. O.	an angegebenem Orte
a. F.	alte Fassung
Abs.	Absatz
AG	Amtsgericht
BGB	Bürgerliches Gesetzbuch
BGBl.	Bundesgesetzblatt
BGH	Bundesgerichtshof
BGHZ	Entscheidungen des Bundesgerichtshofs in Zivilsachen, amtliche Sammlung, zit. nach Band und Seite
DWW	Deutsche Wohnungswirtschaft, Zeitschrift, zitiert nach Jahrgang und Seite
DWE	Der Wohnungseigentümer, Zeitschrift, zitiert nach Jahrgang und Seite
f.	folgende
ff.	fortfolgende
GE	Grundeigentum Berlin, Zeitschrift, zitiert nach Jahrgang und Seite
Info M	Fachinformationen für Immobilienrecht, Zeitschrift, zitiert nach Jahrgang und Seite
KG	Kammergericht
LG	Landgericht
m. w. N.	mit weiteren Nachweisen
MDR	Monatszeitschrift für Deutsches Recht, Zeitschrift, zitiert nach Jahrgang und Seite
MietRB	Der Mietrechts-Berater, Zeitschrift, zitiert nach Jahrgang und Seite
MM	Mietermagazin, Zeitschrift, zitiert nach Jahrgang und Seite
MK	Mietrecht kompakt, Zeitschrift, zitiert nach Jahrgang und Seite
NJW	Neue Juristische Wochenschrift, Zeitschrift, zitiert nach Jahrgang und Seite
NJW-RR	Neue Juristische Wochenschrift – Rechtsprechungsreport, Zeitschrift, zitiert nach Jahrgang und Seite
NZM	Neue Zeitschrift für Mietrecht, Zeitschrift, zitiert nach Jahrgang und Seite
Nr., Nrn.	Nummer, Nummern
n. v.	nicht veröffentlicht
Rdnr.	Randnummer
S.	Satz, Seite
UStG	Umsatzsteuergesetz
WE	Wohnungseigentum, Zeitschrift, zitiert nach Jahrgang und Seite
WImmoT	Weimarer Immobilienrechtstage, Dokumentationsband, zitiert nach Jahrgang und Seite
WuM	Wohnungswirtschaft und Mietrecht, Zeitschrift, zitiert nach Jahrgang und Seite
ZMR	Zeitschrift für Miete und Raumrecht, Zeitschrift, zitiert nach Jahrgang und Seite
ZPO	Zivilprozessordnung
ZWE	Zeitschrift für Wohnungseigentumsrecht, Zeitschrift, zitiert nach Jahrgang und Seite

Literaturverzeichnis

Abramenko	Der Verband als Inhaber von Rechten und Pflichten der Wohnungseigentümer, ZMR 2007, S. 841 (844)
Abramenko	Die Teilrechtsfähigkeit der Wohnungseigentümergemeinschaft, ZMR 2006, S. 409 (411)
Abramenko	Praktische Auswirkungen der neuen Rechtsprechung zur Teilrechtsfähigkeit der Wohnungseigentümergemeinschaft auf das materielle Wohnungseigentumsrecht, ZMR 2005, S. 585 (586)
Alheit	Nachbarrecht, 11. Aufl. 2006
Bärmann	Kommentar zum WEG, 11. Aufl. 2010
Bärmann	Kommentar zum WEG, 12. Aufl. 2013
Bärmann/Seuß	Praxis des Wohnungseigentums, 5. Aufl. 2010
Beater	Der Schutz von Eigentum und Gewerbebetrieb vor Fotografien, JZ 1998, S. 1101 ff.
Bielefeld	Der Wohnungseigentümer, 9. Aufl. 2011
Bielefeld	Streit bei Balkon- und Terrassensanierung, DWE 1996, S. 15
Bielefeld	Einbau von Rauchwarnmeldern – Pflichten der Wohnungseigentümergemeinschaft, DWE 2011, S. 53 ff.
Blank	Tierhaltung in Eigentums- und Mietwohnungen, NJW 2007, S. 729 ff.
Bruns	Störungsabwehr und Wohnungseigentümergemeinschaft, NJW 2011, S. 337 f.
Bub	Das Verwaltungsvermögen, ZWE 2007, S. 15 (19)
Deckert/Drabek	Die Eigentumswohnung, Loseblatt, Stand: 03/2008
Demharter	Die rechtsfähige Wohnungseigentümergemeinschaft – wer ist verfahrens- und materiell-rechtlich Beteiligter?, NZM 2006, S. 81 (82)
Demharter	Der Beschluss des BGH zur Teilrechtsfähigkeit der Wohnungseigentümer, ZWE 2005, S. 357
Derleder	Gemeinschaftsnutzung in Mietshäusern und Wohnungseigentumsanlagen
Elzer	Die Hausordnung einer Wohnungseigentumsanlage, ZMR 2006, S. 733 ff.
Elzer	Vom Zitter- zum Zwitterbeschluss, ZMR 2005, S. 683 ff.

Elzer	Videoüberwachung in Wohnraummiete und Wohnungseigentum, NJW 2013, S. 3537 ff.
Erman	Kommentar zum BGB, Band II, 13. Aufl. 2011
Fritsch	Nachbarrechtliche Besonderheiten im Bereich des Wohnungseigentums, WE 2007, S. 284
Grziwotz	Wohnungseigentum und Nachbarrecht, MietRB 2014, S. 122 ff.
Häublein	Erforderlichkeit und Möglichkeit einer Harmonisierung von Wohnungseigentums- und Mietrecht, NZM 2014, 97, 126
Häublein	Wohnungseigentum – quo vadis?, ZMR 2006, S. 1 (6)
Horst	Die Folgen von Modernisierungsmaßnahmen für den vermietenden Wohnungseigentümer, NZM 2012, 289
Horst	Lichteinwirkung und Lichtentzug bei Grundstücken und Wohnungen, DWW 1997, S. 361 ff.
Horst	Nachbarrechtliche Schnittstellen der WEG-Reform, DWE 2008, S. 4 f.
Horst	Parabolantennen im Miet- und Wohnungseigentumsrecht – Lieblingskind oder Auslaufmodell?, NJW 2005, S. 2654 ff.
Horst	Verbietet der Brandschutz das Abschließen der Haustür?, DWE 2008, 110 ff.
Hügel/Schell	Rechtshandbuch Wohnungseigentum, 3. Aufl. 2011
Jacoby	Die vermietete Eigentumswohnung, WImmoT 2012, S. 179, 194 – 195
Jacoby	Die Mietrechtsänderung im Lichte des WEG, WImmoT 2013, S. 145, 155
Jennißen	Kommentar zum WEG, 3. Aufl. 2012
Lechner	Inhalt und Schranken des Eigentumsrechts der Sondereigentümer und Sondernutzungsberechtigten, NZM 2005, S. 604
Lehmann-Richter	Duldungspflichten des Mieters bei Baumaßnahmen in der Wohnungseigentumsanlage, WuM 2013, S. 82 ff.
Riecke/Schmid-Elzer	Kommentar zum WEG, 2. Aufl. 2008
Riecke/Schmidt	Anspruchsbegründung und Anspruchsvernichtung durch Mehrheitsbeschluss – kann die Wohnungseigentümergemeinschaft mit Miteigentümern „kurzen Prozess" machen?, ZMR 2005, S. 252 ff.

Riecke/Schmidt	Kompakt-Kommentar WEG, 2. Aufl. 2007
Sauren	Auswirkungen der Teilrechtsfähigkeit der Wohnungseigentümergemeinschaft für die Praxis, ZWE 2006, 258 (259)
Schmidt	Beseitigungs- und Unterlassungsansprüche im Wohnungseigentum – wer gegen wen?, DWE 2009, S. 78 ff.
Schmidt	Wahrnehmung und Erfüllung von Pflichten der Wohnungseigentümer durch die Wohnungseigentümergemeinschaft nach § 10 VI 3 WEG, NZM 2010, S. 683 ff.
Schmidt-Futterer	Mietrecht, 11. Aufl. 2013
Spielbauer/Then	WEG, 2. Aufl. 2012
Wellkamp	Rechtshandbuch – Wohnungseigentum, 1998
Wenzel	Die Teilrechtsfähigkeit und die Haftungsverfassung der Wohnungseigentümergemeinschaft – eine Zwischenbilanz, ZWE 2006, S. 2 ff.
Wenzel	Die Verfolgung von Beseitigungsansprüchen durch die Wohnungseigentümergemeinschaft, ZMR 2006, S. 245 f.

Stichwortverzeichnis

Nachbars Garten

Paradies verbotener Früchte oder Zankapfel der Nation?

RA Hans Reinold Horst

14,95 Euro

inklusive MwSt., zzgl. 2,50 Euro Versandkosten

ISBN: 978-3-939787-32-7
4., erweiterte Auflage

Der Autor

Dr. Hans Reinold Horst, Rechtsanwalt, Fachautor und Dozent, war viele Jahre beim Zentralverband Haus & Grund Deutschland als Mietrechtsexperte tätig.

Sie wollen den „Krieg" am Gartenzaun" vermeiden oder – wenn er unvermeidbar ist – gewinnen? In beiden Fällen ist dieses Buch unerlässlich und klärt Sie präzise über Ihre Rechte und Möglichkeiten auf.

Der Leser wird informiert über Duldungspflichten und Abwehrmöglichkeiten von Immissionen, wie Gase und Dämpfe, Gerüche, Rauch, Ruß, Geräusch und Lärm, über sogenannte „ähnliche" Einwirkungen wie z. B. Pflanzen- und Baumimmissionen und Unkrautsamen sowie auch über „negative" Einwirkungen, die aus dem Zustand und der Beschaffenheit des Nachbargrundstücks folgen. Die Verletzung des Persönlichkeitsrechts durch den Nachbarn wird genauso behandelt wie die Tierhaltung, das Problem eindringender Tiere und Ungezieferbefall. Besonderes Augenmerk wird der Gestaltung des Grundstücksaußenbereichs gewidmet. Hier geht es um Geländeveränderungen durch Vertiefung und Aufschüttungen, der Gestaltung des Gartenbereiches durch errichtete Gartenhäuschen, Terrassen, Schuppen, Gewächshäuser und Pergolen sowie um die Bepflanzung und die Einfriedung des Grundstücks durch Zäune, Hecken und sonstige Einfriedungen. Auch Schadensersatzansprüche unter Nachbarn aus dem Grundstückszustand werden behandelt.

Als Anhang sind alle Vorschriften der einzelnen Nachbarrechtsgesetze auf Landesebene zum Grenzabstand von Bäumen, Sträuchern, Hecken und Pflanzen abgedruckt.

Haus & Grund®

Eigentum. Schutz. Gemeinschaft.
Verlag und Service GmbH
Deutschland

Mohrenstraße 33, 10117 Berlin
T 030-2 02 16-204
F 030-2 02 16-580
mail@hausundgrundverlag.info
www.hausundgrundverlag.info

Sanierung und Modernisierung im Wohnungseigentum

Hans Reinold Horst

11,95 Euro

inklusive MwSt., zzgl. 2,50 Euro Versandkosten

ISBN: 978-3-939787-66-2
1. Auflage

Der Autor

Dr. Hans Reinold Horst, Rechtsanwalt, Fachautor und Dozent, war viele Jahre beim Zentralverband Haus & Grund Deutschland als Mietrechtsexperte tätig.

Die Broschüre geht auf das von den Wohnungseigentümern selbst und vom Verwalter einzuhaltende Procedere bei der Vorbereitung, Planung und Durchführung von Sanierungen und Modernisierungen im Immobilienbestand ein. Schwerpunktmäßig widmet sich die Darstellung der energetisch optimierten sowie der altersgerechten und barrierefreien Herrichtung der Wohnungseigentumsanlage.

Dabei wird auch die Frage beantwortet, ob der einzelne Eigentümer gegen die Gemeinschaft oder gegen den Verwalter einen durchsetzbaren Anspruch auf Durchführung solcher Baumaßnahmen hat. Ebenso werden rechtliche Möglichkeiten sanierungsunwilliger Eigentümer beleuchtet. Bei all dem wird die vermietete Eigentumswohnung und damit die Schnittstelle zwischen Mietrecht und WEG mit behandelt.

Fragen und Antworten zur Abwicklung von Schäden im Gemeinschaftseigentum sowie im Sondereigentum nach vorgenommenen Sanierungen und Modernisierungen, Fragen der Kostenumlage bei tätig werdender Gemeinschaft sowie die Behandlung von Aufwendungsersatzansprüchen berechtigt tätig werdender einzelner Wohnungseigentümer werden ebenfalls im Zusammenhang erläutert. Eine ausführliche Darlegung der Verwalterhaftung im Falle unterlassener Sorge für die Instandsetzung, bei Schlecht-Instandsetzung sowie bei verzögerter oder völlig unterlassener Instandsetzung runden die Darstellung ab. Die Broschüre ist für Wohnungseigentümer, Beiräte, Verwalter, Gerichte und für alle rechtsberatenden Berufe gemacht.

Haus & Grund®

Eigentum. Schutz. Gemeinschaft.

Verlag und Service GmbH
Deutschland

Mohrenstraße 33, 10117 Berlin
T 030-2 02 16-204
F 030-2 02 16-580
mail@hausundgrundverlag.info
www.hausundgrundverlag.info